Managementwissen für Studium und Praxis
herausgegeben von Prof. Dr. Dietmar Dorn und Prof. Dr. Rainer Fischbach

Bisher erschienene Titel:

Kostenrechnung für die Gastronomie

mit Fallstudie
aus der Unternehmensberatung

von

Dipl.-Volkswirt Peter Posluschny

4., erweiterte und überarbeitete Auflage

Oldenbourg Verlag München

Bibliografische Information der Deutschen Nationalbibliothek

Die Deutsche Nationalbibliothek verzeichnet diese Publikation in der Deutschen
Nationalbibliografie; detaillierte bibliografische Daten sind im Internet über
http://dnb.d-nb.de abrufbar.

© 2013 Oldenbourg Wissenschaftsverlag GmbH
Rosenheimer Straße 143, D-81671 München
Telefon: (089) 45051-0
www.oldenbourg-verlag.de

Lektorat: Anne Lennartz
Herstellung: Tina Bonertz
Titelbild: www.thinkstockphotos.com
Einbandgestaltung: hauser lacour
Gesamtherstellung: Grafik & Druck GmbH, München

Dieses Papier ist alterungsbeständig nach DIN/ISO 9706.

ISBN   978-3-486-71875-1
eISBN 978-3-486-74470-5

Inhaltsverzeichnis

Vorwort zur vierten Auflage

Für die Neuauflage des Buches wurde am bewährten Konzept festgehalten. Um das Buch noch anschaulicher zu gestalten, wurden neue Beispiele aufgenommen und ausführlich beschrieben. Damit der Leser den Lernerfolg verbessern kann, wurden weitere Übungsaufgaben in das Buch integriert, mit deren Hilfe das Gelernte angewendet und gefestigt werden kann.

Die vierte Auflage unterscheidet sich von der dritten Auflage neben der Aufnahme von weiteren Beispielen sowie Übungsaufgaben durch wesentliche Änderungen und Erweiterungen, vor allem im fünften und achten Kapitel.

Das fünfte Kapitel wurde um die Grundlagen der **Zielkosten-** und **Prozesskostenrechnung** erweitert. Es wird in diesem Kapitel der Grundaufbau der Zielkosten- und Prozesskostenrechnung einschließlich der Grundbegriffe dieser Kostenrechnungsverfahren dargestellt, erläutert und an Beispielen veranschaulicht. In das achte Kapitel wurde das **Benchmarking** integriert. Schritt für Schritt werden der Aufbau und die Durchführung eines Benchmarking leicht verständlich und nachvollziehbar dargestellt und mit Beispielen verdeutlicht. Des Weiteren wurde dieses Kapitel um die Darstellung der Möglichkeiten einer **prozessorientierten Kostenreduktion** erweitert.

Die praktische Anwendung der Kostenrechnung und Kostenkontrolle wird mittels kleiner übersichtlicher **Beispiele** aus der Gastronomie veranschaulicht. So können Sie sich solide Kenntnisse der Kostenrechnung sowie die Anwendung der Instrumente der Kostenrechnung und Kostenkontrolle in gastronomischen Betrieben aneignen und diese erworbenen Kenntnisse zugleich in Ihrer betrieblichen Praxis umsetzen. Damit dieser hohe Anspruch auch einlösbar wird, werden **Übungsaufgaben** und **Umsetzungshilfen** angeboten.

Berlin   Peter Posluschny

1 Einleitung

1.1 Inhaltsübersicht und didaktisches Konzept

„Kostenrechnung für die Gastronomie". Dies ist ein anspruchsvoller Titel und wir verfolgen auch einen hohen Anspruch mit diesem Buch. Wir wollen unmittelbar zur Gestaltung Ihrer Kalkulation und Ihres Kostenmanagements beitragen und Ihnen dazu anwendbare und leicht verständliche Umsetzungshinweise geben. Wir werden keine umfassenden Konzepte erklären und sauber herleiten, unser Ziel ist kein theoretisches, sondern ein praktisches Buch.

Nun ist aber auch unmittelbar einleuchtend, dass jeder Betrieb seine eigenen Gewohnheiten hat, in der Einrichtung seines Rechnungswesens unterschiedlich weit vorangeschritten ist. Der eine von Ihnen wird daher bei unseren Beispielen vielleicht sagen, „ich verstehe zwar, wovon die da reden, aber eigentlich wollte ich eine systematische Einführung in die Kostenrechnung haben", der andere mag denken, „wie andere das machen ist mir egal, ich will wissen, wie ich das bei mir umsetzen kann". Um Ihnen das Einmaleins der **Kostenrechnung** schnell und übersichtlich zu erklären und um Ihnen gleichzeitig konkrete Umsetzungshilfen zu geben, haben wir uns für eine weitere didaktische Variante entschieden: der durchgängigen Fallstudie.

Praxisorientierung

Um das Betriebsergebnis und damit den Gewinn beherrschen und erfolgreich steuern zu können, muss der Gastronom die Faktoren, die das Betriebsergebnis beeinflussen, kennen. Vor allem die Kostenrechnung liefert die Daten und Zahlen zur Steuerung des Betriebsergebnisses. Damit ist die **Kostenrechnung** das wichtigste Instrumentarium zur rationalen Unternehmensführung. Wer seine Zahlen aus der Kostenrechnung kennt, kann auf die sich ständig verändernden Marktsituationen rational reagieren.

Das Zusammenstellen der betrieblichen Zahlen ist nur ein Teil der kostenrechnerischen Arbeit. Erst durch eine umfassende Auswertung erlangen die Zahlen Bedeutung. Im Mittelpunkt der Auswertungen stehen die Deckungsbeitragsrechnung, die Prozesskostenrechnung, die kurzfristige Erfolgskontrolle, die Kostenkontrolle und die Kalkulation.

Oftmals wird in der Praxis gegen die Kostenrechnung eingewendet, sie sei aus wirtschaftlichen Überlegungen nur für größere Unternehmen geeignet. Dies ist falsch. Die in der Fallstudie und Beispielen angegebenen Verfahren lassen sich in einem kleinen oder mittleren gastronomischen Unternehmen unter sorgfältiger Anpassung an die jeweils vorhandenen Verhältnisse ohne Schwierigkeiten einführen.

Eine konsequente Nutzung des Instrumentariums der **Kostenrechnung** führt in einem kleinen oder mittleren Unternehmen wie in einem größeren Unternehmen zu rechtzeitigen rationalen Entscheidungen, die das Betriebsergebnis in der Regel günstig beeinflussen.

1.2   Kurzbeschreibung des Ist-Zustandes und Vorhabens

Geschäftsentwicklung

Im vorletzten Wirtschaftsjahr hat die Inhaberin zusammen mit einer Halbtagskraft einen Gesamtumsatz von rd. 142.000 € erzielt. Dieser Umsatz reichte aus, ein knapp ausreichendes Betriebsergebnis zu erzielen. Es wurde ein Gewinn vor Steuern (steuerrechtliche Betrachtung) in Höhe von rd. 29.000 € erzielt.

In der Zeit vom 01.01. bis 31.12. des letzten Wirtschaftsjahres hat die Inhaberin ebenfalls mit einer Halbtagskraft einen Gesamtumsatz von rd. 135.000 € und einen Gewinn vor Steuern in Höhe von rd. 22.000 € erzielt. Der Rückgang des Gesamtumsatzes ist weitgehend der Erhöhung der Arbeitslosigkeit der Zielgruppe der Gaststätte geschuldet. Für das laufende Wirtschaftsjahr ist eine Steigerung des Gesamtumsatzes auf 145.000 € geplant, für das folgende Wirtschaftsjahr auf 150.000 €. Die Erhöhung des Gesamtumsatzes der Gaststätte soll durch verstärkte Aktivitäten im Veranstaltungsbereich realisiert werden.

Die Inhaberin plant, ein internes Rechnungswesen als Instrument der Angebots- und Preispolitik sowie der Kostenkontrolle zu implementieren.

Es wird empfohlen, folgende Maßnahmen kurzfristig zu realisieren:

1. monatliche Ermittlung der Deckungsbeiträge der einzelnen Warengruppen;
2. monatliche Ermittlung von Schichtdeckungsbeiträgen;
3. monatliche Ermittlung des Betriebserfolges;
4. monatliche Berechnung des Rohaufschlages;
5. monatliche Berechnung der Preisuntergrenzen;
6. Durchführung einer fortlaufenden Kostenkontrolle;
7. jährliche Aufbereitung der Gewinn- und Verlustrechnung.

2 Aufbereitung der Gewinn- und Verlustrechnung

Im Gastgewerbe ist die falsche oder unzureichende **Kalkulation** der angebotenen Leistungen ein weit verbreitetes Problem. Vielfach überträgt der Gastwirt die buchhalterischen Aufgaben einem Steuerberater. Bei der Kalkulation der Preise orientiert er sich jedoch oftmals an den Preisen von Mitbewerbern oder er verlässt sich auf sein Gefühl und Augenmaß. Ein Teil der Gastwirte orientiert sich an den Erkenntnissen der gastgewerblichen Betriebsvergleiche. Bei dem hier betroffenen Unternehmen orientieren sich die Angebotspreise an den Preisen der Mitbewerber im Einzugsgebiet.

Ein erster Schritt zu einer Orientierung der eigenen Ergebnisse an den Erkenntnissen der gastgewerblichen Betriebsvergleiche ist die Aufbereitung der Gewinn- und Verlustrechnung nach dem gastgewerblichen Kontenrahmen.

Bei dem hier betroffenen Unternehmen wird die **Finanzbuchhaltung** nach dem Datev-Kontenrahmen SKR 03 durch einen Steuerberater erstellt. Daher ist es nicht möglich, die entsprechenden Kostenarten, wie sie den gastgewerblichen Betriebsvergleichen zugrunde liegen, unmittelbar der **Gewinn- und Verlustrechnung** bzw. den monatlichen betriebswirtschaftlichen Auswertungen zu entnehmen. Aus diesem Grunde müssen die Kostenarten dem gastgewerblichen Kontenrahmen zugeordnet werden.

Finanzbuchhaltung und **Kostenrechnung** sind die Hauptbereiche des Rechnungswesens. Sie haben Gemeinsamkeiten, aber auch Unterschiede. Daher werden zunächst die Grundlagen der Kostenrechnung in Abgrenzung zu der Finanzbuchhaltung dargestellt.

2.1 Grundlagen der Kostenrechnung

Selbstverständlich ist die Finanzbuchhaltung für jedes Unternehmen eine wichtige Informationsquelle und Beweismittel bei Rechtsstreitigkeiten mit Lieferanten oder Gästen. Hauptaufgabe der Finanzbuchhaltung ist jedoch die Information Externer, sie wird daher auch als **externes Rechnungswesen** bezeichnet. So muss beispielsweise dem Finanzamt die **Steuerbilanz** vorgelegt werden, während eine veröffentlichte **Handelsbilanz** Aktionäre, Lieferanten, Arbeitnehmer und die allgemeine Öffentlichkeit informiert. Zur Bewertung

Finanzbuchhaltung

und Beurteilung der Kreditfähig- und Kreditwürdigkeit lassen sich Banken vor der Kreditvergabe von Unternehmen die Jahresabschlüsse der letzten Jahre vorlegen. Zum Schutz dieser externen Informationsempfänger ist die Finanzbuchhaltung gesetzlich vorgeschrieben und umfangreich geregelt.

Daten der Kostenrechnung

Da die Finanzbuchhaltung ohnehin eine Vielzahl von Daten erfassen muss, wird die Kostenrechnung aus Wirtschaftlichkeitsgründen auf einen Teil dieser Daten, nämlich auf die Aufwendungen und Erträge, zurückgreifen. Die **Kostenrechnung** ist **betriebszweckbezogen**, daher berücksichtigt sie nur die Aufwendungen und Erträge, die mit dem eigentlichen Betriebszweck des Unternehmens zusammenhängen. Andere notwendige Daten für Entscheidungen und Planungen muss die Kostenrechnung erfassen und auswerten.

Welche Aufgaben hat die Kostenrechnung?

Aufgaben der Kostenrechnung

Abgeleitet aus der allgemeinen Informationsaufgabe hat die Kostenrechnung folgende konkrete Aufgaben zu lösen:

- **Kurzfristige Erfolgsrechnung**: Eine kurzfristige (z.B. monatliche) Ermittlung des Betriebsergebnisses ist notwendig, damit Sie rechtzeitig Entscheidungen treffen können. Außerdem muss der Erfolgsbeitrag eines jeden Kostenträgers (z.B. Speisen, Getränke, Auftrag, Veranstaltung) am Gesamterfolg erkennbar sein.

- **Preisbeurteilung und Programmgestaltung (Angebotsgestaltung)**: Durch die Ermittlung der Kosten für die einzelnen Produkte, Produktgruppen bzw. Angebote und Angebotsbereiche kann die Kostenrechnung die Fragen beantworten, welche angebotenen Leistungen derzeit profitabel verkauft werden und damit im Leistungsangebot verbleiben sollten, welche Leistungsangebote kostendeckend sind, wo die (kostendeckende) Preisuntergrenze liegt und welche Leistungen weiterhin selbst erbracht oder zukünftig besser fremd bezogen werden sollten.

- **Wirtschaftlichkeitskontrolle**: Perioden-, Betriebs- und Soll-Ist-Vergleiche sowie Benchmarking liefern wichtige Informationen. Der Periodenvergleich stellt die Daten mehrerer Perioden gegenüber und ermittelt Abweichungen und Entwicklungen. Beim Betriebsvergleich werden die betrieblichen Daten mit denen anderer Betrieb der gleichen Branche oder mit dem Branchendurchschnitt verglichen. Der Soll-Ist-Vergleich ermittelt durch Gegenüberstellung von Istwerten und (angestrebten) Vorgabewerten Abweichungen, die auf ihre Ursachen hin untersucht werden. Das Benchmarking geht über den Soll-Ist-Vergleich hinaus; es werden in einem strukturierten Prozess Verbesserungspotenziale aufgespürt und realisiert.

> • **Bewertungsaufgaben**: Die Kostenrechnung greift nicht nur auf Daten der Finanzbuchhaltung zurück, sie liefert dieser auch Daten. So benötigt die Finanzbuchhaltung zur Bewertung der unfertigen und fertigen Erzeugnisse im Rahmen der Bilanzierung die Herstellkosten, die die Kostenrechnung ermittelt und der Finanzbuchhaltung bereitstellt.

Welche Kostenrechnungsverfahren gibt es?

Anwendbar ist die Kostenrechnung überall dort, wo Produktionsfaktoren im weitesten Sinne zur betrieblichen Leistungserstellung verbraucht werden. Da die betriebliche Leistungserstellung in der Regel unter Bedingungen des Wettbewerbs um Gäste/Gästegruppen stattfindet, entsteht die Notwendigkeit zur marktnahen Kalkulation und vor allem zur Kostenkontrolle. Oftmals können Sie den Preis, den Sie kalkuliert haben, nicht am Markt durchsetzen. Dann stellt sich die Frage, 'was darf das Produkt am Markt kosten'? Die Kosten müssen Sie dann dem Marktpreis anpassen.

Anwendbarkeit der Kostenrechnung

Zur zahlenmäßigen Darstellung Ihrer betrieblichen Leistungserstellung und Verwertung können Sie sich für ein oder mehrere beliebig kombinierbare **Kostenrechnungsverfahren** entscheiden. Die Wahl Ihres Kostenrechnungsverfahrens richtet sich danach, welche Aufgaben Sie an die Kostenrechnung stellen.

Wahl des Kostenrechnungsverfahrens

Kostenrechnungsverfahren werden unterschieden nach dem Zeitbezug bzw. nach dem Umfang der verrechneten Kosten. Wenn man Kostenrechnungssysteme nach dem Zeitbezug unterscheidet, dann kommt man zu drei Unterteilungen:

Kostenrechnungsverfahren

- Ist-Kostenrechnung,

- Normal-Kostenrechnung,

- Plan-Kostenrechnung.

Ist-Kostenrechnung: Werden die in der Vergangenheit angefallenen Kosten erfasst und auf die in derselben Periode erstellten Leistungen verteilt, spricht man von einer Ist-Kostenrechnung. Man kann sich vorstellen, dass bei diesem Kostenrechnungssystem eine einfache Frage im Raum steht:

Ist-Kostenrechnung

Welche Kosten sind angefallen?

Das hört sich zunächst einfach an. Im Prinzip verlangt es aber vom Gastronomen, dass die Kosten nach ihrer Art unterteilt sind (Kostenarten) und in ihrem Anfall pro Abrechnungsperiode (z.B. Monat) genau beziffert sind. Es verlangt also genau genommen schon eine mehr oder weniger bestehende Kostenrechnung. Dem Vorteil der Ist-Kostenrechnung, die Kosten möglichst so zu erfassen, wie sie tatsächlich angefallen sind, steht allerdings ein erheblicher

Vor- und Nachteile der Ist-Kostenrechnung

Nachteil gegenüber. Preis- oder Mengenabweichungen machen in jeder Abrechnungsperiode die Berechnung neuer Kalkulations- und Verrechnungssätze notwendig. Gleichzeitig sind bei saisonalen Schwankungen bei einer Kostenart innerbetriebliche Vergleiche kaum mehr sinnvoll.

Normal-Kostenrechnung

Um diese beiden Hauptnachteile der Ist-Kostenrechnung nun auszugleichen, kann das System der **Normal-Kostenrechnung** angewendet werden. **Normalkosten** bedeuten dabei, dass die Kosten für eine Kostenart beziffert werden, die normalerweise anfallen. Im einfachsten Fall handelt es sich also um Durchschnittskosten in einer bestimmten Kostenart, die aus den Aufzeichnungen vergangener Perioden gewonnen werden.

Kostenkontrolle mit Normalkosten

Die **Kostenkontrolle** mit Hilfe von Normalkosten kann allerdings auch bedeuten, dass auf dem 'Schlendrian' vergangener Perioden aufgebaut wird, weil die Durchschnittskosten dann den 'durchschnittlichen Schlendrian' vergangener Abrechnungsperioden wiedergeben.

Mögliche Maßnahmen zur Verbesserung

Ist- und Normal-Kostenrechnung sind vergangenheitsorientiert. Es hat sich herausgestellt, dass es für die vorausschauende Planung von Kosten besser ist, mit einer zukunftgerichteten Plan-Kostenrechnung zu arbeiten.

Plan-Kostenrechnung

Die **Plan-Kostenrechnung** ermöglicht die Vorkalkulationen auf der Grundlage von echten Zukunftswerten. Durch die spätere Gegenüberstellung von Plan- und Ist-Kosten werden Abweichungen sichtbar, die nach entsprechender Analyse erkennen lassen, wo und in welcher Höhe es zu Kostenüber- bzw. -unterdeckungen gekommen ist und wer dafür verantwortlich ist bzw. gemacht werden kann.

Vorteile der Plan-Kostenrechnung

Nur eine zukunftsorientierte Rechnung, wie die **Plan-Kostenrechnung**, erlaubt eine wirksame Steuerung und Kontrolle des Betriebsgeschehens. Ausgehend von der betrieblichen Planung und der daraus abgeleiteten Planbeschäftigung bzw. Plankapazitätsauslastung werden für die Planperiode die Gesamtkosten im Voraus, differenziert nach Kostenarten, Kostenstellen und Kostenträgern, geplant.

Plankosten

Plankosten sind nicht nur im Voraus geplante Kosten, sondern sie sind auch planmäßig, d.h. sie fallen bei wirtschaftlicher Durchführung des Leistungserstellungsprozesses an. Sie stellen das Ziel dar und haben damit Vorgabecharakter.

Die Ist-Kostenrechnung erfasst die tatsächlich in der Vergangenheit angefallenen Kosten. Ständige Änderungen von Preisen und Mengen sowie des Beschäftigungsgrades machen es dem Gastronom nicht möglich, auf Grundlage der Werte der Ist-Kostenrechnung eine sinnvolle Vorkalkulation durchzuführen. Erst mit der Normal-Kostenrechnung ist es möglich, normalisierte Kosten (Normalkosten) als Kalkulationsgrundlage zu verwenden. Ist- und Normalkostenrech-

nung erfassen Vergangenheitswerte. Eine Vorkalkulation mit geplanten Zukunftswerten ist mit der Plan-Kostenrechnung möglich. Abweichungen zwischen Plan- und Istkosten können analysiert und Maßnahmen zur rechtzeitigen Gegensteuerung ergriffen werden.

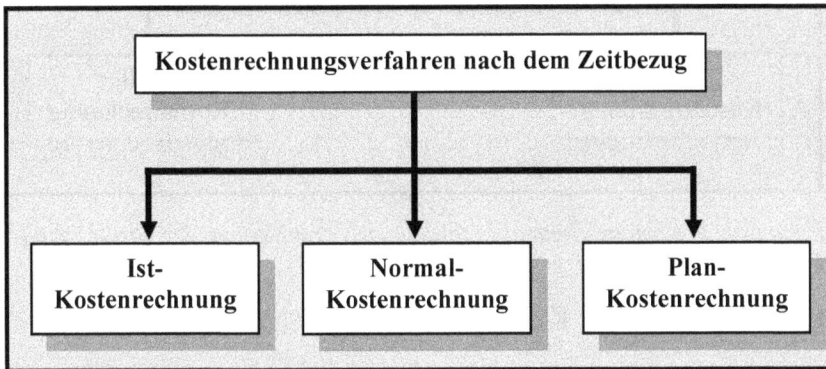

Abbildung 1: Kostenrechnungsverfahren nach dem Zeitbezug

Neben den Kostenrechnungsverfahren, die sich nach dem Zeitbezug ergeben, tritt eine zweite Unterscheidung, die die Kostenrechnungsverfahren nach dem Umfang der verrechneten Kosten unterteilt:

- Vollkostenrechnung

- Teilkostenrechnung

Bei der **Vollkostenrechnung** werden alle anfallenden Kosten auf die Kostenträger (Produkte) verrechnet.

Vollkostenrechnung

Wird nur ein Teil der Kosten auf die Kostenträger (Produkte) verrechnet, während der Rest direkt in die Betriebsergebnisrechnung übernommen wird, liegt eine **Teilkostenrechnung** vor; es wird eben nur ein Teil der entstandenen Kosten auf die die Kostenträger verrechnet.

Teilkostenrechnung

Hier hat sich die Auffassung durchgesetzt, dass fixe Kosten (beschäftigungsunabhängige Kosten) den Kostenträgern nicht belastet werden dürfen, weil sie in der Regel nicht nach dem Verursachungsprinzip zugerechnet werden können. Deshalb übernimmt die Teilkostenrechnung nur die variablen Kosten (beschäftigungsabhängige Kosten) auf die Kostenträger und rechnet die fixen Kosten en bloc erst in der Erfolgsrechnung ab.

Verrechnung von fixen und variablen Kosten

Im Gegensatz zur Vollkostenrechnung verrechnet die Teilkostenrechnung nicht alle Kosten auf die Kostenträger, sondern nur die variablen Kosten. Der Rest (fixe Kosten) wird en bloc in der Erfolgsrechnung abgerechnet.

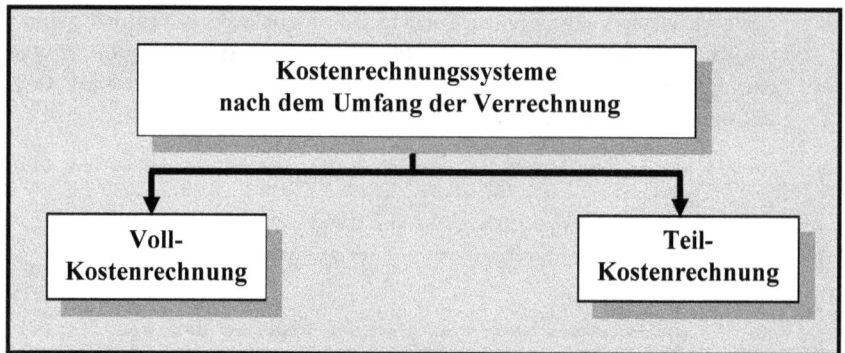

Abbildung 2: Kostenrechnungsverfahren nach dem Umfang der Verrechnung

Grundaufbau der Kostenrechnung

Die Kostenrechnung ist undenkbar ohne die ,Dreifaltigkeit der Kostenrechnung'. Die Dreifaltigkeit ist zwar nicht heilig, aber immerhin systematisch und teilt sich in folgende Bestandteile auf:

- Kostenartenrechnung,

- Kostenstellenrechnung,

- Kostenträgerrechnung.

Die Kostenrechnung, die alle im Rahmen der betrieblichen Tätigkeit einer Periode angefallenen oder anfallenden Kosten erfasst und den Leistungen (Kostenträgern) zuzurechnen versucht, läuft wegen unterschiedlicher Problemstellungen stufenweise ab.

Die nachfolgende Abbildung veranschaulicht die Dreistufigkeit der Kostenrechnung:

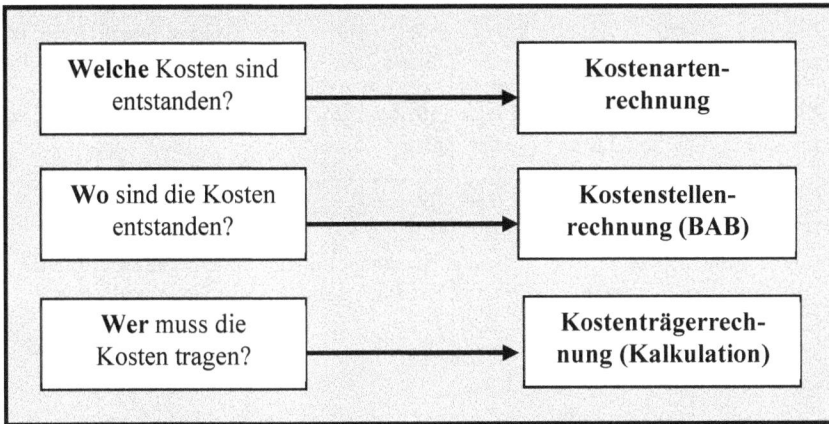

Welche Kosten sind entstanden? →	**Kostenarten-rechnung**
Wo sind die Kosten entstanden? →	**Kostenstellen-rechnung (BAB)**
Wer muss die Kosten tragen? →	**Kostenträgerrech-nung (Kalkulation)**

Abbildung 3: Dreistufigkeit der Kostenrechnung

Die **Kostenartenrechnung** ermittelt, welche Kosten in welcher Höhe in einer bestimmten Periode angefallen sind oder anfallen werden. Sie vergleicht dann die Werte der einzelnen Kostenarten mit den Werten der Vorperioden oder mit den geplanten Werten und analysiert die Abweichungen. Die Kostenartenrechnung liefert damit erste Hinweise zur Kostenbeeinflussung. *Kostenartenrechnung*

Die **Kostenstellenrechnung** beantwortet die Frage, wo die Kosten angefallen sind. Als Kostenstellen werden in der Regel betriebliche Abteilungen gewählt. Die jeweiligen Abteilungsleiter haben dann die Verantwortung für die in ihrem Bereich anfallenden Kosten. *Kostenstellenrechnung*

Die **Kostenträgerrechnung** wird in Kostenträgerstückrechnung und Kostenträgerzeitrechnung unterteilt. In der **Kostenträgerstückrechnung** werden die Herstell- und Selbstkosten sowie die Verkaufspreise (Angebotspreise) jeweils für einen einzelnen Kostenträger (Produkt, Handelsware, Dienstleistung, innerbetriebliche Leistung) ermittelt. Hingegen erfasst die **Kostenträgerzeitrechnung** die gesamten in einer Abrechnungsperiode angefallenen Kosten, gegliedert nach Kostenträgern. Sie ist eine kurzfristige (z.B. monatliche) Erfolgrechnung und ermittelt das Betriebsergebnis. *Kostenträgerrechnung*

> Die Kostenrechnung wird unterteilt in: Kostenartenrechnung, Kostenstellenrechnung und Kostenträgerrechnung. Von der Kostenartenrechnung wird die Frage beantwortet, welche Kosten sind angefallen, von der Kostenstellenrechnung die Frage nach dem Wo und von der Kostenträgerrechnung die Frage nach dem Wer trägt die Kosten.

Grundbegriffe der Kostenrechnung

Da die Finanzwirtschaft, die Finanzbuchhaltung und die Kostenrechnung
unterschiedliche Aufgaben haben, müssen sie mit unterschiedlichen Begriffen
und Werten arbeiten.

Die folgende Abbildung gibt einen groben Überblick über die Merkmale der
Grundbegriffe des Rechnungswesens.

Komponenten:	Zugänge:	Abgänge:
Zahlungsvorgänge: Geld fließt Bargeld oder Giralgeld (Konto)	**Einzahlung:** Bsp.: Bareinzahlung Gutschrift auf dem Konto	**Auszahlung:** Bsp.: Barauszahlung Belastung auf dem Konto
liquide Mittel (Geldvermögen): offene Rechnungen, Forderungen, Verbindlichk.	**Einnahme:** Bsp.: Rechnung geht raus	**Ausgabe:** Bsp.: Rechnung kommt rein
Reinvermögen: Vermögen kommt dazu	**Ertrag:** Güter und Dienstleistungen entstehen	**Aufwand:** Güter und Dienstleistungen werden verbraucht
kalkulatorisches Vermögen: Anders- und Zusatzkosten entstehen	**Leistung:** Güter und Dienstleistungen entstehen zweckbezogen	**Kosten:** Güter und Dienstleistungen werden zweckbezogen verbraucht

Abbildung 4: Grundbegriffe des Rechnungswesens

Ein- und Auszahlung

Die einfachsten Begriffe sind wohl die der **Ein-** und **Auszahlung**. Sie betreffen nur die baren und bargeldlosen (unbaren) Geldströme der Unternehmung.
Jeder Vorgang, bei dem der Zahlungsmittelbestand (Kasse, Bankguthaben)
zunimmt, ist eine Einzahlung, z.B. Barverkauf von Speisen. Jeder Vorgang,
der zu einer Abnahme des Zahlungsmittelbestandes führt, ist eine Auszahlung,
z.B. Bareinkauf von Gewürzen.

Einnahme und Ausgabe

Etwas schwerer zu verstehen sind die Begriffe der **Einnahme** und **Ausgabe**.
Zahlungsmittelbestand plus Forderungen minus Verbindlichkeiten stellt das
Geldvermögen dar. Jeden Geschäftsfall, der zu einer Erhöhung des Geldvermögens führt, nennt man **Einnahme**, z.B. Verkauf von Getränken bar oder auf
Ziel. Jeden Geschäftsfall, der eine Verminderung des Geldvermögens hervorruft, wird als **Ausgabe** bezeichnet, z.B. Einkauf von Spirituosen bar oder auf
Ziel. Eine Einnahme entsteht zu dem Zeitpunkt, wo ein Produkt das Unternehmen verlässt oder eine Dienstleistung erbracht ist und man als Unternehmen eine Rechnung stellt (Ausgangsrechnung). Es entsteht zu dem Zeitpunkt der Rechnungsstellung eine ‚Forderung' gegenüber einem anderen

Unternehmen oder einer Privatperson. Die Höhe der Forderung wird in der eigenen Ausgangsrechnung genau beziffert. Eine **Ausgabe** entsteht, wenn Sie ein Produkt oder eine Dienstleistung einkaufen. Das liefernde Unternehmen stellt uns eine Rechnung (aus unserer Sicht eine Eingangsrechnung), die bei uns zu einer Verbindlichkeit führt. Früher oder später führt eine **Ausgabe** auch zu einer **Auszahlung**, weil die eingegangene Rechnung bezahlt werden muss.

Unter **Aufwand** versteht man den bewerteten Verbrauch von Gütern oder Dienstleistungen eines Unternehmens in einer Periode. Als Aufwand bezeichnet man also den in der Finanzbuchhaltung erfassten Werteverzehr. **Ertrag** ist die mit dem Werteverzehr gleichzeitig einhergehende Entstehung von Werten, d.h. die in der Finanzbuchhaltung für eine Rechnungsperiode erfasste Werteentstehung. Aufwendungen verringern das in der Finanzbuchhaltung ausgewiesene Nettovermögen (Vermögen minus Schulden); Erträge erhöhen das Nettovermögen.

Aufwand und Ertrag

In der Kostenrechnung spricht man von **Kosten** und **Leistungen**. Kosten sind bewerteter betriebszweckbezogener Güterverbrauch, der zugleich zu einer Güterentstehung führt. Obwohl diese Definition der Definition des Aufwandes sehr ähnlich ist, gibt es einige Unterschiede zwischen diesen Begriffen.

Kosten und Leistungen

Die folgende Abbildung stellt die Unterschiede zwischen den Begriffen Aufwand und Kosten dar.

	Aufwand	**Kosten**
Aufwand, der nicht zugleich auch Kosten darstellt	neutraler Aufwand	
Aufwand, der auch Kosten darstellt	Zweckaufwand	**Grundkosten** Teile der Anderskosten
Kosten, die nicht zugleich auch Aufwand darstellen		Teile der Anderskosten **Zusatzkosten**

Abbildung 5: Abgrenzung Aufwand und Kosten

Es gibt in der Finanzbuchhaltung Größen, die in der Kostenrechnung nicht verwendet werden und es gibt ebenfalls in der Kostenrechnung Größen, die in der Finanzbuchhaltung nicht verwendet werden. In der praktischen Anwendung besteht allerdings der überwiegende Teil aller in der Finanzbuchhaltung verrechneten Aufwendungen aus Kosten und umgekehrt.

Der geringe Teil der verrechneten Größen, die als **neutrale Aufwendungen** bzw. **kalkulatorische Kosten** in der Kostenrechnung bzw. in der Finanzbuchhaltung nicht verrechnet werden, ist von großer Bedeutung, weil er sich auf die zentrale Größe des Rechnungswesens – den Gewinn – auswirkt.

In der folgenden Abbildung wird die Abgrenzung von Aufwand und Kosten an Beispielen dargestellt.

Abgrenzung	Beispiele
1. Aufwendungen, die keine Kosten sind (neutraler Aufwand) • **betriebsfremder Aufwand** • **außerordentlicher Aufwand** • **periodenfremder Aufwand**	Abschreibungen auf Finanzanlagen Anlagenverkauf unter Buchwert Steuernachzahlung
Kosten, die Aufwendungen sind **(Grundkosten = Zweckaufwand)**	Wareneinsatz, Energiekosten, Löhne und Gehälter
Kosten, denen Aufwand in anderer Höhe gegenübersteht **(Anderskosten / aufwandsungleiche Kosten)**	kalkulatorische Abschreibung kalkulatorische Zinsen kalkulatorische Wagnisse
Kosten, die keine Aufwendungen sind **(Zusatzkosten/aufwandslose Kosten)**	kalkulatorischer Unternehmerlohn kalkulatorische Miete

Abbildung 6: Abgrenzung von Aufwand und Kosten an Beispielen

Verursachungs-
gerechtigkeit

Kosten werden immer einer bestimmten Bezugsgröße bzw. Leistungseinheit zugeordnet, beispielsweise Produkt, Produktgruppe, Dienstleistung, Kostenstelle, Gast und/oder einer Periode. Ziel ist es, die Kosten den definierten Leistungseinheiten „richtig" zuzuordnen. Die Zuordnung ist dann „richtig", wenn sie **verursachungsgerecht** ist, d.h. die Leistungseinheiten bekommen die Kosten zugerechnet, die sie verursacht haben. Zunächst klingt die Zuordnungsregel einfach, bereitet aber in der praktischen Anwendung große Schwierigkeiten.

Güterverbrauch /
Güterentstehung

Güterverbrauch und **Güterentstehung** sind gleichzeitige Vorgänge, da eine Leistung nicht ohne einen gleichzeitigen Verbrauch entstehen kann. Daher sind Kosten nur im Zusammenhang mit den erbrachten Leistungen zu bewerten.

Begriff Leistung

Im Allgemeinen wird unter **Leistung** das Ergebnis der betrieblichen Betätigung verstanden. Leistung ist die Entstehung von Gütern materieller oder immaterieller Art. Der Begriff **Leistung** wird durch die folgenden zwei Merkmale bestimmt:

- Güterentstehung, d.h. eine Leistung liegt nur dann vor, wenn in einem Betrieb neue Wirtschaftsgüter entstehen.

- Zweckbestimmung, d.h. zur Leistung rechnen nur solche Güterentstehungen, die aus der betrieblichen Leistungserstellung hervorgegangen sind und die dem angestrebten Ziel des Betriebes entsprechen.

Leistungen entstehen durch den Einsatz von Produktionsfaktoren. Wenn nur eine Leistungsart in einem Betrieb erstellt wird und das Leistungsergebnis in einem materiellen Produkt besteht, dann ist die Leistung einfach zu definieren. Das Leistungsergebnis ist dann z.B. die Zahl der hergestellten (gleichen) Produkte.

Die Aufwand und Kosten gegenübergestellten Größen **Ertrag** und **Leistung** unterliegen den gleichen Unterscheidungsmerkmalen wie Aufwand und Kosten. Als Ertrag bezeichnet man bewertete Güterentstehung im Rahmen des Gesamtunternehmens und als Leistung betriebszweckbezogene, bewertete Güterentstehung.

Abgrenzung Ertrag und Leistung

	Ertrag	Leistung
Ertrag, der nicht zugleich auch Leistung darstellt	neutraler Ertrag	
Ertrag, der zugleich auch Leistung darstellt	Zweckertrag	Grundleistung
Leistung, die nicht zugleich auch Ertrag darstellt		Zusatzleistung

Abbildung 7: Abgrenzung Ertrag und Leistung

In der folgenden Abbildung wird die Abgrenzung von Ertrag und Leistung an
Beispielen dargestellt.

Abgrenzung	Beispiele
1. Erträge, die keine Leistungen sind (neutraler Ertrag) • **betriebsfremder Ertrag** • **außerordentlicher Ertrag** • **periodenfremder Ertrag**	 Mieterträge, Zinserträge, Erträge aus nicht betriebsnotwendigem Vermögen Anlagenverkauf über Buchwert Steuerrückzahlung
Leistungen, die Erträge sind (Zweckertrag = Grundleistung)	Erträge aus betriebsbedingter Tätigkeit (Verkauf von Speisen und Getränken oder Handelswaren
Leistungen, denen Erträge in anderer Höhe gegenüberstehen (Andersleistungen)	niedrigere Bewertung von fertigen Produkten im internen Rechnungswesen als im externen Rechnungswesen, Mehrbestände an unfertigen und fertigen Leistungen, aktivierte innerbetriebliche Leistungen, bewertet zu Kosten
Leistungen, die keine Erträge sind (Zusatzleistungen)	Differenz höhere Bewertung von fertigen Produkten im internen Rechnungswesen als im externen Rechnungswesen, unentgeltlich abgegebene Leistungen

Abbildung 8: Abgrenzung Ertrag und Leistung an Beispielen

In der folgenden Abbildung werden die Unterscheidungsmerkmale der Grundbegriffe Auszahlung, Ausgabe, Aufwand und Kosten zusammenfassend dargestellt.

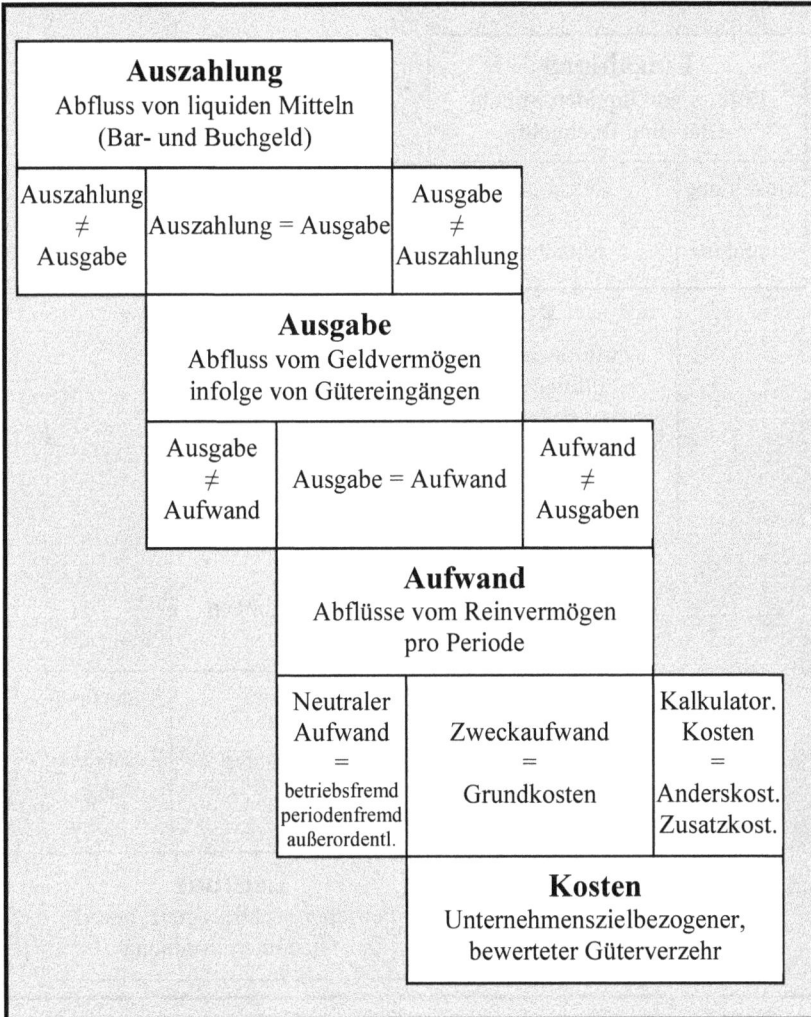

Auszahlung Abfluss von liquiden Mitteln (Bar- und Buchgeld)		
Auszahlung ≠ Ausgabe	Auszahlung = Ausgabe	Ausgabe ≠ Auszahlung

Ausgabe Abfluss vom Geldvermögen infolge von Gütereingängen		
Ausgabe ≠ Aufwand	Ausgabe = Aufwand	Aufwand ≠ Ausgaben

Aufwand Abflüsse vom Reinvermögen pro Periode		
Neutraler Aufwand = betriebsfremd periodenfremd außerordentl.	Zweckaufwand = Grundkosten	Kalkulator. Kosten = Anderskost. Zusatzkost.

Kosten Unternehmenszielbezogener, bewerteter Güterverzehr

Abbildung 9: Unterscheidung Auszahlung, Ausgabe, Aufwand und Kosten

Die Unterscheidungsmerkmale der Grundbegriffe Einzahlung, Einnahme, Ertrag und Leistung werden in der folgenden Abbildung zusammenfassend dargestellt.

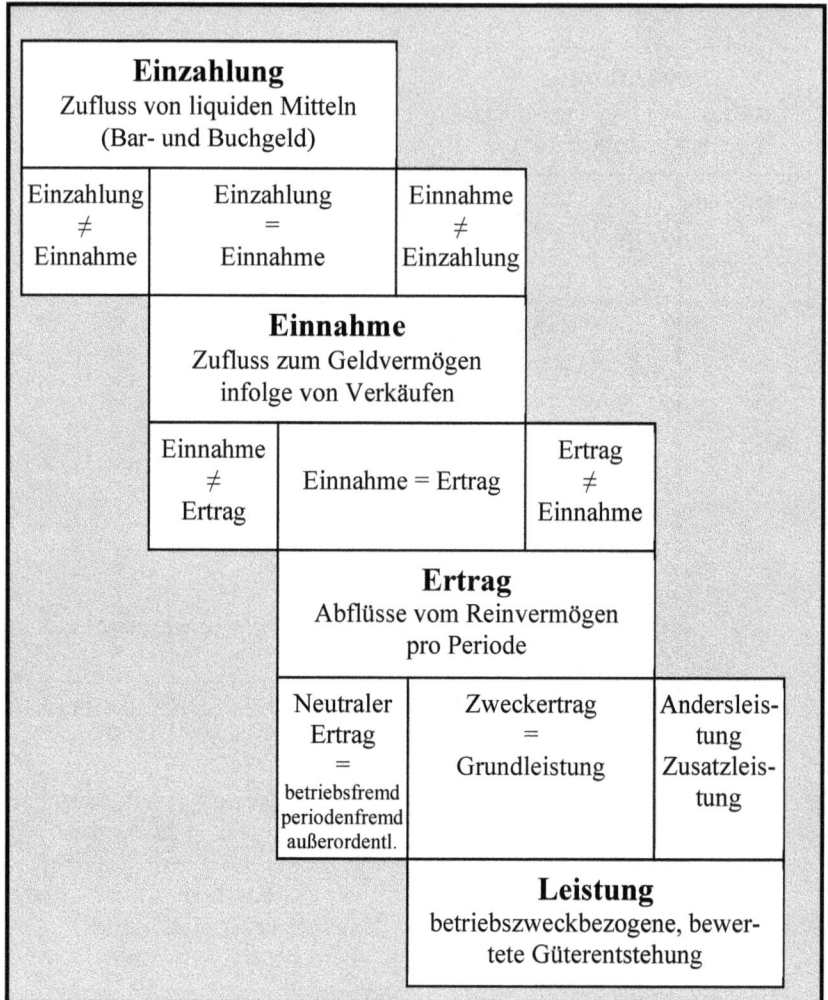

Einzahlung Zufluss von liquiden Mitteln (Bar- und Buchgeld)		
Einzahlung $\neq$ Einnahme	Einzahlung $=$ Einnahme	Einnahme $\neq$ Einzahlung

Einnahme Zufluss zum Geldvermögen infolge von Verkäufen		
Einnahme $\neq$ Ertrag	Einnahme = Ertrag	Ertrag $\neq$ Einnahme

Ertrag Abflüsse vom Reinvermögen pro Periode		
Neutraler Ertrag $=$ betriebsfremd periodenfremd außerordentl.	Zweckertrag $=$ Grundleistung	Andersleis- tung Zusatzleis- tung

Leistung betriebszweckbezogene, bewer- tete Güterentstehung

Abbildung 10: Unterscheidung Einzahlung, Einnahme, Ertrag und Leistung

Erstellung und Auswertung von Ergebnistabellen

Zwischen der Finanzbuchhaltung und der Kostenrechnung gibt es sowohl Unterschiede als auch Gemeinsamkeiten. Deshalb liegt es nahe, das Rechnungswesen so zu organisieren, dass zum einen keine doppelte Erfassung der Geschäftsfälle erfolgt und zum anderen beide Bereiche sauber getrennt werden.

Ergebnistabellen stellen das Betriebsergebnis und das Gesamtergebnis dar und zeigen die Ursachen für die Unterschiede beider Ergebnisse auf. Eine typische Form der Ergebnistabelle zeigt folgendes Beispiel:

Ergebnistabellen

	Rechnungskreis I		Rechnungskreis II					
	Buchführung		Abgrenzungsbereich				Kostenrechnung	
Konten			neutraler Bereich		kostenrechnerische Korrekturen			
	Aufwand	Ertrag	neutraler Aufwand	neutraler Ertrag	verrechn. Aufwand	verrechn. Kosten	Kosten	Leistung
Summe	Ertrag - Aufwand = Gesamtergebnis		neutraler Ertrag - neutraler Aufwand = neutrales Ergebnis		verr. Kosten - verr. Aufwand = kostenrechnerische Abweichung		Leistung - Kosten = Betriebsergebnis	

Abbildung 11: Ergebnistabelle

Im Rechnungskreis I werden wie in einem Gewinn- und Verlustkonto alle Aufwendungen auf der linken (Soll) Seite und alle Erträge auf der rechten (Haben) Seite eingetragen. Als Saldo ergibt sich das Gesamtergebnis.

Rechnungskreis I

Im Abgrenzungsbereich werden die neutralen Aufwendungen und Erträge, die schon in der Spalte Rechnungskreis I enthalten sind, einander gegenübergestellt. Der Saldo stellt das neutrale Ergebnis dar.

Abgrenzungsbereich

In der Spalte „kostenrechnerische Korrekturen" werden die kalkulatorischen Kosten auf der rechten Seite eingetragen; auf der linken Seite werden die entsprechenden Aufwendungen eingetragen. Hierbei ist beachten, dass den Anderskosten grundsätzlich ein Aufwand gegenübersteht, aber in anderer Höhe. Den Zusatzkosten steht überhaupt kein Aufwand gegenüber. Im Unterschied zu allen anderen Spalten der Ergebnistabelle wird in der Spalte „kostenrechnerische Korrekturen" kein Gewinn bzw. Verlust ermittelt, sondern eine Abweichung zwischen Buchführungs- und Kostenrechnungsgrößen ermittelt.

kostenrechnerische Korrekturen

In der Spalte „Kostenrechnung" stehen sich die Kosten auf der linken Seite und die Leistungen auf der rechten Seite gegenüber. Der Saldo ist das Betriebsergebnis.

Verrechnungspreise

In der Geschäftsbuchführung von Gastronomieunternehmen wird der Verbrauch an Waren zu **Einstandspreisen** (Bezugspreisen) bewertet. Diese unterliegen häufigen Veränderungen. Um Ihre Kostenrechnung von zufälligen Preisschwankungen auf den Beschaffungsmärkten zu bereinigen (Grundsatz der Stetigkeit des Kostenansatzes), sollten Sie Ihren Wareneinsatz zu **Verrechnungspreisen** erfassen. Die Verrechnungspreise ergeben sich aus den durchschnittlichen Einstandspreisen der vergangenen Abrechnungsperioden oder den geplanten Einstandspreisen der laufenden Periode.

Warenverbrauch

In der Ergebnistabelle wird der Warenverbrauch (bewertet zu Verrechnungspreisen) in der Spalte „Kostenrechnung" als Kosten und – zur ergebnismäßigen Neutralisation – in der Spalte „Kostenrechnerische Korrekturen" als verrechnete Kosten (Ertrag) gebucht. Der in der Geschäftsbuchführung erfasste Warenverbrauch (bewertet zu Einstandspreisen) wird in der Spalte „Kostenrechnerische Korrekturen" ausgegrenzt.

Beispiel

In einem Gastronomiebetrieb beläuft sich der Wareneinsatz (bewertet zu Einstandspreisen) in dem Betrachtungszeitraum auf 75.000 €. Der Verrechnungspreis beträgt 70.000 €, der in der Kostenrechnung angesetzt wird.

	Rechnungskreis I		Rechnungskreis II						
	Buchführung		Abgrenzungsbereich				Kostenrechnung		
Konten			neutraler Bereich		kostenrechnerische Korrekturen				
	Aufwand	Ertrag	neutraler Aufwand	neutraler Ertrag	verrechn. Aufwand	verrechn. Kosten	Kosten	Leistung
Waren-einsatz	75.000				75.000	70.000	70.000	

Der Wareneinsatz, bewertet zu Verrechnungspreisen, geht in die Kostenrechnung als Anderskosten ein.

Kostenverteilung auf Abrechnungszeiträume

Viele Ausgaben für Kosten (werden in der Geschäftsbuchführung dem Monat zugeordnet, in dem die Verbindlichkeit entsteht) fallen für einen längeren Zeitraum an. Zu nennen sind hier: Betriebssteuern, Versicherungsprämien, Weihnachtsgeld, Urlaubsgeld, Werbekosten usw. Für die Kostenrechnung sind

diese stoßweise anfallenden Ausgaben gleichmäßig auf die Abrechnungszeiträume (meistens Monate) zu verteilen.

Beispiel

Im Juli werden 30.000 € Urlaubsgeld ausgezahlt. In einer monatlich erstellten Kostenrechnung werden nun 2.500 € (30.000 € : 12 Monate) angesetzt. Bei den vor dem Auszahlungsmonat Juli liegenden Monaten wird eine **Vorverteilung** und bei den nach dem Auszahlungsmonat Juli liegenden Monaten eine **Nachverteilung** der Kosten vorgenommen. In der Ergebnistabelle des Monats Juli werden die 30.000 € Urlaubsgeld, die in der Geschäftsbuchführung erfasst wurden, in der Spalte „Kostenrechnerische Korrekturen" abgefiltert. In der Spalte „Kostenrechnung" werden die anteiligen 2.500 € Urlaubsgeld als Kosten und – zur ergebnismäßigen Neutralisation – in der Spalte „Kostenrechnerische Korrekturen" als verrechnete Kosten gebucht.

In dem folgenden Beispiel wird eine Ergebnistabelle dargestellt.

Beispiel

Um die Kosten und Leistungen für den Monat Juli **vollständig** und **periodengerecht** zu erfassen, erstellt das Gastronomieunternehmen „Belvedere, Angelika Müller e.K." auf Basis der Zahlen aus der Geschäftsbuchführung und unter Einbeziehung von Verrechnungspreisen und kalkulatorischen Kosten eine Ergebnistabelle. Die Geschäftsbuchführung weist für den Monat Juli folgende Werte aus:

Konten	Soll €	Haben €
Umsatz Restaurant		35.500
Umsatz Handelswaren		5.100
Miete Veranstaltungsraum		2.700
Automatenprovision		700
Wareneinsatz	9.000	
Löhne und Gehälter	7.300	
Urlaubsgeld	4.800	
Aushilfslöhne	2.600	
Ges. soziale Aufwendungen	2.100	
Fahrgelderstattung	200	
Energieaufwendungen	600	
Heizung	300	
Versicherungen	400	
Steuern	170	
Beiträge	90	

Reinigung, Wäscherei	460
Dekoration, Blumen	200
Musik, Unterhaltung	800
Kfz-Kosten	800
Sonstige Betriebskosten	200
Rechts- und Beratungskosten	300
Bürobedarf	50
Postwertzeichen, Telefon	250
Werbung	900
Reisekosten	60
Sonstige Verwaltungskosten	500
Pacht	2.400
Instandhaltung	300
Abschreibungen auf Sachanlagen	3.400
Zinsaufwand	700

- Der kalkulatorische Unternehmerlohn beläuft sich monatlich auf 4.000 €.

- Die kalkulatorischen Zinsen betragen monatlich 1.600 €.

- Die kalkulatorischen Abschreibungen belaufen sich monatlich auf 4.100 €.

- Der Wareneinsatz bewertet zu Verrechnungspreisen beläuft sich im Juli auf 8.800 €.

- Im Juli sind 4.800 € Urlaubsgeld ausgezahlt worden, das zusätzlich zu den erfassten Lohn- und Gehaltszahlungen in der Geschäftsbuchführung auf dem Konto „Urlaubsgeld" gebucht wurde. Es sind die Urlaubsgeldzahlungen periodengerecht aufzuteilen (4.800 € : 12 Monate = 400 €).

Aus den Zahlen der Geschäftsbuchführung und unter Berücksichtigung der oben gemachten Angaben ergibt sich folgende Ergebnistabelle:

Konten	Rechnungskreis I		Rechnungskreis II					
	Buchführung		Abgrenzungsbereich				Kostenrechnung	
			neutraler Bereich		kostenrechnerische Korrekturen			
	Aufwand	Ertrag	neutraler Aufwand	neutraler Ertrag	verrechn. Aufwand	verrechn. Kosten	Kosten	Leis- tung
Umsatz Restaurant		35.500						35.500
Umsatz Handelswaren		5.100						5.100

	Rechnungskreis I	Rechnungskreis II			
	Buchführung	Abgrenzungsbereich			Kostenrechnung
Miete Veranstaltungsraum	2.700				2.700
Automatenprov.	700				700
Nebenerl. a. Verm. u. Verp.	800	800			
Zinserträge	250	250			
Wareneinsatz	9.000		9.000	8.800	8.800
Löhne und Gehälter	7.300				7.300
Urlaubsgeld	4.800		4.800	400	400
Aushilfslöhne	2.600				2.600
Ges. soz. Aufw.	2.100				2.100
Fahrgelderst.	200				200
Energieaufw.	600				600
Heizung	300				300
Versicherungen	400				400
Steuern	170				170
Beiträge	90				90
Reinigung, Wäscherei	460				460
Dekorat., Blumen	200				200
Musik, Unterhaltung	800				800
Kfz-Kosten	800				800
So. Betriebskosten	200				200
Rechts- u. Beratungskost.	300				300
Bürobedarf	50				50
Postwertz., Telefon	250				250
Werbung	900				900
Reisekosten	60				60
So. Verwaltungskosten	500				500

	Rechnungskreis I		Rechnungskreis II					
	Buchführung		Abgrenzungsbereich				Kostenrechnung	
Pacht	2.400						2.400	
Instandhaltung	300						300	
Abschr. auf Sachanlagen	3.400				3.400	4.100	4.100	
Zinsaufwand	700				700	1.600	1.600	
Verluste a. d. Abg. v. Vermögensgegenst.	2.400		2.400					
kalk. Unternehmerlohn						4.000	4.000	
	41.280	45.050	2.400	1.050	17.900	18.900	39.880	44.000
	3.770			1.350	1.000		4.120	
	45.050	45.050	2.400	2.400	18.900	18.900	44.000	44.000

Abbildung 12: Ergebnistabelle

Aussagefähigkeit von Ergebnistabellen

Die Aussagefähigkeit der Ergebnistabelle ist groß. So informiert das Ergebnis der Kostenrechnung (Betriebsergebnis) darüber, ob das eigentliche Kerngeschäft des Unternehmens erfolgreich war oder nicht. Durch die Korrekturen, die zur Ermittlung des Buchführungsergebnisses führen, können Sie erkennen, inwiefern sich außergewöhnliche und nicht zum Kerngeschäft gehörende Vorgänge auf das Buchführungsergebnis auswirken. Des Weiteren wird für Sie erkennbar, inwieweit „Verzerrungen" der Buchführung, wie z.B. stille Reserven, die durch die Anwendung des Vorsichtsprinzips entstehen, das Buchführungsergebnis beeinflussen, da solche „Verzerrungen" nicht in die Kostenrechnung übernommen werden.

Aufgaben

1. Erklären Sie an einem Beispiel aus der Gastronomie, was unter einer Einzahlung verstanden wird.

2. Was wird unter einer Auszahlung verstanden?

3. Wann entsteht eine Einnahme?

4. Unter welchen Bedingungen entsteht eine Ausgabe?

5. Was wird unter Ertrag verstanden?

6. Erläutern Sie an einem Beispiel die Merkmale von Kosten.

7. Nennen Sie zwei Merkmale einer Leistung.

8. Was sind die Hauptaufgaben der Kostenrechnung?

9. Skizzieren Sie die Funktion der Kostenrechnung bei der Preisbeurteilung.

10. Welche zeitbezogenen Kostenrechnungsverfahren lassen sich unterscheiden?

11. Worin unterscheidet sich die Teilkostenrechnung von der Vollkostenrechnung?

12. Welchen Vorteil bietet die Ist-Kostenrechnung?

13. Welche Nachteile hat die Ist-Kostenrechnung?

14. Was versteht man unter Normalkosten?

15. Welchen Nachteil hat die Normal-Kostenrechnung?

16. Mit welchen Werten kalkuliert die Plan-Kostenrechnung?

17. Welchen Vorteil bietet die Plan-Kostenrechnung?

18. Inwieweit können sich Aufwendungen und Kosten unterscheiden?

19. Was ist unter dem Begriff „neutrale Aufwendungen" zu verstehen?

20. Worin bestehen die Unterschiede zwischen Erträgen und Leistungen?

21. Welche Aussagen sind richtig bzw. falsch? Begründen Sie Ihre Entscheidung.

    a) Alle Kosten sind zugleich Aufwendung.

    b) Bei Einzelunternehmen und Personengesellschaften zählt der kalkulatorische Unternehmerlohn zu den Anderskosten.

    c) Der Arbeitgeberanteil zur Sozialversicherung gehört zu den Zusatzkosten.

    d) Die betriebsfremden Aufwendungen werden auch als Anderskosten bezeichnet.

    e) Grundkosten nennt man auch Zweckkosten.

    f) Anderskosten sind aufwandsungleiche Kosten

    g) Zusatzkosten und Anderskosten sind kalkulatorische Kosten.

    h) Zusatzkosten sind aufwandsungleiche Kosten.

    i) Die Erfassung der kalkulatorischen Kosten in der Ergebnistabelle verändert im Rechnungskreis II das Gesamtergebnis.

j) Die kalkulatorischen Kosten finden im Betriebsergebnis ihren Niederschlag.

k) Kalkulatorische Zinsen zählen zu den Grundkosten.

22. Nennen Sie die Auswirkungen der bilanzmäßigen und der kalkulatorischen Abschreibung auf das Betriebsergebnis, das neutrale Ergebnis und das Gesamtergebnis.

23. Ein Gastronom berechnet für seine Arbeitsleistung in seinem Betrieb einen kalkulatorischen Unternehmerlohn in Höhe von 5.000 € monatlich.

a) Wie wird der Vorgang in der Ergebnistabelle erfasst?

b) Weshalb bezeichnet man den kalkulatorischen Unternehmerlohn als Zusatzkosten?

24. In der Geschäftsbuchhaltung sind folgende Beträge erfasst worden:

Konten	Soll €	Haben €
Umsatz Restaurant		490.000
Umsatz Handelswaren		75.000
Miete Veranstaltungsraum		18.000
Automatenprovision		2.700
Wareneinsatz	183.000	
Löhne und Gehälter	102.000	
Aushilfslöhne	43.000	
Ges. soziale Aufwendungen	31.900	
Fahrgelderstattung	2.500	
Energieaufwendungen	6.800	
Heizung	4.000	
Versicherungen	3.200	
Steuern	2.100	
Beiträge	1.200	
Reinigung, Wäscherei	4.300	
Dekoration, Blumen	1.800	
Musik, Unterhaltung	6.300	
Kfz-Kosten	6.800	
Sonstige Betriebskosten	2.400	
Rechts- und Beratungskosten	8.700	
Bürobedarf	800	
Postwertzeichen, Telefon	2.600	
Werbung	9.800	
Reisekosten	500	
Sonstige Verwaltungskosten	5.100	

Konten	Soll €	Haben €
Pacht	26.000	
Instandhaltung	3.200	
Abschreibungen auf Sachanlagen	42.000	
Zinsaufwand	7.600	

- Der kalkulatorische Unternehmerlohn beläuft sich auf 40.000 €.

- Die kalkulatorischen Zinsen betragen 38.000 €.

- Die kalkulatorischen Abschreiben belaufen sich auf 60.000 €.

Erstellen Sie die Ergebnistabelle, und ermitteln Sie

- das Betriebsergebnis,

- das Ergebnis aus den kostenrechnerischen Korrekturen,

- das Ergebnis aus den unternehmensbezogenen Abgrenzungen und

- das Gesamtergebnis.

25. Ein Gastronomieunternehmen hat aufgrund der angespannten Wirtschafts-lage im abgelaufenen Jahr seine Leistungen unter Selbstkosten verkauft. Folgende Angaben aus der Geschäftsbuchhaltung und der Kostenrechnung liegen vor:

Umsatzerlöse	820.000
Kosten (ohne Abschreibungen und Zinsen)	730.000
Bilanzielle Abschreibungen	33.000
Gezahlte Fremdkapitalzinsen	39.000
Kalkulatorische Abschreibungen	90.000
Kalkulatorische Zinsen	56.000

a) Erstellen Sie die Ergebnistabelle.

b) Begründen Sie, warum trotz eines Betriebsverlustes ein Unternehmens-gewinn entsteht.

26. Welche Aussagen sind richtig bzw. falsch? Begründen Sie Ihre Meinung.

a) Um die Kostenrechnung von zufälligen Preisschwankungen auf den Beschaffungsmärkten zu bereinigen, werden die Warenaufwendungen zu Einstandspreisen/Bezugspreisen bewertet.

b) Die in der Geschäftsbuchhaltung erfassten Warenaufwendungen wer-den in der Ergebnistabelle in der Spalte „Kostenrechnerische Korrek-turen" für den „Kosten- und Leistungsbereich" abgefiltert.

c) Warenaufwendungen bewertet zu Verrechnungspreisen gehen in die Kostenrechnung als Zusatzkosten ein.

d) Stoßweise anfallende Ausgaben für Kosten werden in der Kostenrechnung gleichmäßig auf die Abrechnungszeiträume verteilt.

e) Liegt der Auszahlungszeitpunkt für die aufzuschlüsselnde Ausgabe nach dem Verrechnungszeitpunkt, wird eine Kostennachverteilung vorgenommen.

f) In der Ergebnistabelle werden die auf die Verrechnungszeiträume aufgeschlüsselten Kosten in der Spalte „Kostenrechnerische Korrekturen" als „verrechneter Aufwand" gebucht.

2.2   Wie werden Kosten eingeteilt?

Damit Sie das Kostenverhalten analysieren können, müssen Sie die Kosten zuerst systematisieren und dann die Faktoren bestimmen, die die Höhe und die Zusammensetzung der Kosten beeinflussen.

Gliederung der Kosten

Dabei hat die Einteilung der Kosten nach verschiedenen Kriterien den Zweck, die Gesamtkosten in verschiedene Richtungen aufzuschlüsseln, umso mehr Informationen für die notwendigen betriebswirtschaftlichen Entscheidungen zu erhalten.

Gliederung der Kosten nach Kostenarten

Die **Gliederung** von Kosten nach **Kostenarten** ist das wesentliche Ordnungsprinzip. Häufig werden die Kostenarten nach der Einsatzgüterart (Art der verbrauchten Produktionsfaktoren, z.B. Personalkosten, Wareneinsatz) unterteilt. Des Weiteren ist eine Unterteilung nach der Abhängigkeit vom Beschäftigungsgrad, nach dem Ort der Entstehung sowie nach der Zurechenbarkeit auf die Kostenträger üblich. Darüber hinaus gibt es eine Vielzahl von Kombinationen der oben genannten Ordnungskriterien.

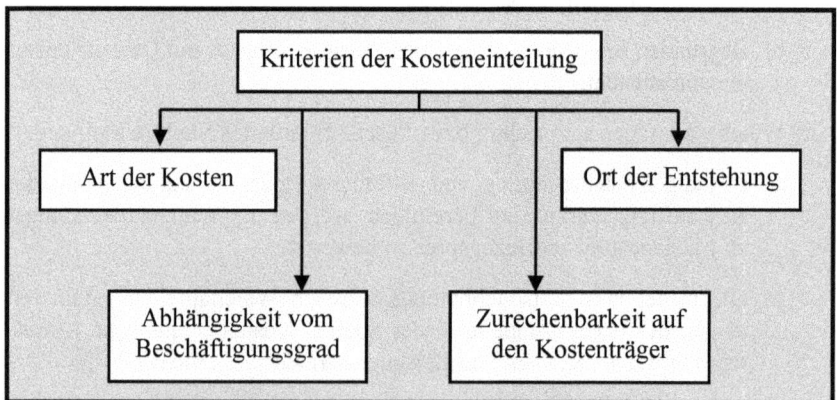

Abbildung 13: Gliederung der Kosten

Gliederung nach der Art der Kosten

Werden die Kosten nach Art der verbrauchten Produktionsfaktoren bei der betrieblichen Leistungserstellung gegliedert, führt dies zu folgender Einteilung der **Kostenarten**: — Kostenarten

```
┌──────────────────────────────────────────────────────────────────┐
│  ┌────────────┐      ┌────────────┐      ┌────────────┐           │
│  │ Fremdleis- │      │ Personal-  │      │Betriebsmit-│           │
│  │ tungskosten│      │  kosten    │      │ telkosten  │           │
│  │    (8)     │      │    (1)     │      │    (2)     │           │
│  └────────────┘      └────────────┘      └────────────┘           │
│  ┌────────────┐      ┌────────────┐      ┌────────────┐           │
│  │  Steuern   │      │            │      │  Waren-    │           │
│  │ und Abgaben│◄─────│ Kostenarten│─────►│  kosten    │           │
│  │    (7)     │      │            │      │    (3)     │           │
│  └────────────┘      └────────────┘      └────────────┘           │
│  ┌────────────┐      ┌────────────┐      ┌────────────┐           │
│  │  Kapital-  │      │  Wagnis-   │      │  Energie-  │           │
│  │  kosten    │      │  kosten    │      │  kosten    │           │
│  │    (6)     │      │    (5)     │      │    (4)     │           │
│  └────────────┘      └────────────┘      └────────────┘           │
└──────────────────────────────────────────────────────────────────┘
```

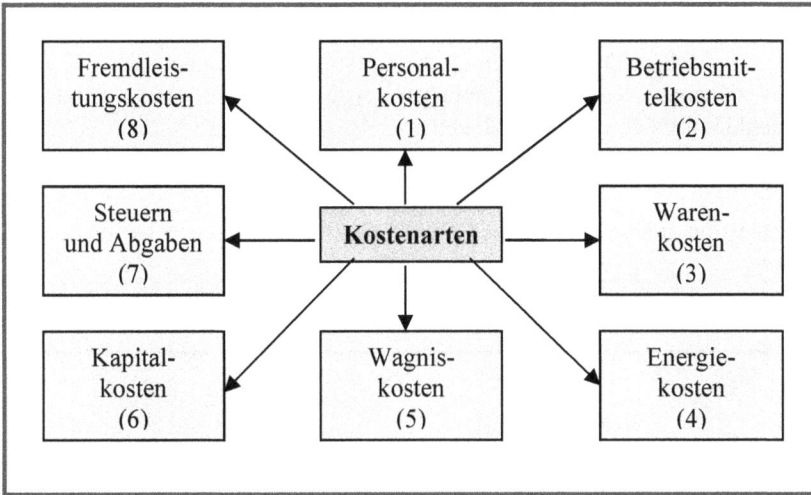

Abbildung 14: Kostenarten

Beispiel

(1)	Löhne und Gehälter, Aushilfslöhne, Sozialabgaben, Tantiemen
(2)	Abschreibungen auf Gebäude, technische Anlagen und Geschäftsausstattung, Instandhaltungskosten
(3)	Lebensmittel, Getränke
(4)	Strom, Gas, Wasser, Heizung
(5)	Versicherungen
(6)	Zinsen, Dividenden
(7)	Müllbeseitigung, Grundsteuer, IHK-Beitrag
(8)	Patente, Lizenzen

Gliederung nach dem Ort der Entstehung

Ein weiteres Unterscheidungsmerkmal von Kosten ist der Ursprung ihrer Entstehung. Entstehen Kosten außerhalb des Unternehmens, dann werden sie als **primäre Kosten** bezeichnet. Entstehen Kosten im Unternehmen (z.B. durch innerbetriebliche Leistungen zwischen einzelnen betrieblichen Abteilungen), werden diese als **sekundäre Kosten** bezeichnet. — primäre und sekundäre Kosten

Die Unterscheidung in primäre und sekundäre Kosten ist vor allem bei der Verrechnung der innerbetrieblichen Leistung wichtig, wobei bestimmte sekundäre Kosten mit Hilfe des Betriebsabrechnungsbogens auf verschiedene Kostenstellen aufgeteilt werden.

Kostenstellen

Wird der Betrieb in seine Funktionsbereiche aufgeteilt, erhält man die organisatorischen und räumlichen Verantwortungsbereiche, in denen die sekundären Kosten entstehen. Diese werden als **Kostenstellen** bezeichnet und sind neben der Verrechnung der innerbetrieblichen Leistungen für die Budgetierung und Kostenkontrolle von großer Bedeutung.

Beispiel

Das Gastronomieunternehmen „Himmelreich" hat folgende funktionale Gliederung:

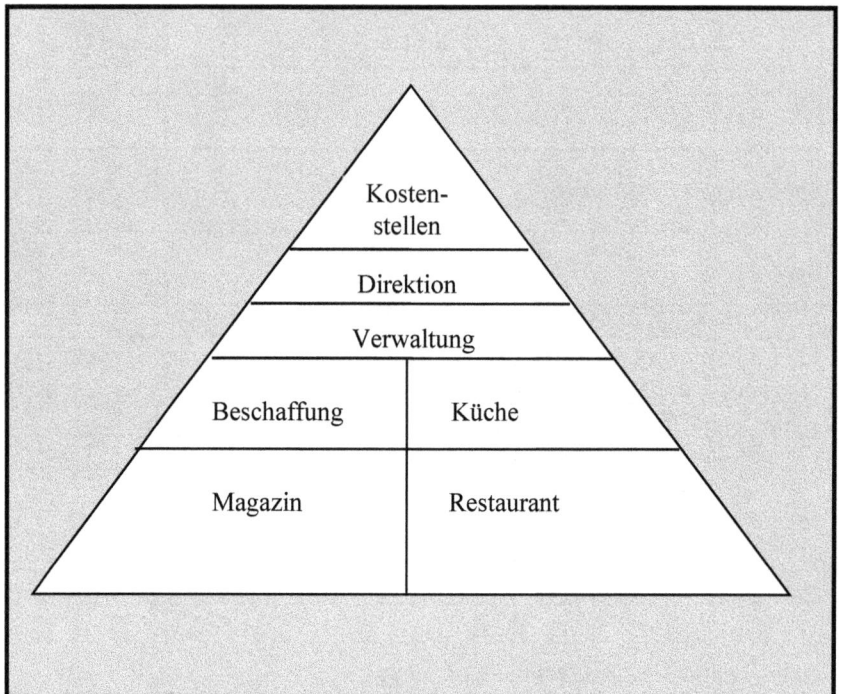

Abbildung 15: Kostenstellen

Kostenbeispiele

Direktionskosten:	Kosten der Unternehmensführung
Verwaltungskosten:	Kosten der Finanz- und Personalverwaltung, Kosten des Rechnungswesens
Beschaffungskosten:	Bestell- und Transportkosten
Magazinkosten:	Kosten der Lagereinrichtung und Lagerverwaltung, Energiekosten im Magazin
Küchenkosten:	Lebensmittelkosten Löhne und Gehälter des Küchenpersonals
Restaurantkosten:	Abschreibung und Instandhaltung der Restauranteinrichtung Personalkosten des Servicepersonals

Ziel der Kostenrechnung ist, die Kostenarten verursachungsgerecht den Kostenstellen zuzurechnen. Wenn dies gelingt, ist es möglich, auf Grundlage dieser Zahlen die Kosten der zukünftigen Perioden zu planen und zu kontrollieren.

Gliederung nach der Zurechenbarkeit auf den Kostenträger

Um geeignete Informationen für gastgewerbliche Entscheidungen zu erhalten, ist neben der Gegenüberstellung von Gesamtkosten und Gesamtleistung eine Gegenüberstellung der Kosten und Leistungen einzelner **Produkte (Kostenträger)** erforderlich.

Von besonderer Bedeutung für die **Kostenbeeinflussung** (Kostenmanagement) ist die Unterscheidung der Kosten nach ihrer **Zurechenbarkeit** zu vorher definierten Kostenträgern.

Alle Kosten, die sich ohne Verrechnung über Kostenstellen direkt einzelnen betrieblichen Kostenträgern zurechnen lassen, sind **Einzelkosten**. Als Einzelkosten werden diejenigen Kosten bezeichnet, die einem bestimmten Kostenträger (Produkt, Dienstleistung, Auftrag) eindeutig/direkt zugerechnet werden können. Dies bedeutet, dass eine vorherige Verrechnung auf die Kostenstellen nicht notwendig ist. Einzelkosten werden direkt und verursachungsgerecht (Verursachungsprinzip) auf die Kostenträger verrechnet. Demnach bezeichnet man Einzelkosten auch als

Einzelkosten

- direkte Kosten oder

- Kostenträgereinzelkosten.

Einzelkosten können den betrieblichen Produkten unmittelbar zugerechnet werden.

Sie sind meistens proportionale Kosten, d.h., sie verändern sich in einem konstanten Verhältnis zum Beschäftigungsgrad.

Einzelkosten

Die wichtigsten Einzelkosten in der Gastronomie sind:

- Wareneinsatz,

- Leistungslöhne,

- ein Teil der Energiekosten.

Diese Kosten können in der Praxis ohne Schwierigkeiten direkt den einzelnen Kostenträgern zugerechnet werden und zählen deshalb zu den Einzelkosten.

Gemeinkosten

Hingegen lassen sich **Gemeinkosten** nicht oder nur indirekt einzelnen Kostenträgern zurechnen, da mehrere Kostenträger **gemeinsam** zur Kostenentstehung beigetragen haben. Die Verrechnung der Gemeinkosten (Kostenträgergemeinkosten) auf Kostenträger muss über Bezugsgrößen bzw. Schlüssel erfolgen. Gemeinkosten lassen sich nicht direkt einem Bezugsobjekt zuordnen. Kostenträgergemeinkosten fallen also nicht unmittelbar für einen einzelnen Kostenträger an, sondern betreffen mehrere Kostenträger und können nur über eine Gemeinkostenschlüsselung diesen entsprechend zugerechnet werden. Daher sind Kostenträgergemeinkosten indirekt, und zwar über Kostenstellen, den Kostenträgern zuzurechnen.

> **Gemeinkosten werden nicht unmittelbar durch ein betriebliches Produkt verursacht; sie können daher nur indirekt (über die Verrechnung auf Kostenstellen) dem betrieblichen Produkt zugeordnet werden.**

Gemeinkosten in der Gastronomie

Die wichtigsten Gemeinkosten in der Gastronomie sind:

- Abschreibungen auf Gebäude, Betriebs- und Geschäftsausstattung, Fuhrpark,

- Instandhaltungskosten der Betriebs- und Geschäftsausstattung,

- Fahrzeugkosten,

- Personalkosten der Direktion und Verwaltung,

- Zinsen,

- Steuern und Abgaben.

Diese Kosten können in der Praxis den einzelnen Kostenträgern nicht direkt zugerechnet werden und zählen deshalb zu den Gemeinkosten.

Die nachfolgende Abbildung stellt die Zusammenhänge dar.

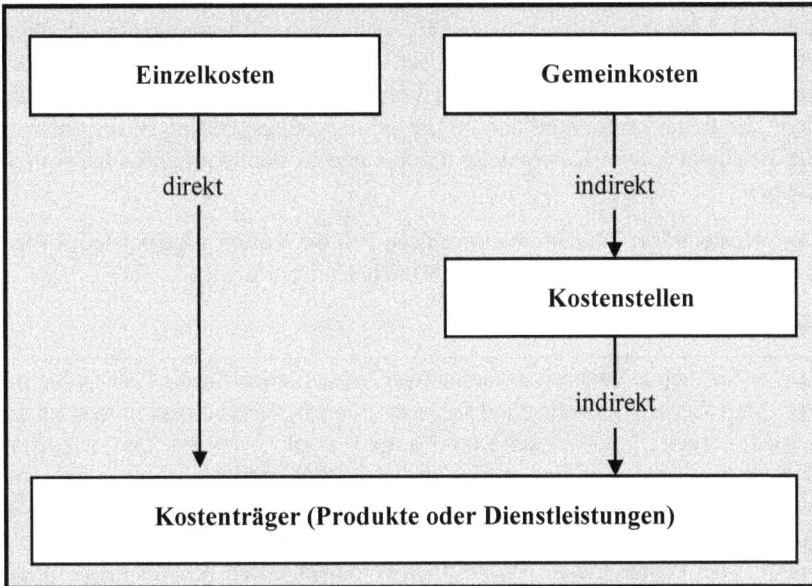

```
┌─────────────────────────────────────────────────────────────────┐
│                                                                   │
│  ┌──────────────────────┐        ┌──────────────────────┐         │
│  │    Einzelkosten      │        │    Gemeinkosten      │         │
│  └──────────────────────┘        └──────────────────────┘         │
│            │                                │                      │
│          direkt                          indirekt                  │
│            │                                ▼                      │
│            │                     ┌──────────────────────┐          │
│            │                     │     Kostenstellen    │          │
│            │                     └──────────────────────┘          │
│            │                                │                      │
│            │                             indirekt                   │
│            ▼                                ▼                      │
│  ┌─────────────────────────────────────────────────────────────┐ │
│  │     Kostenträger (Produkte oder Dienstleistungen)            │ │
│  └─────────────────────────────────────────────────────────────┘ │
│                                                                   │
└─────────────────────────────────────────────────────────────────┘
```

Abbildung 16: Zurechnung von Einzel- und Gemeinkosten

Die Abbildung zeigt, dass die **Einzelkosten** (z.B. Wareneinsatz oder Leistungslöhne) direkt auf das Produkt 'kalkuliert' werden, während man die **Gemeinkosten** (z.B. das Gehalt der Buchhalterin) über Kostenstellen den Kostenträgern zurechnet.

Die Zurechnung von Kosten zu einer Zurechnungseinheit (Kostenträger z.B. Produkt/Dienstleistung) erfolgt im Idealfall nach dem **Verursachungsprinzip**. Dabei werden dem Kostenträger nur die Kosten(-arten) zugerechnet, die er tatsächlich verursacht hat. Ob man die Zurechnung richtig vorgenommen hat, kann man durch ein Gedankenspiel prüfen:

Verursachungsprinzip

Beispiel: Verursachungsprinzip

Das Verursachungsprinzip ist dann ‚rein' eingehalten, wenn ein Wegfall des Kostenträgers einen Wegfall der verursachungsgerecht zugeordneten Kostenarten bedeutet.

Stellen Sie sich die Herstellung von Gerichten eines Restaurants vor. Bestimmt kann man die Lebensmittel, aus dem sich ein Gericht als Produkt zusammensetzt, verursachungsgerecht dem Gericht zuordnen. Nun prüfen Sie: Wenn das Gericht wegfällt, müssen die Kosten für die anteiligen Lebensmittel wegfallen. Prüfen Sie selbst: So ist es!

Schlüsselung der
Gemeinkosten

Wenn sich alle Kosten, die in einem Unternehmen entstehen, so leicht wie in dem Beispiel zuordnen ließen, dann wäre die Kostenartenrechnung sehr einfach. Es gibt aber Gemeinkosten, die sich einem Kostenträger nicht direkt zurechnen lassen. Die Schlüsselung der Gemeinkosten über die Kostenstellen kann in der Praxis nur annähernd verursachungsgerecht durchgeführt werden, da in der Regel keine Maßstäbe für die verursachungsgerechte Beanspruchung der Leistungen einer Kostenstelle durch einen Kostenträger gefunden werden können.

Dem Kostenträger können im einfachsten Fall die Kosten zugerechnet werden, die er durchschnittlich zu tragen hat (Durchschnittsprinzip).

Beispiel: Durchschnittsprinzip

Stellen Sie sich in einem Restaurant zwei Kostenstellen für die Erbringung der Leistung „Gericht herstellen und servieren" vor. In der Kostenstelle A wird das Gericht hergestellt und in der Kostenstelle B wird es serviert. Den zwei Kostenstellen mit den Mitarbeitern ist ein F&B-Manager übergeordnet. Wie soll nun das Managergehalt den Kostenstellen zugeordnet werden? Man würde es auf die zwei Kostenstellen aufteilen, also nach dem Durchschnittsprinzip verfahren. Hier könnte die durchschnittlich verbrauchte Zeit des Managers für die beiden Kostenstellen als Verteilungsmaßstab verwendet werden.

Gliederung nach der Abhängigkeit vom Beschäftigungsgrad

fixe und variable Kosten

Ein weiteres Gliederungsmerkmal der Kosten ist das Verhalten bei schwankendem Beschäftigungsgrad (Ausbringung). Kosten können von Beschäftigungsschwankungen (z.B. unterschiedliche Gästezahl im Restaurant) unabhängig (fix) oder abhängig (variabel) sein. „Fix" und „variabel" kennzeichnet allgemein das Verhalten von Kosten hinsichtlich der Änderung der Bezugsgröße „Beschäftigung".

fixe Kosten

Fixe Kosten sind entsprechend diesem Merkmal dadurch gekennzeichnet, dass sich diese Kosten bei einer Änderung der Beschäftigung und damit des Beschäftigungsgrades bei einer gegebenen Kapazität innerhalb einer Periode nicht ändern.

> **Fixe Kosten werden durch Veränderungen des Beschäftigungsgrades (Ausbringung) nicht beeinflusst.**

absolut fixe Kosten

Absolut fixe Kosten entstehen allein durch die Existent des Betriebes. Sie fallen selbst bei sehr niedrigem Beschäftigungsgrad in gleicher Höhe an, z.B. das Gehalt des Geschäftsführers, die Kapitalkosten und die Abschreibungen auf Gebäude. Diese Art von Kosten wird auch als **Bereitschaftskosten** bezeichnet.

Bei steigender Ausbringungsmenge verteilen sich die gleich bleibenden Fix-   Fixkostendegression
kosten auf eine größere Menge, so dass die Fixkosten je Mengeneinheit sinken.
Dieser Effekt wird als **Fixkostendegression** bezeichnet.

Beispiel

Ausbringung	Fixkosten gesamt (€)	Fixkosten je Stück (€)
50	3.000	60
100	3.000	30
150	3.000	20
200	3.000	15
250	3.000	12
300	3.000	10

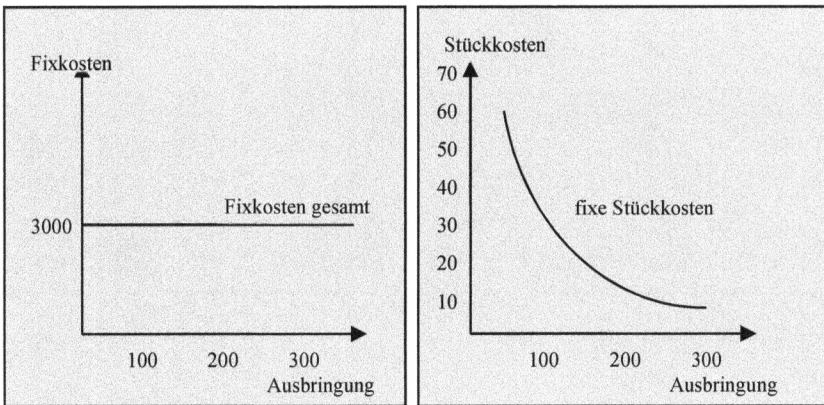

Abbildung 17: Fixkostendegression

Sprungfixe Kosten (intervall-fixe Kosten) bleiben in bestimmten Beschäfti-   sprungfixe Kosten
gungsbereichen unverändert. Sie steigen sprunghaft an, wenn die Beschäf-
tigung zum Beispiel den zusätzlichen Einsatz von Angestellten, technischen
Einrichtungen (Abschreibungen) oder Fahrzeugen (Abschreibungen, Kfz-
Steuern, Kfz-Versicherungen) erforderlich macht.

Der sprunghafte Anstieg der Fixkosten bei Kapazitätserweiterung entsteht vor
allem aus mangelnder Teilbarkeit der Produktionsfaktoren (Personal, Maschi-
nen, Gebäude u.a.).

Sinkt die Beschäftigung später wieder, verharren die Fixkosten zunächst auf
dem höheren Niveau, da in der Regel ein kurzfristiger Abbau der Kapazität
nicht möglich ist (z.B. Personalkosten, Abschreibungen, Zinsen, Mieten).

Beispiel

Ausbringung	Fixkosten gesamt (€)	Fixkosten je Stück (€)
50	1.000	20,00
100	1.000	10,00
150	2.000	13,33
200	2.000	10,00
250	3.000	12,00
300	3.000	10,00

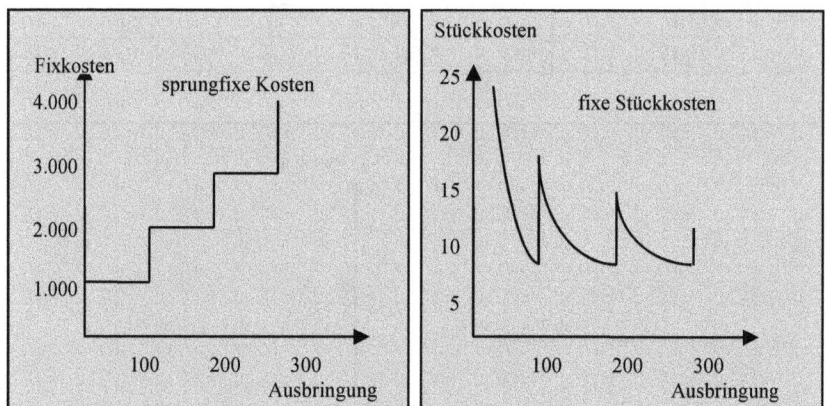

Abbildung 18: sprungfixe Kosten

Verhalten der sprungfixen Kosten

Die Höhe der **Kostensprünge** ist von den Kosten des Produktionsfaktors abhängig. Bestimmt wird die Länge der Beschäftigungsintervalle von der Qualität und Leistungsbereitschaft des Produktionsfaktors (z.B. eingesetzter Koch).

Verlängerung des Beschäftigungsintervalls

Erhöht man z.B. die Leistungsfähigkeit und -bereitschaft der Mitarbeiter insofern, dass ein Koch statt 400 Menüs am Tag nun 500 herstellen kann, dann dehnt sich das **Beschäftigungsintervall** aus. Der Sprung der fixen Kosten erfolgt dann alle 500 Menüs und nicht alle 400.

Verkürzung des Beschäftigungsintervalls

Wird z.B. die Qualität der Speisen oder der Grad der Serviceleistungen erhöht, so bedeutet dies höheren Personaleinsatz und damit eine **Verkürzung** des **Beschäftigungsintervalls**.

Hingegen variieren **variable Kosten** mit der Veränderung der Beschäftigung. Damit müssen **fixe Kosten** als Voraussetzung für die Herstellung der **Betriebsbereitschaft** gesehen werden. Die Fixkosten werden nicht durch die Leistungsproduktion als solche, sondern durch Investitionsentscheidungen aufgebaut.

Variable Kosten verändern sich in Abhängigkeit vom Beschäftigungsgrad (Ausbringung).

Je nachdem wie die relative Kostenänderung im Verhältnis zur Änderung im Beschäftigungsgrad ausfällt, werden drei Arten von variablen Kosten unterschieden: **proportionale Kosten, degressive Kosten und progressive Kosten**.

Proportionale Kosten verändern sich als Gesamtkosten gleichmäßig mit dem Beschäftigungsgrad, die Stückkosten bleiben gleich groß (z.B. Warenkosten).

proportionale Kosten

Beispiel

Ausbringung	variable Gesamtkosten (€)	variable Stückkosten(€)
50	500	10
100	1.000	10
150	1.500	10
200	2.000	10
250	2.500	10
300	3.000	10

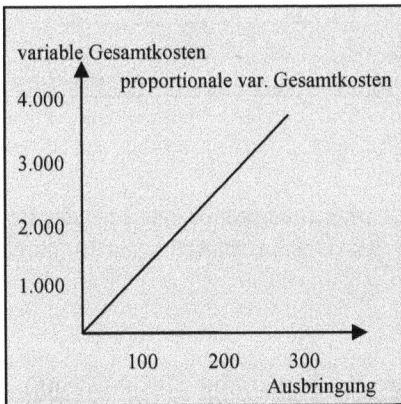

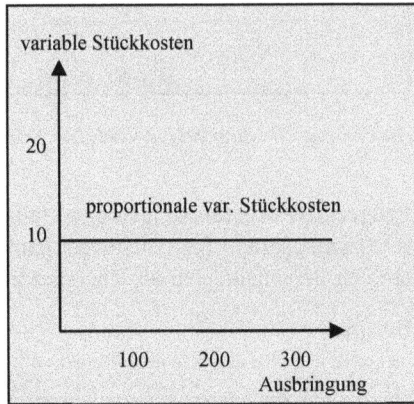

Abbildung 19: proportionale variable Kosten

Degressive Kosten steigen langsamer (unterproportional) als der Beschäftigungsgrad. Bei sinkender Beschäftigung fallen sie, bei zunehmender Beschäftigung steigen sie unterproportional. Hier ist der Wareneinsatz zu nennen. Aufgrund gestaffelter Mengenrabatte kann der Einstandspreis in Relation zur Menge unterproportional steigen.

degressive Kosten

Beispiel

Ausbringung	variable Gesamtkosten (€)	variable Stückkosten(€)
50	600	12
100	1.100	11
150	1.500	10
200	1.800	9
250	2.000	8
300	2.100	7

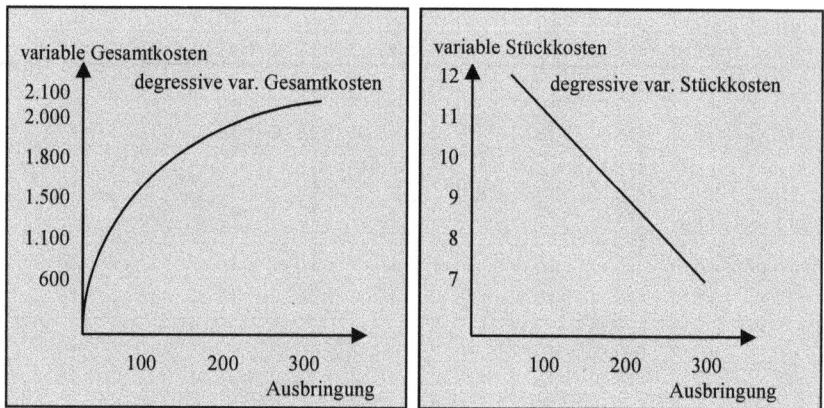

Abbildung 20: degressive variable Kosten

progressive Kosten

Progressive Kosten steigen bzw. fallen stärker (überproportional) als der Beschäftigungsgrad. Sie entstehen häufig bei Überbeschäftigung, z.B. durch
erhöhte Personalkosten für Überstunden.

Beispiel

Ausbringung	variable Gesamtkosten (€)	variable Stückkosten(€)
50	500	10
100	1.200	12
150	2.100	14
200	3.200	16
250	4.500	18
300	6.000	20

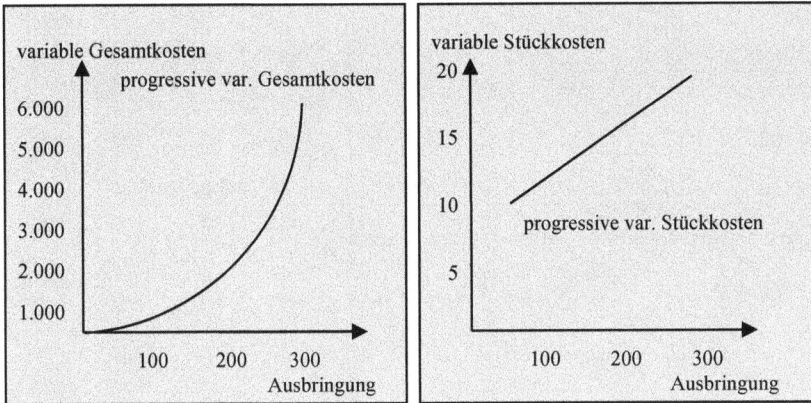

Abbildung 21: progressive variable Kosten

Werden die fixen und die variablen Kosten addiert, erhält man die **Gesamt-kosten**.

FORMEL I

Berechnung der **Gesamtkosten**

> Gesamtkosten (K) = Fixkosten (K_f) + variable Kosten (K_v)

Für die Stückkosten gilt:

FORMEL II

Berechnung der **Stückkosten**

$$\text{Stückkosten (k)} = \frac{K}{x} = \frac{K_f + K_v}{x} = \frac{K_f}{x} + \frac{K_v}{x} = k_f + k_v$$

Beispiel

Ausbringung	Fixkosten (€)	variable Kosten (€)	Gesamtkosten (€)	Stückkosten (€)
50	2.000	500	2.500	50,00
100	2.000	1.000	3.000	30,00
150	2.000	1.500	3.500	23,33
200	2.000	2.000	4.000	20,00
250	2.000	2.500	4.500	18,00
300	2.000	3.000	5.000	16,66

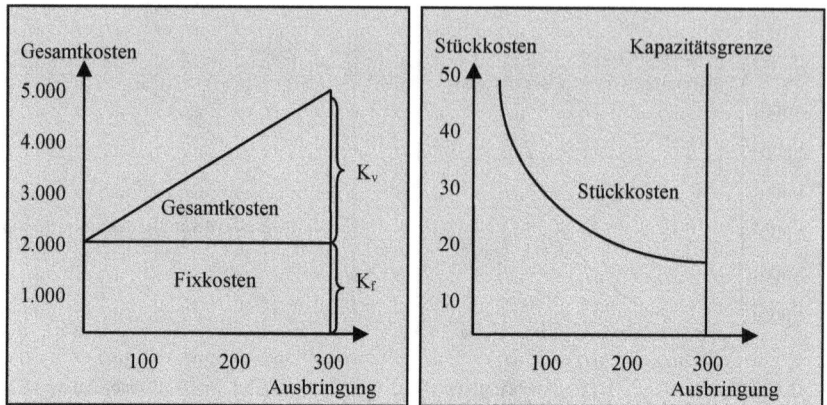

Abbildung 22: Gesamtkostenverlauf

Beschäftigungsgrad

Möchten Sie als Gastronom Aussagen über die Höhe und Entwicklung der angefallenen Kosten machen, ist es erforderlich, die **herstellbare Menge** (= Kapazität des gastgewerblichen Betriebes), den **Beschäftigungsgrad** (= Kapazitätsauslastungsgrad) und das **Verhältnis von fixen zu variablen Kosten** zu kennen. Die Auslastung der Kapazität, ausgedrückt in Prozent, ist der **Beschäftigungsgrad**.

FORMEL III

Berechnung des **Beschäftigungsgrades**

$$\text{Beschäftigungsgrad} = \frac{\text{erstellteLeistung} \times 100}{\text{Kapazität}} \; [\%]$$

Beschäftigung

Die Definition **Beschäftigung**, verstanden als Ausbringungseinheiten, bereitet für das Gastgewerbe Probleme. Unter Ausbringungseinheiten können sowohl materielle als auch immaterielle Objekte verstanden werden, die in Mengen, Zeiten oder Werten gemessen werden. Ein allgemeingültiger Maßstab für die Kapazitätsermittlung existiert nicht. Es sind immer die situativen Gegebenheiten und der Zweck der Messung zu beachten.

Outputmessung

Eine direkte **Messung des Outputs** ist nur dann korrekt möglich, wenn homogene Leistungen erstellt werden. Bei Vorliegen eines heterogenen Leistungsprogramms wie bei Gastbetrieben ist auch eine indirekte Messung möglich, die an **Inputgrößen** ansetzt. Voraussetzung zur Messung des Outputs mit Hilfe von Inputgrößen ist, dass Input und Output in einer proportionalen Beziehung stehen. Das könnte die Zeit, verstanden als Zeitfonds, sein.

Mit der Messung der Kapazität in Zeiteinheiten ist die Notwendigkeit verbunden, auch die Nachfrage in Zeiteinheiten zu ermitteln. Von Nachteil erweist sich dabei vor allem für gastgewerbliche Prozesse mit Gästebeteiligung, dass der Zeitaufwand für die zu erstellende Leistung sehr stark variiert. Daher ist es sinnvoll, die Kapazität als technische Leistungsfähigkeit des Betriebes oder eines Bereiches (Sitzplätze im Restaurant, Kochstellen in der Küche) in einem bestimmten Zeitraum auszudrücken.

Beispiel

Die Küche des Restaurants „Zum Bahnhof" ermöglicht die Herstellung von 100 Menüs pro Tag. Der letzte Monat hatte 30 Öffnungstage. Es wurden in diesem Zeitraum 2.100 Menüs zubereitet:

Erstellte Leistung: 2.100 Menüs

Kapazität: 30 Tage x 100 = 3.000 Menüs

$$\text{Beschäftigungsgrad} = \frac{2.1000 \times 100}{3.000} = 70\%$$

Eine Beurteilung von **Kostenstrukturen** kann nur durch ein gleichzeitiges Einbeziehen von Leistungen bzw. Erlösen erreicht werden. Erst eine Gegen-überstellung von Kosten und Leistungen ermöglicht eine umfassende Beurteilung von Kostenhöhe, -beeinflussbarkeit und -struktur. Im folgenden Kapitel werden daher die wesentlichen Beeinflussungsfaktoren von Kosten dargestellt.

Beurteilung von
Kostenstrukturen

Aufgaben

1. Worin unterscheiden sich Einzel- und Gemeinkosten voneinander?

2. Erläutern Sie die Aussage: „Einzelkosten sind variable Kosten, Gemein-kosten sind überwiegend fixe Kosten."

3. Warum ist es richtig, das Gehalt des Geschäftsführers als fixe Kosten zu betrachten?

4. Aus welchem Grund können die fixen Kosten nicht direkt auf einzelne Kostenträger (z.B. Menüs) zugerechnet werden?

5. Ein gastronomischer Betrieb mit hohem Anteil der variablen Kosten an den Gesamtkosten kann sich einer veränderten Beschäftigung leicht anpassen. Begründen Sie diese Aussage.

6. Warum muss ein Gastronomiebetrieb mit hohem Anteil der fixen Kosten an den Gesamtkosten darauf achten, dass mit einer hohen Kapazitätsauslas-tung gearbeitet wird?

7. Die Warenaufwendungen sollen in der Kostenrechnung mit einem Ver-rechnungspreis angesetzt werden. Der Verrechnungspreis ist als gewogener

Durchschnittspreis aus folgenden Lieferungen des vergangenen Quartals zu bestimmen:

Lieferdatum	Liefermenge in kg	Einstandspreis je kg
02. 01.200...	42	28,00
05. 01.200...	30	32,00
12. 01.200...	20	25,00
18. 01.200...	47	27,00
29.01.200...	62	26,00
04.02.200...	28	24,00
15.02.200...	33	28,00
28.02.200...	76	30,00
02.03.200...	40	32,00
15.03.200..	69	27,00
24.03.200...	71	26,00
28.03.200...	28	29,00

8. Ein Gastronom kalkuliert für ein Menü mit variablen Stückkosten in Höhe von 6,50 € und fixen Kosten von insgesamt 6.000 €/Periode.

Wie viele Menüs muss er in einer Periode mindestens verkaufen, um bei einem Verkaufspreis von 19,80 € (ohne USt.) keinen Verlust zu erwirtschaften?

9. Sie ermitteln folgende Absatzmöglichkeiten:

Absatz	30.000 Menüs	50.000 Menüs	70.000 Menüs
Verkaufspreis (ohne USt.)	24,00 €	20,00	19,00

Die fixen Kosten betragen 400.000 €, die variablen Kosten 8,00 € pro Menü.

a) Errechnen Sie für jede Absatzprognose den Gesamtgewinn.

b) Errechnen Sie für jede Absatzprognose den Stückgewinn (Gewinn pro Menü).

c) Welchen Menüpreis würden Sie empfehlen?

10. Geben Sie an, welche Kurven im folgenden Koordinatensystem

a) einen absolut-fixen Fixkostenverlauf,

b) einen intervall-fixen (sprungfixen) Fixkostenverlauf,

c) einen proportionalen Verlauf der variablen Gesamtkosten,

d) einen progressiven Verlauf der variablen Gesamtkosten und

e) einen degressiven Verlauf der variablen Gesamtkosten

darstellen.

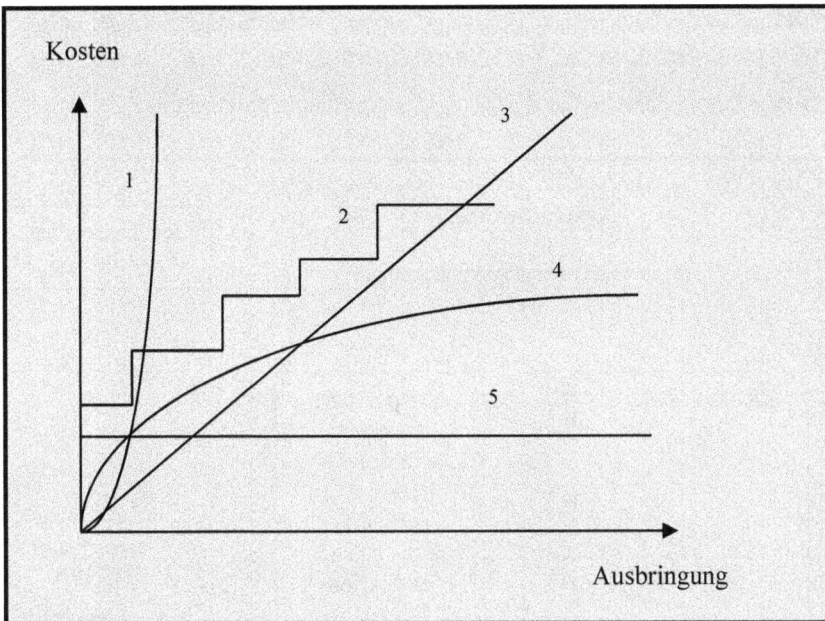

2.3 Wodurch werden Kosten beeinflusst?

Kosten können nicht für sich allein (absolut) erklärt werden, sie sind immer einer bestimmten **Bezugsgröße** bzw. Leistungseinheit zuzuordnen, beispielsweise Menü, Kostenstelle, Gast und/oder einer Periode. Ziel ist es, die Kosten den definierten Leistungseinheiten „richtig" zuzuordnen. Die Zuordnung ist dann „richtig", wenn sie **verursachungsgerecht** ist, d.h. die Leistungseinheiten bekommen die Kosten zugerechnet, die sie verursacht haben. Zunächst klingt die Zuordnungsregel einfach, bietet aber in der praktischen Anwendung einen großen Interpretationsspielraum.

Verursachung-gerechtigkeit

Das **Verursachungsprinzip** basiert auf einer **Mittel-Zweck-Beziehung**. Danach rechnet man Leistungen verursachungsgerecht nur jene Kosten zu, die nur deshalb entstanden sind, weil diese Leistungen erbracht wurden. Die Leistungen sind der Zweck (Erstellung eines Menüs), die Kosten die Mittel zur Zweckerfüllung (Verbrauch von Produktionsfaktoren, z.B. Betriebsmittel, Lebensmittel, Personal).

Mittel-Zweck-Beziehung

Kosten werden als leistungszweckbezogener und zweckgerichteter bewerteter **Verbrauch von Gütern und Diensten** definiert. Die Beziehung zwischen Kosten und Leistungen gilt nur zwischen den verbrauchten Kostengüter**mengen** und den entstandenen Leistungs**mengen**. Güterverbrauch und Güterent-

Begriff Kosten

stehung sind gleichzeitige Vorgänge, da eine mengenmäßige Leistung nicht ohne einen gleichzeitigen Verbrauch entstehen kann.

Dieser Zusammenhang wird in folgender Abbildung dargestellt:

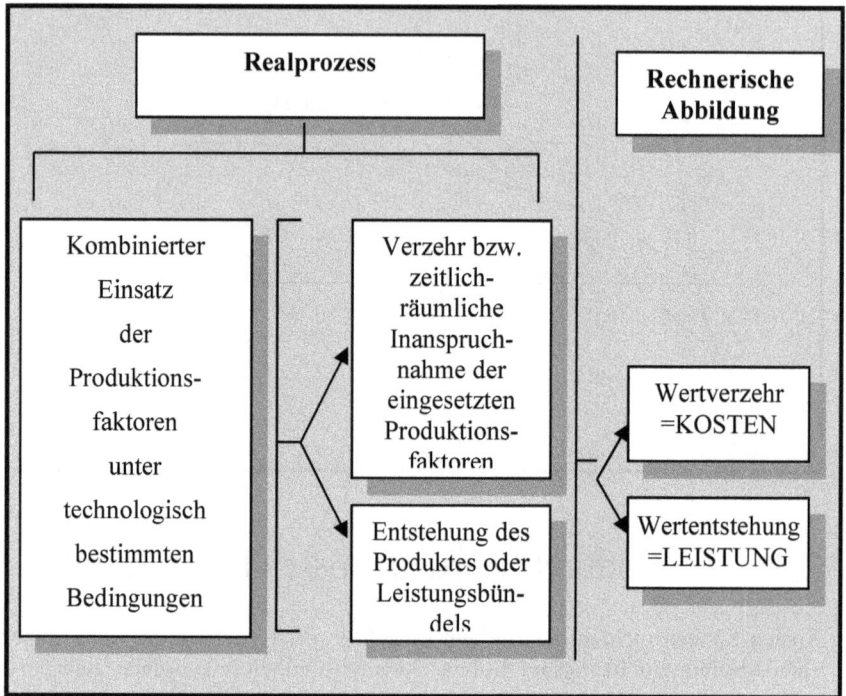

Abbildung 23:Die Leistungserstellung und ihre rechnerische Abbildung

Kosten sind als Güterverzehr lediglich eine „unerwünschte Nebenwirkung". Aus dem Einsatz von Produktionsfaktoren fallen zusammen mit der Leistung, Kosten als Nebenwirkung an.

Kosteneinflussgrößen

Indem die Einsatzbedingungen der Produktionsfaktoren hinsichtlich der **Kosteneinflussgrößen** näher untersucht werden, spaltet sich die Globalursache „Einsatz von Produktionsfaktoren" in Teileinflüsse auf. Kosteneinflussgrößen werden zu Kostenbeeinflussungsgrößen, d.h. zu Größen, mit deren Hilfe der Gastronom die Kosten seines Betriebes steuern könnte.

Bei der Ermittlung von Einflussgrößen geht es also darum, Größen zu finden, deren Veränderung mit einer Kostenveränderung verbunden ist.

Der Faktorverbrauch kann auf folgende drei Faktoren zurückgeführt werden, zwischen denen gegenseitige Abhängigkeiten bestehen:

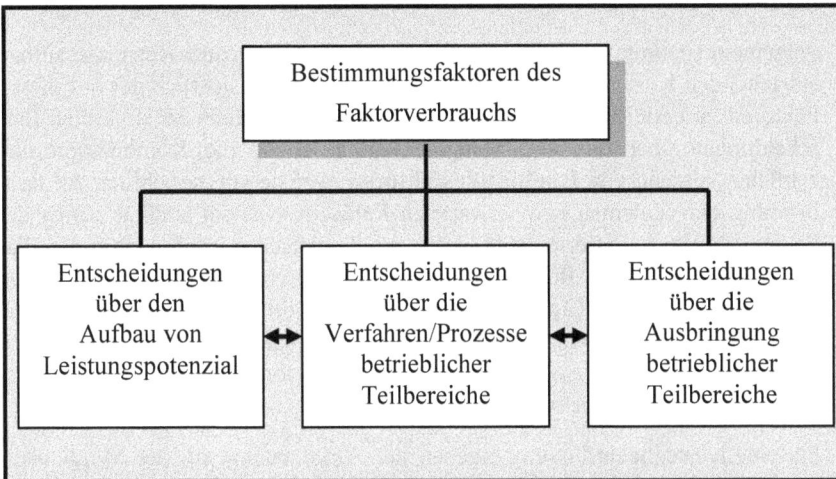

```
┌─────────────────────────────────────────────────────────────┐
│                 ┌─────────────────────────┐                   │
│                 │  Bestimmungsfaktoren des │                  │
│                 │     Faktorverbrauchs     │                  │
│                 └─────────────────────────┘                   │
│                                                               │
│  ┌───────────────┐  ┌───────────────┐  ┌───────────────┐     │
│  │ Entscheidungen │ │ Entscheidungen │ │ Entscheidungen │    │
│  │   über den     │◄►│   über die     │◄►│   über die     │   │
│  │   Aufbau von   │ │Verfahren/Prozesse│ │  Ausbringung   │   │
│  │Leistungspotenzial│ │  betrieblicher │ │  betrieblicher │   │
│  │                │ │  Teilbereiche  │ │  Teilbereiche  │    │
│  └───────────────┘  └───────────────┘  └───────────────┘     │
└─────────────────────────────────────────────────────────────┘
```

Abbildung 24: Bestimmungsfaktoren des Faktorverbrauchs

Zur Erstellung einer Leistung muss zunächst ein **Leistungspotenzial** aufgebaut werden. Demzufolge fallen Kosten als Folge der Entscheidung, eine Fähigkeit zur Leistungserstellung zu erwerben, an.

Leistungspotenziale werden mittels **Potenzialfaktoren** aufgebaut. Potenzialfaktoren sind nicht beliebig teilbare Produktionsfaktoren (Räumlichkeiten, Geräte, Personal), die ein Nutzungspotenzial verkörpern, das sich erst durch mehrmaligen Gebrauch im Laufe der Zeit oder aber überhaupt nicht erschöpft. *(Potenzialfaktoren)*

Neben den Potenzialfaktoren setzt jede Unternehmung **Verbrauchsfaktoren** (Repetierfaktoren) ein. Das sind beliebig teilbare Produktionsfaktoren, die bei ihrem Einsatz im Produktionsprozess nicht wie Potenzialfaktoren ge-, sondern verbraucht werden, d.h. in diesem Prozess untergehen (Lebensmittel, Getränke, Energie). *(Verbrauchsfaktoren)*

Das Verhältnis zwischen der tatsächlich genutzten zur vorgehaltenen Leistungsbereitschaft wird als **Nutzungsgrad** bezeichnet. Es ist ein hoher Nutzungsgrad im Sinne einer wirtschaftlichen Nutzung der aufgebauten Leistungsbereitschaft anzustreben, um die so genannten **Leerkosten** möglichst gering zu halten. Allerdings führen Maßnahmen zur Veränderung der Verteilung von Leer- und Nutzkosten nicht direkt zu einer Änderung der Höhe der Fixkosten. Dieses Ergebnis kann erst eine Entscheidung zur Veränderung der Kapazität bewirken. *(Nutzungsgrad)*

Über den Einsatz von Produktionsfaktoren verursacht der Aufbau von Kapazitäten Kosten, die zunächst unabhängig von den am Markt verwertbaren Leistungen entstehen.

Kapazitätsaufbau

Allgemein bestimmt sich die Höhe und Struktur der aus dem Kapazitätsaufbau entstehenden Kosten aus langfristigen Erwartungen hinsichtlich der mit diesen Faktoren zu erzielenden Erlöse. Diese Erwartungen führen zu konkreten Entscheidungen über die Art, Menge, Qualität sowie die Kombination und zeitliche Nutzung von **Produktionsfaktoren**, welche voraussichtlich zur Realisierung der geplanten bzw. erwarteten **Erlöse** notwendig sind. Je weiter der Planungshorizont entfernt liegt, desto problematischer werden aber die Planung, Kontrolle und Beurteilung der ökonomischen Angemessenheit und Zweckmäßigkeit der **Kapazitäten**. Insbesondere für gastronomische Betriebe gilt, dass der Aufbau von Kapazitäten nur auf Schätzungen basieren kann, da die für eine bestimmte Leistung benötigten Faktoren im Vorfeld der Leistungserstellung oft unbekannt sind.

Ansatzpunkte der Kostenbeeinflussung

Für eine Kostenbeeinflussung ergeben sich Ansatzpunkte aus den Möglichkeiten, die Produktionsfaktoren zu Kapazitäten zusammenzustellen und Kapazitäten „optimal" an den Bedarf anzupassen. Der Gastronom bestimmt also mit seinen Entscheidungen die Art der eingesetzten Potenzialfaktoren sowie die Kombination dieser Faktoren zu **Kapazitäten**. Langfristige Auswirkungen haben diese beiden Entscheidungen auf die betrieblichen Kostenstrukturen, der Kapazitäten sowie auf die Flexibilität der Leistungspotenziale. Jedoch ist der Gastronom bei der Entscheidungsfindung an innerbetriebliche Daten und externen Gegebenheiten seiner Unternehmensumwelt gebunden.

Teilbarkeit von Produktionsfaktoren

Die Tatsache, dass nicht alle **Produktionsfaktoren** in beliebig kleinen Mengen verfügbar sind bzw. sich nicht oder nur mit zeitlichen Verzögerungen an veränderte Unstände anpassen lassen, ist beispielsweise eine externe Gegebenheit. So kann die Restaurantfläche nicht in beliebig kleinen Einheiten und für beliebige Zeiträume vorgehalten werden. Ebenso ist Personalleistung nur in „Sprüngen" einsetzbar, so dass Personal in der Regel nicht einer einzelnen Leistung zugeordnet werden kann. Hinzu kommen rechtliche Beschränkungen, die dazu führen, dass der Bedarf nach diesen Faktoren nicht zeitgleich angepasst werden kann. Zu nennen sind beispielsweise Kündigungsfristen bei Personal-, Miet- und Leasingverträgen oder auch Umweltschutzauflagen und Sozialgesetze.

Neben den Kosten, die durch Entscheidungen zum Aufbau eines Leistungspotenzials bzw. betrieblicher Kapazitäten entstanden sind, fallen weitere Kosten mit der Erstellung absetzbarer Leistungen an.

Zur Erstellung absetzbarer Leistungen sind in der Regel weitere interne Produktionsfaktoren (Verbrauchsfaktoren und zusätzliche Potenzialfaktoren wie menschliche Arbeitsleistung) notwendig. Mittels einer unterschiedlich intensiven Integration eines externen Faktors (Gäste, Lieferanten) erstellen sie eine absetzbare Leistung.

In diesem Prozess entstehen durch den Einsatz der notwendigen Produktionsfaktoren Kosten. Die entscheidenden Größen, die die Höhe und Struktur der anfallenden Kosten beeinflussen, sind die **Verfahren**, **Prozesse** oder auch Aktivitäten, die zur Leistungserstellung notwendig sind.

In der Vergangenheit haben daher **Rationalisierungsmaßnahmen** häufig bei der Gestaltung der Prozesse und Verfahren angesetzt. Beispielsweise hat die heute in vielen Gaststättenbetrieben vollzogene Umstellung auf Selbstbedienung dazu geführt, dass Teile des Potenzialfaktors „menschliche Arbeitsleistung" zugunsten von Betriebsmittel- und Flächenausstattung ersetzt wurden. Damit war zugleich eine Veränderung des Leistungserstellungsprozesses verbunden. An die Stelle von Bedienungsprozessen und des damit erforderlichen Einsatzes von menschlicher Arbeitskraft trat eine verstärkte Integration des Gastes in den Leistungserstellungsprozess. Das Ergebnis war eine neue Leistungskombination. Ähnliche Verschiebungen ergeben sich bei fast allen Arten von Rationalisierungsinvestitionen (z.B. Einsatz von moderner Informationstechnologie), die häufig durch Entscheidungen aufgrund des technischen Fortschritts ausgelöst werden.

Rationalisierung

Entscheidungen über den Aufbau von Leistungspotenzialen und Entscheidungen über Verfahren bzw. Prozesse betrieblicher Bereiche sind häufig interdependent. So ist eine Variation des Leistungsprozesses selten unabhängig von Kapazitätsentscheidungen möglich. Eine Umstellung von konventioneller Bedienung auf Selbstbedienung bei gleich bleibendem Leistungsangebot erfordert beispielsweise einen höheren Einsatz von Betriebsmitteln bei gleichzeitiger Verkürzung der durchschnittlichen Verweildauer je Gast. Bei gleich bleibender Sitzplatzzahl kann es insgesamt zu einer Kapazitätsausweitung kommen.

Interdependenz von Entscheidungen

Entscheidungen über **Ausbringungsmengen** sind bei gegebenen Kapazitäten und Prozessen nachgelagerte Entscheidungen. Sie haben einen bedeutenden Einfluss auf die Kosten eines Gastronomiebetriebes.

Die Ausbringungsmenge betrieblicher Teilbereiche ist eine Maßgröße, mit der sich die innerhalb einer Periode erbrachte Leistung eines Gastronomiebetriebes quantitativ erfassen lässt. Einerseits sind Entscheidungen über das Ausmaß der Leistung der Teilbereiche Kostenbeeinflussungsgrößen, andererseits bestimmen diese Entscheidungen unmittelbar die Zurechenbarkeit von Kosten zu den Leistungen. Damit wird zugleich das aus Unternehmenssteuerungsaspekten problematische **Gemeinkostenvolumen** bestimmt.

Aufgaben

1. Das Verursachungsprinzip basiert auf einer Mittel-Zweck-Beziehung. Erläutern Sie diese Beziehung an einem Beispiel aus einem Gastronomiebetrieb.

2. Erläutern Sie an einem Beispiel aus dem Gastgewerbe die gleichzeitigen Vorgänge des Güterverbrauchs und der Güterentstehung.

3. Nennen Sie die drei Bestimmungsfaktoren des Güterverbrauchs.

4. Worin unterscheiden sich Potenzial- von Repetierfaktoren (Verbrauchsfaktoren)?

5. Warum sollte ein Gastronom einen hohen Nutzungsgrad anstreben?

6. Welche Folgen hat die Tatsache, dass nicht alle Produktionsfaktoren in beliebig kleine Mengen geteilt werden können, auf die Kostenhöhe und -struktur?

2.4   Zuordnung der Kostenarten zu Kostengruppen

Der gastgewerbliche Kontenrahmen unterteilt die betrieblichen Kosten in

- betriebsbedingte Kosten und

- anlagebedingte Kosten.

betriebs- und anlagebedingte Kosten

Die Unterteilung der Kosten in betriebsbedingte und anlagebedingte Kosten orientiert sich am unterschiedlichen Verhalten der Kosten im Hinblick auf die Auslastung der Kapazität.

Veränderung betriebsbedingter Kosten

Die Höhe der betriebsbedingten Kosten ist weitgehend von der eigentlichen Leistungserstellung, dem laufenden Betriebsgeschehen und dem veränderlichen Umsatz abhängig. Mit zunehmender Leistungserstellung erhöhen sich die betriebsbedingten Kosten und umgekehrt verringern sich mit abnehmender Leistungserstellung die betriebsbedingten Kosten. In der Fachterminologie der Kostenrechner werden solche Kosten als **variable Kosten** (veränderliche Kosten) bezeichnet.

Nach dem gastgewerblichen Kontenrahmen zählen zu den **betriebsbedingten** (variablen) **Kosten** folgende Kostengruppen:

betriebsbedingte Kosten

- Warenkosten
- Personalkosten
- Energiekosten
- Steuern, Gebühren, Beiträge, Versicherungen
- Betriebs- und Verwaltungskosten

Abbildung 25: Betriebsbedingte Kostengruppen

Bei den Warenkosten wird eine weitere Unterteilung in

- Wareneinsatz Küche
- Wareneinsatz Getränke
- Wareneinsatz Sonstige

vorgenommen.

Die **anlagebedingten Kosten** entstehen durch die Aufrechterhaltung der Kapazität, also durch die Bereitstellung der Räumlichkeiten und des Inventars. Das laufende Betriebsgeschehen und die Höhe des Umsatzes haben keinen Einfluss auf die Höhe der anlagebedingten Kosten, sie sind in ihrer Höhe unabhängig von der Leistungserstellung. In der Fachterminologie der Kostenrechner werden solche Kosten als **fixe Kosten** (feste Kosten) bezeichnet. In solchen Fällen, in denen die Räumlichkeiten und/oder das Inventar (Vorhaltung der Kapazität) erweitert, abgebaut oder erneuert werden, verändern sich die anlagebedingten Kosten.

Veränderung der anlagebedingten Kosten

Die **anlagebedingten Kosten** werden in folgende Kostengruppen unterteilt:

anlagebedingte Kosten

- Miete und Pacht
- Instandhaltung / Reparatur
- Abschreibungen
- Geringwertige Wirtschaftsgüter (GWG)
- Zinsen

Abbildung 26: Anlagebedingte Kostengruppen

Jede **Kostengruppe** wird jeweils mit einer Nummer versehen. Damit soll eine Vereinfachung der Zuordnung der Kostenarten aus der Gewinn- und Verlustrechnung und den Betriebswirtschaftlichen Auswertungen zu den Kostengruppen nach dem **gastgewerblichen Kontenrahmen** erreicht werden.

Kostengruppen

Wir fassen die Kostengruppen, versehen mit den jeweiligen Nummern, wie folgt zusammen:

Nummer	Kostengruppe
01	Wareneinsatz Küche
02	Wareneinsatz Getränke
03	Wareneinsatz Sonstige
04	Wareneinsatz Gesamt
05	Personalkosten
06	Energiekosten
07	Steuern, Versicherungen, Abgaben
08	Betriebs- und Verwaltungskosten
09	Miete, Pacht, Leasing
10	Instandhaltung, Reparatur
11	Abschreibung (AfA)
12	Geringwertige Wirtschaftsgüter (GWG)
13	Zinsen

Abbildung 27: Zusammenstellung der Kostengruppen

Im weiteren Verlauf der Darstellung werden wir die 13 Kostengruppen mit den zugeordneten Nummern verwenden und so eine Vereinfachung und Erleichterung bei den durchzuführenden Arbeiten erreichen.

Kostenartenzuordnung

Zur verursachungsgerechten Zuordnung der einzelnen Kostenarten zu den betriebs- und anlagebedingten Kosten werden zunächst die häufigsten und wesentlichen Kostenarten in alphabetischer Ordnung aufgeführt. Die einzelnen Kostenarten werden zugleich mit der Nummer versehen, die die jeweilige Kostengruppe bezeichnet. Danach werden die einzelnen Kostenarten aus der Gewinn- und Verlustrechnung des letzten Wirtschaftsjahres den entsprechenden Kostengruppen zugeordnet und addiert.

Kostenart	Kostengruppe	Nr.
Abgaben	*Steuern, Versicherungen, Abgaben*	07
Abschreibungen	*Abschreibung (AfA)*	11
Alkoholfreie Getränke	*Wareneinsatz Getränke*	02
„Allgemeine Kosten"	*= näher bestimmen*	
Altersversorgung (Mitarbeiter)	*Personalkosten*	05
Anzeigen Personal	*Personalkosten*	05
Anzeigen Werbung	*Betriebs- u. Verwaltungskosten*	08
Arbeitskleidung	*Personalkosten*	05
Aushilfslöhne	*Personalkosten*	05
Ausstattung (bis 150 € netto)	*Geringwertige Wirtschaftsgüter*	12
Auto (siehe Kfz)		

Kostenart	Kostengruppe	Nr.
Bedienungsgeld (Kellnerlöhne)	*Personalkosten*	05
Beiträge	*Steuern, Versicherungen, Abgaben*	07
Benzinkosten	*Betriebs- u. Verwaltungskosten*	08
Beratungskosten	*Betriebs- u. Verwaltungskosten*	08
„Besondere Kosten"	*= näher bestimmen*	
Betriebskosten, Sonstige	*Betriebs- u. Verwaltungskosten*	08
Bewirtungskosten	*Betriebs- u. Verwaltungskosten*	08
Bier (Einkauf)	*Wareneinsatz Getränke*	02
Bücher (Fachbücher)	*Betriebs- u. Verwaltungskosten*	08
Büromaterial	*Betriebs- u. Verwaltungskosten*	08
Darlehenszinsen	*Zinsen*	13
Dekoration (Stoffe, Gardinen)	*Geringwertige Wirtschaftsgüter*	12
Dekoration (für Veranstaltg.)	*Betriebs- u. Verwaltungskosten*	08
Diskontaufwendungen	*Zinsen*	13
Druckkosten	*Betriebs- u. Verwaltungskosten*	08
Energiekosten	*Energiekosten*	06
Eis (Speiseeis)	*Wareneinsatz Küche*	01
Eis (Handelswaren)	*Wareneinsatz Sonstige*	
Fachbücher, -zeitschriften	*Betriebs- u. Verwaltungskosten*	08
Fahrtkostenerstattung	*Personalkosten*	05
Fahrzeugkosten (siehe Kfz)		
Fernschreibergebühren	*Betriebs- u. Verwaltungskosten*	08
Fernsehgebühren	*Steuern, Versicherungen, Abgaben*	07
Fernsehgeräte (Leasing)	*Miete, Pacht, Leasing*	09
Fernsprechgebühren	*Betriebs- u. Verwaltungskosten*	08
Fernwärme, Fernheizung	*Energiekosten*	06
Finanzierungskosten	*Zinsen*	13
Fremdreinigung	*Betriebs- u. Verwaltungskosten*	08
Gästebewirtung	*Betriebs- u. Verwaltungskosten*	08
Gartenpflege	*Instandhaltung, Reparatur*	10
Gas	*Energiekosten*	06
Gebäudereinigung	*Betriebs- u. Verwaltungskosten*	08
Gehälter	*Personalkosten*	05
Gema-Gebühren	*Betriebs- u. Verwaltungskosten*	08
Geräte (bis 150 €)	*Geringwertige Wirtschaftsgüter*	12
Geringwertige Wirtschaftsgüter	*Geringwertige Wirtschaftsgüter*	12
Getränke	*Wareneinsatz Getränke*	02

Kostenart	Kostengruppe	Nr.
Getränkesteuer	*Steuern, Versicherungen, Abgaben*	07
Gewerbesteuer	*Steuern, Versicherungen, Abgaben*	07
Gläser, Geschirr, Bestecke	*Geringwertige Wirtschaftsgüter*	12
Grundsteuer	*Steuern, Versicherungen, Abgaben*	07
„Grundstückskosten"	*= näher bestimmen"*	
Handelswaren	*Wareneinsatz Sonstige*	03
Haushaltswaren	*Betriebs- u. Verwaltungskosten*	08
Heizung	*Energiekosten*	06
Hypothekenzinsen	*Zinsen*	13
Innenausstattung (bis 150 €)	*Geringwertige Wirtschaftsgüter*	12
Inserate (Personalsuche)	*Personalkosten*	05
Inserate (Reklame)	*Betriebs- u. Verwaltungskosten*	08
Instandhaltung	*Instandhaltung, Reparatur*	10
Inventar-Gegenstände (bis 150 €)	*Geringwertige Wirtschaftsgüter*	12
Kaffee	*Wareneinsatz Getränke*	02
Kapellen (Musikkapellen)	*Betriebs- u. Verwaltungskosten*	08
Kfz-Abschreibung	*Abschreibungen (AfA)*	11
Kfz - laufende Kosten	*Betriebs- u. Verwaltungskosten*	08
Kfz-Reparaturen	*Betriebs- u. Verwaltungskosten*	08
Kfz-Steuern	*Betriebs- u. Verwaltungskosten*	08
Kfz-Versicherungen	*Betriebs- u. Verwaltungskosten*	08
Kirchensteuer (Mitarbeiter)	*Steuern, Versicherungen, Abgaben*	07
Kleingeräte (bis 150 €)	*Geringwertige Wirtschaftsgüter*	12
Kleininventar (bis 150 €)	*Geringwertige Wirtschaftsgüter*	12
Kontokorrentzinsen	*Zinsen*	13
Kost (Personalbeköstigung)	*Personalkosten*	05
Küchenwaren	*Wareneinsatz Küche*	01
Leasing	*Miete, Pacht, Leasing*	09
Lebensmittel	*Wareneinsatz Küche*	01
Löhne	*Personalkosten*	05
Logis (Kost und Logis)	*Personalkosten*	05
Lohnsteuer	*Personalkosten*	05
Maschinen (bis 150 €)	*Geringwertige Wirtschaftsgüter*	12
Miete (Ausstattung, Geräte)	*Miete, Pacht, Leasing*	09
Miete (gewerbliche Räume)	*Miete, Pacht, Leasing*	09
Miete (Personalwohnungen)	*Personalkosten*	05

Kostenart	Kostengruppe	Nr.
Musik	*Betriebs- u. Verwaltungskosten*	08
Nebenkosten Geldverkehr	*Zinsen*	13
Oel	*Energiekosten*	06
Pacht	*Miete, Pacht, Leasing*	09
Personalkosten	*Personalkosten*	05
Personalverpflegung	*Personalkosten*	05
Personalwerbung	*Personalkosten*	05
Personalwohnungen	*Personalkosten*	05
Porto	*Betriebs- u. Verwaltungskosten*	08
Putzmittel	*Betriebs- u. Verwaltungskosten*	08
„Rauchwaren" (Tabakwaren)	*Wareneinsatz Sonstige*	03
„Raumkosten"	*= näher bestimmen*	
Rechts- und Beratungskosten	*Betriebs- u. Verwaltungskosten*	08
Reinigung Berufskleidung	*Personalkosten*	05
Reinigung Fremdheizung	*Betriebs- u. Verwaltungskosten*	08
Reinigungsmittel	*Betriebs- u. Verwaltungskosten*	08
Reisekosten	*Betriebs- u. Verwaltungskosten*	08
Reklame	*Betriebs- u. Verwaltungskosten*	08
Renovierung	*Instandhaltung, Reparatur*	10
Reparaturen	*Instandhaltung, Reparatur*	10
Rundfunkgebühren	*Steuern, Versicherungen, Abgaben*	07
Schallplatten, CD´s, DVD´s	*Betriebs- u. Verwaltungskosten*	08
Sekt	*Wareneinsatz Getränke*	02
Sonstige Betriebskosten	*Betriebs- u. Verwaltungskosten*	08
„Sonstige Kosten"	*= näher bestimmen*	
Soziale Aufwendungen	*Personalkosten*	05
Sozialversicherung	*Personalkosten*	05
Spirituosen	*Wareneinsatz Getränke*	02
Steuerberatungskosten	*Betriebs- u. Verwaltungskosten*	08
Steuern	*Steuern, Versicherungen, Abgaben*	07
Strom	*Energiekosten*	06
Süßwaren (Küche)	*Wareneinsatz Küche*	01
Süßwaren (Handelswaren)	*Wareneinsatz Sonstige*	03
Tabakwaren	*Wareneinsatz Sonstige*	03
Telefonkosten	*Betriebs- u. Verwaltungskosten*	08

Kostenart	Kostengruppe	Nr.
Tischdekoration	*Betriebs- u. Verwaltungskosten*	08
Toilettenartikel	*Betriebs- u. Verwaltungskosten*	08
Tonträger	*Betriebs- u. Verwaltungskosten*	08
Unterhaltung	*Betriebs- u. Verwaltungskosten*	08
Urlaubsgeld	*Personalkosten*	05
Verbandsbeiträge	*Steuern, Versicherungen, Abgaben*	07
Vergnügungssteuer	*Steuern, Versicherungen, Abgaben*	07
Vermögenswirksame Leistungen	*Personalkosten*	05
„Verschiedene Kosten"	*= näher bestimmen*	
Versicherungen	*Steuern, Versicherungen, Abgaben*	07
Verwaltungskosten	*Betriebs- u. Verwaltungskosten*	08
Wäsche (Kauf)	*Geringwertige Wirtschaftsgüter*	12
Wäsche-Leasing	*Betriebs- u. Verwaltungskosten*	08
Wäschereikosten	*Betriebs- u. Verwaltungskosten*	08
Warenkosten, Wareneinsatz	*zuordnen*	01-03
Wartung, Wartungsverträge	*Instandhaltung, Reparatur*	10
Wasser (Gebrauchswasser)	*Energiekosten*	06
Weihnachtsgeld	*Personalkosten*	05
Wein	*Wareneinsatz Getränke*	02
Werbekosten	*Betriebs- u. Verwaltungskosten*	08
Wertminderung Umlaufvermögen	*Betriebs- u. Verwaltungskosten*	08
Werkzeuge (bis 150 €)	*Geringwertige Wirtschaftsgüter*	12
Zinsen	*Zinsen*	13
Zeitungen, Zeitschriften	*Betriebs- u. Verwaltungskosten*	08

Abbildung 28: Zuordnung der wichtigsten Kostenarten zu Kostengruppen

Im Folgenden werden die **Kostenarten** aus der **Gewinn- und Verlustrechnung** des letzten Wirtschaftsjahres den oben genannten Kostengruppen zuordnet und anschließend die Höhe der einzelnen Kostengruppen ermittelt.

Gewinn- und Verlustrechnung vom 01.01.20.. bis 31.12.20..		
	€	Nr.
Umsatz Gaststätte	115.077,30	
Handelswaren	11.771,25	
Kegelbahnmiete	4.215,00	
Miete Veranstaltungsraum	3.174,00	
Automatenprovision	446.85	
Gesamterträge	**134.684,40**	
Wareneinsatz (Warenkosten)	53.653,36.	04
Löhne und Gehälter	9.468,00	05
Aushilfslöhne	2.317,00	05
Ges. soz. Aufwendungen	2.474,15	05
Fahrgelderstattung	112,00	05
Gas, Strom, Wasser	3.419,64	06
Heizung	1.734,25	06
Versicherungen	1.918,70	07
Steuern	783,70	07
Beiträge	413,68	07
Reinigung, Wäscherei	1.714,30	08
Dekoration, Blumen	418,00	08
Musik, Unterhaltung	3.800,00	08
Kfz-Kosten	2.069,34	08
Sonstige Betriebskosten	969,25	08
Rechts- und Beratungskosten	630,00	08
Bürobedarf	437,40	08
Post, Telefon	1.096,50	08
Werbung	2.062,00	08
Reisekosten	127,50	08
Sonstige Verwaltungskosten	1.432,00	08
Pacht	14.400,00	09
Instandhaltung	1.214,50	10
Reparaturen	731,00	10
Abschreibung auf Inventar	1.800,00	11
Geringwertige Wirtschaftsgüter	1.719,00	12
Zinsen	1.442,17	13
Gesamtaufwendungen	**112.357,44**	
Gewinn	**22.326,96**	

Abbildung 29: Zuordnung der Kostenarten aus der Gewinn- und Verlustrechnung zu den Kostengruppen

In den folgenden Abbildungen wird die Kostenhöhe der einzelnen Kostengruppen ermittelt.

01 Wareneinsatz Küche	02 Wareneinsatz Getränke	03 Wareneinsatz Sonstige
keine Aufgliederung in der Gewinn- und Verlustrechnung	keine Aufgliederung in der Gewinn- und Verlustrechnung	keine Aufgliederung in der Gewinn- und Verlustrechnung
04 Wareneinsatz Gesamt		**53.653,36**

05 Personalkosten	06 Energiekosten	07 Steuern, Versicherungen, Abgaben
9.468,00	3.419,64	1.918,70
2.317,00	1.734,25	783,70
2.474,15		413,68
112,00		
14.371,15	**5.153,89**	**3.116,08**

08 Betriebs- und Verwaltungskosten	09 Miete, Pacht, Leasing	10 Instandhaltung, Reparatur
1.714,30	14.400,00	1.214,50
418,00		731,00
3.800,00		
2.069,34		
969,25		
630,00		
437,40		
1.096,50		
2.062,00		
127,50		
1.432,00		
14.756,29	**14.400,00**	**1.945,50**

11 Abschreibungen (AfA)	12 Geringwertige Wirtschaftsgüter (GWG)	13 Zinsen
1.800,00	1.719,00	1.442,17
1.800,00	**1.719,00**	**1.442,17**

Abbildung 30: Ermittlung der Kostenhöhe der einzelnen Kostengruppen

In den folgenden Blankoformularen können Sie die Kostenhöhe der einzelnen Kostengruppen Ihres Betriebes ermitteln.

01 Wareneinsatz Küche	02 Wareneinsatz Getränke	03 Wareneinsatz Sonstige
04 Wareneinsatz Gesamt		

05 Personalkosten	06 Energiekosten	07 Steuern, Versicherungen, Abgaben

08 Betriebs- und Verwaltungskosten	09 Miete, Pacht, Leasing	10 Instandhaltung, Reparatur

11 Abschreibungen (AfA)	12 Geringwertige Wirtschaftsgüter (GWG)	13 Zinsen

Abbildung 31: Blankoformular zur Ermittlung der Kostenhöhe der einzelnen Kostengruppen

Aufgaben

1. Welche Kostengruppen gehören nach dem gastgewerblichen Kontenrahmen zu den betriebsbedingten Kosten?

2. Welche Kostengruppen gehören zu den anlagebedingten Kosten?

3. Ordnen Sie die Kostenarten der nachfolgend abgebildeten Gewinn- und Verlustrechnung den Kostengruppen zu und ermitteln Sie die Kostenhöhe der einzelnen Kostengruppen. Ermitteln Sie die Gesamterträge, die Gesamtaufwendungen sowie das Gesamtergebnis.

Gewinn- und Verlustrechnung vom 01.01.20.. bis 31.12.20..		
	€	Nr.
Umsatz Gaststätte	568.032,70	
Handelswaren	48.226,40	
Miete Veranstaltungsraum	6.478,00	
Automatenprovision	1.462,85	
Gesamterträge		
Wareneinsatz Küche	142.124,90	
Wareneinsatz Getränke	98.342,35	
Wareneinsatz Sonstige	16.378,50	
Löhne und Gehälter	148.578,00	
Aushilfslöhne	24.786,40	
Ges. soz. Aufwendungen	38.140,17	
Fahrgelderstattung	890,20	
Gas, Strom, Wasser	9.589,67	
Heizung	2.634,25	
Versicherungen	3.874,60	
Steuern	1.895,70	
Beiträge	1.090,20	
Reinigung, Wäscherei	2.671,90	
Dekoration, Blumen	863,12	
Musik, Unterhaltung	2.900,00	
Kfz-Kosten	4.254,60	
Sonstige Betriebskosten	1.578,25	
Rechts- und Beratungskosten	4.649,00	
Bürobedarf	823,40	
Post, Telefon	1.902,60	
Werbung	5.184,00	
Reisekosten	1.600,40	
Sonstige Verwaltungskosten	1.123,00	
Pacht	28.800,00	
Instandhaltung	4.672,50	

Gewinn- und Verlustrechnung vom 01.01.20.. bis 31.12.20..		
	€	Nr.
Reparaturen	2.278,00	
Abschreibung auf Inventar	5.258,00	
Geringwertige Wirtschaftsgüter	2.843,00	
Zinsen	8.385,12	
Gesamtaufwendungen		
Gewinn		

2.5 Gliederung der Gewinn- und Verlustrechnung

Entsprechend der Liste über die Zuordnung der wichtigsten Kostenarten zu den Kostengruppen werden die Kostenarten aus der Gewinn- und Verlustrechnung den vorgegebenen Kostengruppen zugeordnet.

Nach der Zuordnung, Übertragung und Addition aller Kostenarten ergeben sich die Summen der einzelnen Kostengruppen.

In einem nächsten Schritt werden die Summen der Kostengruppen sowie die Umsatzangaben aus der Gewinn- und Verlustrechnung in eine nach Kostengruppen und Umsatzgruppen gegliederte Gewinn- und Verlustrechnung transformiert.

Gewinn- und Verlustrechnung vom 01.01.20.. bis 31.12.20..						
Umsatz Speisen	U 1					
+ Umsatz Getränke	U 2					
+ Sonstige Waren	U 3	11.771,25				
= Warenumsatz			U 4	126.848.55		
Kegelbahnmiete	U5	4.215,00				
+ Saalmiete	U 6	3.174,00				
+ Provisionen	U 7	446,85				
+ Sonstige	U 8	0				
= Sonst. betr. Umsatz			U 9	7.835,85		
BETRIEBSUMSATZ					**BU**	**134.768,40**
Wareneinsatz Küche	01					
+ Wareneinsatz Getränke	02					
+ Wareneinsatz Sonst.	03					
= Wareneinsatz Gesamt			04	53.653,36		
+ Personalkosten			05	14.371,15		
+ Energiekosten			06	5.153,89		
+ Steuern, Vers., Abg.			07	3.116,08		
+ Betriebs- und Verwaltungskosten			U 8	14.756,29		
= BETRIEBSBEDINGTE KOSTEN					**BK**	**91.050,77**
Miete, Pacht, Leasing			09	14.400,00		
+ Instandhaltung, Rep.			10	1.945,50		
+ Abschreibungen (AfA)			11	1.800,00		
+ GWG			12	1.719,00		
+ Zinsen			13	1.442,17		
= ANLAGEBEDINGTE KOSTEN					**AK**	**21.306,67**
GESAMTKOSTEN					**GK**	**112.357,44**
GEWINN / VERLUST					**GV**	**22.410,96**

Abbildung 32: Nach Umsatz- und Kostengruppen gegliederte Gewinn- und Verlustrechnung

Das folgende Blankoformular dient der Erstellung einer nach Umsatz- und Kostengruppen gegliederten Gewinn- und Verlustrechnung.

Gewinn- und Verlustrechnung vom 01.01.20.. bis 31.12.20..					
Umsatz Speisen	U 1				
+ Umsatz Getränke	U 2				
+ Sonstige Waren	U 3				
= Warenumsatz			U 4		
Kegelbahnmiete	U5				
+ Saalmiete	U 6				
+ Provisionen	U 7				
+ Sonstige	U 8				
= Sonst. betr. Umsatz			U 9		
BETRIEBSUMSATZ				BU	
Wareneinsatz Küche	01				
+ Wareneinsatz Getr.	02				
+ Wareneinsatz Sonst.	03				
= Wareneinsatz Gesamt			04		
+ Personalkosten			05		
+ Energiekosten			06		
+ Steuern, Vers., Abg.			07		
+ Betriebs- und Verwaltungskosten			U 8		
= BETRIEBSBEDINGTE KOSTEN				BK	
Miete, Pacht, Leasing			09		
+ Instandhaltung, Rep.			10		
+ Abschreibungen (AfA)			11		
+ GWG			12		
+ Zinsen			13		
= ANLAGEBEDINGTE KOSTEN				AK	
GESAMTKOSTEN				GK	
GEWINN / VERLUST				GV	

Abbildung 33: Blankoformular zur nach Umsatz- und Kostengruppen gegliederten Gewinn- und Verlustrechnung

Es fällt auf, dass in der nach Umsatz- und Kostengruppen gegliederten Gewinn- und Verlustrechnung sowohl die Positionen U 1 (Umsatz Speisen) und U 2 (Umsatz Getränke) als auch die Positionen 01 (Wareneinsatz Küche), 02 (Wareneinsatz Getränke) und 03 (Wareneinsatz Sonstige) keine Zahlenangaben enthalten. Oftmals ist die Position U 3 (Sonstige Waren) ebenfalls in den

Gewinn- und Verlustrechnungen bzw. in den Betriebswirtschaftlichen Auswertungen (BWA) des Gastgewerbes nicht zahlenmäßig ausgewiesen.

Die Umsatzpositionen U 1 (Umsatz Speisen), U 2 (Umsatz Getränke) sowie U 3 (Sonstige Waren) werden von der Mehrzahl der Steuerberater üblicherweise in der Position „Umsatz Gaststätte" zusammengefasst. Der Wareneinsatz (Warenverbrauch) wird in der Regel ebenfalls nur in einer Gesamtsumme ausgewiesen.

Untergliederung von Umsatz und Wareneinsatz

Eine Untergliederung der Position „Umsatz Gaststätte" in „Umsatz Speisen" und „Umsatz Getränke" und die entsprechende Untergliederung des Wareneinsatzes in „Wareneinsatz Küche" und „Wareneinsatz Getränke" ist zur Ermittlung des spezifischen Erfolges der einzelnen Warengruppen erforderlich.

Ebenso sind spezifische Kalkulationen für den Speisenbereich einerseits und den Getränkebereich andererseits nur möglich, wenn der Wareneinsatz für Speisen und Getränke getrennt erfasst und ausgewiesen wird. Daher ist es erforderlich, die Umsatzerlöse als auch den Wareneinsatz entsprechend den hier dargestellten Umsatz- und Kostengruppen zu erfassen und auszuweisen.

Aufgrund des begrenzten Informationsgehaltes der Gewinn- und Verlustrechnung und der Betriebswirtschaftlichen Auswertungen (BWA) müssen wir auf Schätzungen der Inhaberin der hier betroffenen Gaststätte zurückgreifen, um spezifische Berechnungen und Kalkulationen für den Speisen- und Getränkebereich durchführen zu können.

kalkulatorische Kosten

Des Weiteren ist auffällig, dass in der nach Umsatz- und Kostengruppen gegliederten Gewinn- und Verlustrechnung keine **kalkulatorischen Kosten** ausgewiesen wurden. Die Notwendigkeit der Ermittlung von kalkulatorischen Kosten erscheint zunächst etwas schwer verständlich. Zur Erstellung der Grundlagen für eine exakte Kalkulation der betrieblichen Leistungen ist eine Kostenrechnung erforderlich, da die Finanzbuchführung (Geschäftsbuchführung) andere Zielsetzungen verfolgt als die mengen- und wertmäßige Erfassung des leistungszweckbezogenen Ressourcenverbrauchs. Deshalb müssen bestimmte Aufwendungen der Finanzbuchführung in der Kostenrechnung anders verrechnet werden. Es sind dies die so genannten **Anderskosten** (aufwandsungleiche Kosten). Darüber hinaus sind in der Kostenrechnung auch Kosten zu verrechnen, denen überhaupt kein Aufwand in der Finanzbuchhaltung entspricht. Diese aufwandslosen Kosten werden auch als **Zusatzkosten** bezeichnet. Anderskosten und Zusatzkosten werden unter dem Begriff der **kalkulatorischen Kosten** zusammengefasst.

Aufgabe

Tragen Sie die Summen der Kostengruppen sowie die Umsatzangaben aus Aufgabe 3 des vorigen Kapitels (2.4) in das unten abgebildete Formular ein. Der Umsatz der Gaststätte in Höhe von 568.032,70 € untergliedert sich in Umsatz Speisen in Höhe von 326.050,30 € und Umsatz Getränke in Höhe von 241.982,40 €.

Ermitteln Sie die betriebsbedingten Kosten, die anlagebedingten Kosten, die Gesamtkosten sowie den Gewinn/Verlust.

Gewinn- und Verlustrechnung vom 01.01.20.. bis 31.12.20..				
Umsatz Speisen	U 1			
+ Umsatz Getränke	U 2			
+ Sonstige Waren	U 3			
= Warenumsatz		U 4		
Kegelbahnmiete	U5			
+ Saalmiete	U 6			
+ Provisionen	U 7			
+ Sonstige	U 8			
= Sonst. betr. Umsatz		U 9		
BETRIEBSUMSATZ			BU	
Wareneinsatz Küche	01			
+ Wareneinsatz Getränke	02			
+ Wareneinsatz Sonstige	03			
= Wareneinsatz Gesamt		04		
+ Personalkosten		05		
+ Energiekosten		06		
+ Steuern, Vers., Abg.		07		
+ Betriebs- und Verwaltungskosten		U 8		
= BETRIEBSBEDINGTE KOSTEN			BK	
Miete, Pacht, Leasing		09		
+ Instandhaltung, Rep.		10		
+ Abschreibungen (AfA)		11		
+ GWG		12		
+ Zinsen		13		
= ANLAGEBEDINGTE KOSTEN			AK	
GESAMTKOSTEN			GK	
GEWINN / VERLUST			GV	

2.6   Kalkulatorische Kosten

Vorbemerkung

Nachfolgend werden die Überlegungen, die zum Ansatz von kalkulatorischen Kosten führen, kurz erläutert.

kalkulatorische Kosten

Bei den **kalkulatorischen Kosten** entwickeln Betriebswirte die folgende Fragestellung: Sind die Ressourcen (z.B. Kapital, eigene Arbeitskraft), die zur Verfügung stehen, unter Renditegesichtspunkten optimal eingesetzt? Wenn man für eine Art des Ressourceneinsatzes andere Verwendungsmöglichkeiten hat, dann werden die Renditen (Erträge) dieser anderen Verwendungsmöglichkeiten als Kosten angesetzt, um die eigene Verwendungsmöglichkeit einem beständigen, kritischen ‚Renditetest' zu unterziehen. Diese Überlegungen werden an einem Beispiel dargestellt.

Beispiel

Angenommen, Sie würden über 50.000,00 € verfügen. Was könnten Sie mit 50.000,00 € machen? Sie könnten das Geld unter ihre Matratze legen. Sie könnten damit Aktien kaufen. Sie könnten auch festverzinsliche Wertpapiere kaufen oder die 50.000,00 € in eine GmbH investieren. Die nachfolgende Abbildung verdeutlicht diese Verwendungen:

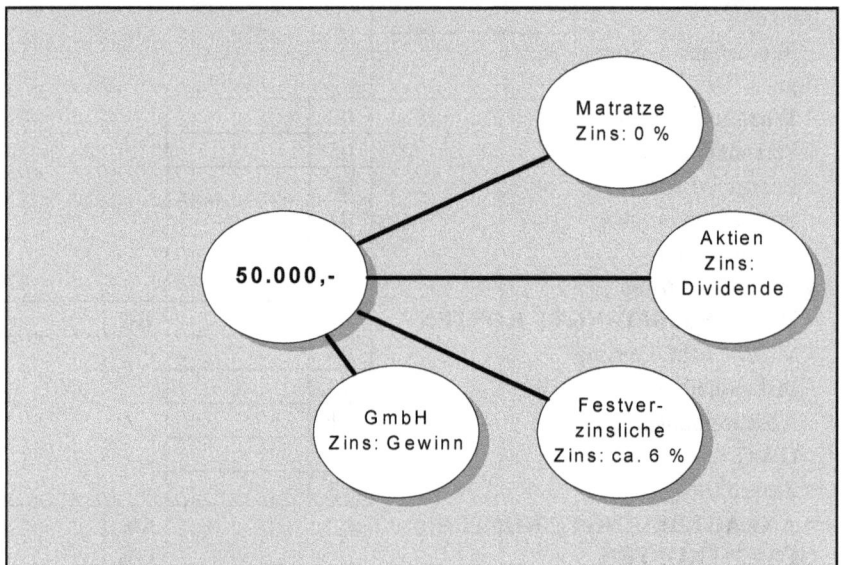

Abbildung 34: kalkulatorische Kosten

Ziel der **kalkulatorischen Kosten** ist es, jede gewählte Alternative (Matratze oder Aktien oder Festverzinsliche oder GmbH) auf ihre **optimale Rendite** hin zu prüfen. Angenommen ein Gastwirt hätte sich für die Matratze entschieden. Der Gastwirt würde jetzt folgendes rechnen: Die Matratze ist nicht gut, weil 'sie' keine Zinsen 'abwirft'. Aus Sicht von Betriebswirten sieht das Ganze allerdings noch ein wenig dramatischer aus. Ein Betriebswirt rechnet nun die entgangenen Zinserträge als Kosten seiner derzeitigen Situation aus und kommt bei einem vorsichtigen Vergleich mit festverzinslichen Wertpapieren auf einen Verlust von 3.000 € (50.000 € x entgangener Zinssatz = 50.000 € x 0.06= 3.000 €). Der Gastwirt hat aus Sicht des Betriebswirtes also durch das Horten seines Geldes unter der Matratze einen Verlust von 3.000 € p.a. gemacht.

Ansatz von kalkulatorischen Kosten

Und genau so setzen Betriebswirte die entgangenen Erträge (hier: Zinsen) einer nicht realisierten Entscheidungsalternative (Festverzinsliche mit 6 % p.a.) als Kosten ihrer momentanen Situation an. Im Beispiel war die momentane Situation das Horten des Geldes unter der Matratze. Entgangene Erträge sind also für Betriebswirte Kosten der derzeitigen Situation, um auf diese Weise dem 'wahren Gewinn' näher zu kommen.

Durch die **Verrechnung kalkulatorischer Kosten** wird einerseits eine möglichst genaue Erfassung der entstandenen Kosten angestrebt und andererseits soll durch eine möglichst gleichmäßige Verrechnung der Kosten die Kostenrechnung von Zufallsschwankungen befreit werden. Dadurch werden die **Vergleichsmöglichkeiten** verbessert und die Genauigkeit der Kalkulation erhöht.

Ziele von kalkulatorischen Kosten

Unter kostenrechnerischen Gesichtspunkten sind vor allem Abschreibungen und Zinsen in der Kostenrechnung **anders (Anderskosten)** anzusetzen als in der Finanzbuchführung.

Anderskosten

Die Höhe der **Abschreibung** hängt in der Finanzbuchführung von den handels- und steuerrechtlichen Bestimmungen ab, in der Kostenrechnung geht es um eine möglichst genaue Erfassung des tatsächlichen Wertverzehrs.

Abschreibungen

Die in der Finanzbuchführung erfassten **Zinsaufwendungen** hängen u.a. von der Höhe des Fremdkapitals ab. Sie entsprechen den tatsächlich gezahlten bzw. in Rechnung gestellten Zinsen für das aufgenommene Fremdkapital. Da der Gastronom auch für das von ihm eingebrachte Eigenkapital eine Verzinsung beansprucht, müssen in den Verkaufspreisen die Zinsen für das gesamte betriebsnotwendige Kapital eingerechnet werden. Die **kalkulatorischen Zinsen** erfassen die Verzinsung des **gesamten betriebsbedingten Kapitals**, und zwar unabhängig davon, ob es sich um Eigen- oder Fremdkapital handelt.

kalkulatorische Zinsen

Unter kostenrechnerischen Gesichtspunkten könnte es notwendig sein, Unternehmerlohn und Miete in der Kostenrechnung **zusätzlich (Zusatzkosten)** zum Ansatz zu bringen.

Zusatzkosten

kalkulatorischer
Unternehmerlohn

Kalkulatorischer Unternehmerlohn ist immer dann in der Kostenrechnung anzusetzen, wenn für die Arbeitsleistung eines Unternehmers (Einzelunternehmen) bzw. Gesellschafters (mitarbeitender Gesellschafter einer Personengesellschaft) kein Aufwand in der Finanzbuchführung erfasst werden darf. Es fehlt daher ein entsprechender Posten in der Finanzbuchführung. Vergleichbare Betriebe zahlen aufgrund ihrer Rechtsform (z.B. GmbH, GmbH & Co. KG) Geschäftsführergehälter, die in der Finanzbuchführung als Aufwand gebucht werden. Es ist daher – sowohl unter dem Gesichtspunkt einer exakten Kostenerfassung als auch unter dem Gesichtspunkt der Vergleichbarkeit der Kostenstrukturen unterschiedlicher Unternehmen – unerlässlich, die unternehmerische Tätigkeit als Kosten zu erfassen.

kalkulatorische Miete

Gelegentlich stellt ein Gastronom Räume des Privatvermögens auch für betriebliche Zwecke zur Verfügung. Würde er solche Räume anmieten, müsste Miete gezahlt werden. Obwohl keine Mietzahlungen anfallen, ist es unter kostenrechnerischen Gesichtspunkten notwendig, in der Kostenrechnung eine der ortsüblichen Miete entsprechende **kalkulatorische Miete** anzusetzen. Hierbei handelt es sich um **Zusatzkosten**, da ein entsprechender Aufwandsposten in der Finanzbuchführung fehlt.

kalkulatorische Wagnisse

Des Weiteren sind in der Kostenrechnung eventuell kalkulatorische Lagerzinsen sowie kalkulatorische Einzelwagnisse, beispielsweise Anlagewagnis und Beständewagnis, anzusetzen.

Berechnung der kalkulatorischen Kosten

Kalkulatorische Abschreibungen

kalkulatorische
Abschreibungen

In dem hier vorliegenden Fall sind **kalkulatorische Abschreibungen** zu ermitteln. Die bilanziellen Abschreibungen des Gastronomiebetriebes setzen sich aus den folgenden zwei Positionen zusammen: Abschreibungen auf Inventar (Sachanlagen) in Höhe von 1.800 € und Sofortabschreibung GWG (Geringwertige Wirtschaftsgüter) 1.719 €, also insgesamt 3.519 €. Steuerliche Sonderabschreibungen sind nicht angesetzt worden. Kalkulatorisch sind Sonderabschreibungen nicht zu berücksichtigen, da sie allein aufgrund von steuerlichen Bestimmungen gebildet werden dürfen, also in keinerlei Verbindung zum leistungszweckbezogenen Ressourcenverbrauch stehen.

Sofortabschreibung GWG

In der **Finanzbuchführung** sind selbständig bewertbare Wirtschaftsgüter mit einer betriebsgewöhnlichen Nutzungsdauer von über einem Jahr im Jahr der Anschaffung vollständig abzuschreiben, d.h. als Aufwand in der Gewinn- und Verlustrechnung auszuweisen, wenn die Anschaffungskosten kleiner als 150 € netto sind. Die **Sofortabschreibung** einer Anschaffung ist auch möglich, wenn die Anschaffungs- oder Herstellungskosten ohne Vorsteuer 150 bis 410 € betragen und diese auf ein eigenes Konto gebucht werden (Besonderes Verzeichnis).

Das gilt auch für die Ausstattung einer Gaststätte. Trotz einheitlicher Optik bleibt jedes Möbelstück selbständig nutzbar. Bei einer Vielzahl gleichartiger Gegenstände kann jeder Gegenstand ein selbständig nutzbares Wirtschaftsgut sein, wie beispielsweise Bestecke in Gaststätten. Im vorliegendem Fall wurden Wirtschaftsgüter in Höhe von 1.719 € als Geringwertige Wirtschaftsgüter (GWG) ausgewiesen und im Jahr der Anschaffung vollständig abgeschrieben.

Den **bilanziellen Abschreibungen** auf Inventar (Sachanlagen) in Höhe von 1.800 € liegt die Anschaffung von einer Theke in Höhe von insgesamt 9.000 € zugrunde. Dieses Wirtschaftsgut wurde linear auf fünf Jahre abgeschrieben, was einen jährlichen Abschreibungsaufwand von 1.800 € verursachte.

Während in der Finanzbuchführung das sog. Nominalwertprinzip gilt, d.h., dass die Wirtschaftsgüter nur mit dem Wert angesetzt werden dürfen, der auch tatsächlich bezahlt wurde, ist in der Kostenrechnung die Inflation bei der Berechnung der Abschreibungen zu berücksichtigen. Der gesamte Abschreibungsbetrag während der betriebsgewöhnlichen Nutzungsdauer ist also nicht der ‚historische' Anschaffungswert (das wäre das ‚Nominalwertprinzip' der Finanzbuchführung), sondern der Wert, der vermutlich in fünf Jahren für die Wiederbeschaffung ausgegeben werden muss. Diese Überlegung resultiert aus dem Erfordernis, durch die kalkulatorischen Abschreibungen die notwendigen Mittel zur Wiederbeschaffung im Geldkreislauf der Unternehmung zu behalten und sie z.B. nicht als Gewinn an den/die Eigentümer des Gastronomiebetriebes auszuschütten. Damit wird zugleich das Ziel der Substanzerhaltung für das Unternehmen verfolgt.

Wiederbeschaffungswert

> **Kalkulatorische Abschreibungen stellen Kosten dar, die die tatsächliche Wertminderung der Anlagen erfassen und in der Selbstkosten- und Betriebsergebnisrechnung verrechnet werden.**

> **Bilanzielle Abschreibungen stellen Aufwand in der Erfolgsrechnung der Finanzbuchhaltung dar und werden meist nach steuerlichen Gesichtspunkten bemessen. Sie beeinflussen die Wertansätze des Anlagevermögens in der Bilanz.**

Für die Praxis ist es ausreichend, die abnutzbaren Wirtschaftsgüter des Anlagevermögens mit einem durchschnittlichen Inflationsfaktor für die betriebsgewöhnliche Nutzungsdauer hochzurechnen. In dem hier vorliegenden Fall sind Anschaffungskosten in Höhe von 9.000 € für das Inventar aufgewendet worden. Des Weiteren wurden 1.719 € für Geringwertige Wirtschaftsgüter aufgewendet. Dies ergibt einen Anschaffungswert von 10.719 €, wobei aus Vereinfachungsgründen Geringwertige Wirtschaftsgüter, die in früheren Jahren angeschafft wurden und im Betriebsvermögen verblieben sind, nicht berücksichtigt werden. Bei einem voraussichtlich durchschnittlichen Inflationswert von 3 % p.a. ergibt sich folgende Faktorreihe:

Jahr	1.	2.	3.	4.	5.
Faktor	1,000	1,061	1,093	1,126	1,159

Höhe kalkulatorische Abschreibungen

Entsprechend dieser Faktorreihe (Aufzinsungsfaktoren), die man Formelsammlungen für verschiedene Inflationswerte entnehmen kann, ergibt sich bei einer betriebsgewöhnlichen Nutzungsdauer von fünf Jahren ein prognostizierter Wiederbeschaffungswert von

$$10.719 \ € \ X \ 1,159 = 12.423,32 \ €.$$

Die kalkulatorischen Abschreibungen sind mit 20 % von rd. 12.423,32 € = rd. 2.485 € anzusetzen. Der Differenzbetrag zwischen der bilanziellen Abschreibung von 3.519 € p.a. und der kalkulatorischen Abschreibung von jährlich 2.485 €, also 1.034 €, muss als Korrekturposten zu den bilanziellen Abschreibungen angesetzt werden. Damit sind bei den kalkulatorischen Abschreibungen –1.034 € einzutragen.

Üblicherweise ergibt sich bei den **kalkulatorischen Abschreibungen** ein positiver Betrag, da als Abschreibungsgrundlage nicht die **historischen Anschaffungskosten**, sondern die **Wiederbeschaffungskosten** genommen werden, die in der Regel über den Anschaffungskosten liegen. In unserem Fall liegen jedoch relativ hohe Sofortabschreibungen für Geringwertige Wirtschaftsgüter vor, die in keinem Zusammenhang mit dem tatsächlichen Wertverzehr der Wirtschaftsgüter des Anlagevermögens stehen. Dadurch wird der Gewinnausweis für das Berichtsjahr deutlich verringert.

Substanzerhaltung

Ein wesentliches Unternehmensziel von gastronomischen Unternehmen ist die Erhaltung der **Vermögenssubstanz**. Es geht hier insbesondere um die Erhaltung der im Anlagevermögen ruhenden Leistungsfähigkeit. Dies wird durch die Ersatzbeschaffung der verbrauchten Anlagen erreicht (Ersatzinvestition = Reinvestition). Die Finanzierung der Ersatzinvestitionen sollte grundsätzlich aus „verdienten" Kosten ohne Zuführung von Eigenkapital erfolgen. Um dies zu erreichen ist es erforderlich, Abschreibungen anzusetzen:

bilanzielle Abschreibungen

- In der **Finanzbuchhaltung** als **Aufwand**, um zu verhindern, dass in der Gewinn- und Verlustrechnung ein zu hoher Gewinn ausgewiesen und ausgeschüttet wird (= Substanzausschüttung).

- In der **Kostenrechnung** als **Kosten**, um den Werteverzehr der Anlagen zu erfassen und in die Kalkulation der Preise einzubeziehen. Der Gastronom sollte darauf achten, dass er alle Kosten im Preis seiner Leistungen zurückerstattet bekommt, also auch die Abschreibungsbeträge
(= Abschreibungsgegenwerte). Diese Werte stehen dann dem gastronomischen Unternehmen in Form flüssiger Mittel für die Erneuerung der Anlagen zur Verfügung.

kalkulatorische Abschreibungen

Unter der Voraussetzung, dass die kalkulatorischen Abschreibungen über die   Abschreibungskreislauf
Preise vergütet werden, ergibt sich folgender Abschreibungskreislauf:

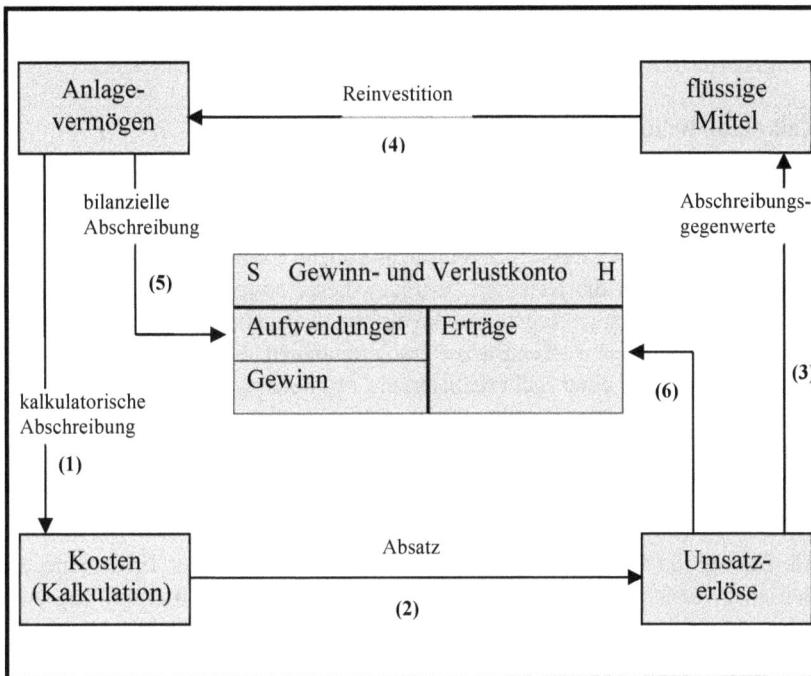

Abbildung 35: Abschreibungskreislauf

Aus der obigen Darstellung wird ersichtlich, dass kein Gastronom langfristig auf Abschreibungen als Mittel der Finanzierung (= Innenfinanzierung) verzichten kann.

Es lassen sich drei Fälle der Finanzierungswirkung der Abschreibung unterscheiden:

- Bilanzielle Abschreibungen und kalkulatorische Abschreibungen stimmen überein. In diesem Fall findet eine Vermögensumschichtung vom Anlagevermögen zum Umlaufvermögen statt. Die Substanz des Unternehmens wird nur nominell erhalten.

- Bilanzielle Abschreibungen sind höher als kalkulatorische Abschreibungen. In diesem Fall führt der gebuchte Mehraufwand zu einer verdeckten Finanzierung aus dem Gewinn.

- Bilanzielle Abschreibungen sind niedriger als kalkulatorische Abschreibungen. In diesem Fall führt der erzielte Mehrerlös zu einer offenen Finanzierung aus dem Gewinn.

Die mit den Umsatzerlösen in das gastronomische Unternehmen zurückfließenden kalkulatorischen Abschreibungen stehen dem Gastronom als flüssige Finanzierungsmittel zur Verfügung. Sie werden in Höhe der durch die als Aufwand gebuchten bilanziellen Abschreibungen vor der Ausschüttung bewahrt.

Kalkulatorische Zinsen

kalkulatorische Zinsen

Bei den **kalkulatorischen Zinsen** entwickeln Betriebswirte die folgende Fragestellung: Sind die Ressourcen (z.B. das betriebsnotwendige Kapital), die zur Verfügung stehen, unter Renditegesichtspunkten optimal eingesetzt? Wenn man für eine Art des Ressourceneinsatzes andere Verwendungsmöglichkeiten hätte, dann werden die Renditen (Erträge) dieser anderen Verwendungsmöglichkeiten als Kosten angesetzt, um die eigene Verwendungsmöglichkeit einem beständigen, kritischen ,Renditetest' zu unterziehen. So setzen Betriebswirte entgangene Erträge einer nicht realisierten Entscheidungsalternative als Kosten an. Entgangene Erträge sind also für Betriebswirte Kosten, um auf diese Weise dem ,wahren Gewinn' näher zu kommen. Kalkulatorische Zinsen werden also angesetzt für das im Betrieb eingesetzte betriebsnotwendige Kapital, das man anderweitig hätte investieren können.

betriebsnotwendiges Kapital

Als Basisgröße für die kalkulatorischen Zinsen wird das zur Erreichung des Betriebszwecks notwendige Kapital (betriebsnotwendiges Kapital) zugrunde gelegt. Es ist der abstrakte Gegenwert des betriebsnotwendigen Vermögens.

Berechnung kalkulatorischer Zinsen

Zur Berechnung der kalkulatorischen Zinsen wird das betriebsnotwendige Kapital mit dem Zinssatz, der bei anderweitiger vergleichbarer Kapitalanlage (gleicher Risikostruktur und -höhe) zu erzielen wäre, verzinst. Für die Berechnung der kalkulatorischen Zinsen wurde der Zinssatz in Höhe von 10 vom Hundert zugrunde gelegt, der bei vergleichbaren Kapitalanlagen mit ähnlicher Risikostruktur und -höhe zurzeit erzielbar wäre.

Das betriebsnotwendige Kapital wird wie folgt berechnet:

FORMEL IV

Berechnung des **betriebsnotwendigen Kapitals**

betriebsnotwendiges Kapital

Position	€	€
betriebsnotwendiges Anlagevermögen		
nicht abnutzbares Anlagevermögen	0	
abnutzbares Anlagevermögen	6.431	6.431
+ **betriebsnotwendiges Umlaufvermögen**		
Vorräte	4.472	
Forderungen	6.347	
liquide Mittel	3.680	14.499
./. Abzugskapital		
Anzahlungen von Kunden	0	
Verbindlichkeiten aus Lieferungen u. Leistungen (soweit zinslos)	12.430	12.430
= **betriebsnotwendiges Kapital**		**33.360**

Abbildung 36: Ermittlung des betriebsnotwendigen Kapitals

Die kalkulatorischen Zinsen betragen somit 3.336 €, die gezahlten Zinsen 1.442,17 €. Es entstehen zusätzliche Kosten in Höhe von rd. 1.894 €, die in entsprechender Höhe als Korrekturposten in die aufbereitete Gewinn- und Verlustrechnung eingetragen werden.

Zum betriebsnotwendigen Anlagevermögen zählen nur solche Anlagegüter, die dauernd dem eigentlichen Betriebszweck dienen. Sie dürfen nicht mit Buchwerten, sondern nur mit kalkulatorischen Restwerten (= Wiederbeschaffungskosten – kalkulatorische Abschreibungen) angesetzt werden. **Nicht betriebsnotwendige Anlagen**, wie beispielsweise vermietete Räumlichkeiten, stillgelegte Geräte, werden nicht angesetzt. Hingegen gehören Reserveanlagen, beispielsweise Reservekühlaggregat, zum betriebsnotwendigen Anlagevermögen, da sie zur Aufrechterhaltung der Betriebsbereitschaft notwendig sind.

betriebsnotwendiges Anlagevermögen

Das **betriebsnotwendige Umlaufvermögen** ist nach Aussonderung der nicht betriebsnotwendigen Posten (beispielsweise Wertpapierbestände) mit den Beträgen anzusetzen, die während des Abrechnungszeitraumes durchschnittlich im Umlaufvermögen gebunden sind (kalkulatorische Mittelwerte).

betriebsnotwendiges Umlaufvermögen

Abzugskapital

Das **Abzugskapital** besteht aus Kapitalposten (Fremdkapitalposten), die dem Unternehmen **zinslos** zur Verfügung stehen. Beispiele hierfür sind Anzahlungen von Kunden, Rückstellungen, Lieferantenkredite, sofern keine Skontierungsmöglichkeit besteht.

> **Kalkulatorische Zinsen stellen Kosten für die Nutzung des betriebsnotwendigen Kapitals dar. Mit dem Rückfluss der kalkulatorischen Zinsen über die Umsatzerlöse in das gastronomische Unternehmen wird dem Gastronom das Zur-Verfügung-Stellen des betriebsnotwendigen Kapitals vergütet.**

Kalkulatorische Miete

kalkulatorische Miete

Statt Mietzahlungen fallen bei gastronomischen Unternehmen, deren Räumlichkeiten sich in ihrem Eigentum befinden, folgende Aufwendungen an:

- Abschreibungen auf Gebäude,

- Instandhaltungsaufwendungen,

- Grundsteuerzahlungen,

- Hypothekenzinsen,

- Versicherungsprämien,

- Betriebskosten.

Nun könnte das gastronomische Unternehmen die im Eigentum befindlichen Räume vermieten. Dann hätte es **Mieteinkünfte**. Bei einer Selbstnutzung entgehen ihm die Mieteinkünfte. Diese entgangenen Mieteinkünfte sollten als **kalkulatorische Miete** angesetzt werden.

kein Ansatz von
kalkulatorischer Miete

Aus Vereinfachungsgründen wird in vielen gastronomischen Unternehmen auf die Erfassung einer kalkulatorischen Miete verzichtet. Begründet wird dies damit, dass die wesentlichen Bestandteile der Gebäudekosten, nämlich die Gebäudeabschreibungen und die Hypothekenzinsen durch die kalkulatorischen Abschreibungen und die Hypothekenzinsen durch die kalkulatorischen Zinsen bereits in die Kostenrechnung eingeflossen sind.

Ansatz von
kalkulatorischer Miete

In der Kostenrechnung kann auf den Ansatz einer kalkulatorischen Miete nicht verzichtet werden, wenn der Einzelunternehmer oder Personengesellschafter dem Unternehmen Räume oder Gebäude unentgeltlich zur Verfügung stellt. Denn dann würde kein leistungsbedingter Werteverzehr erfasst werden. Grundsätzlich ist **die ortsübliche Miete** als kalkulatorische Miete anzusetzen.

Da in unserem Beispielunternehmen keine Räumlichkeiten aus dem Privatvermögen dem gastronomischen Betrieb zur Verfügung gestellt werden und der Mietzins für die betrieblichen Räume marktgerecht ist, ist eine **kalkulatorische Miete** hier nicht anzusetzen.

Kalkulatorischer Unternehmerlohn

Bei Kapitalgesellschaften erhalten die Vorstandsmitglieder bzw. die Geschäftsführer für ihre leitende Tätigkeit Gehälter, die in die Kostenrechnung eingehen. Unternehmer, die in Einzelunternehmen oder Personengesellschaften leitend tätig sind, dürfen hingegen aus steuerrechtlichen Gründen keine Gehälter beziehen. Sie haben die Möglichkeit, Privatentnahmen zu tätigen. kalkulatorischer Unternehmerlohn

In der Kostenrechnung müssen alle Kosten berücksichtigt werden, die aus dem leistungsbedingten Verzehr von Sachgütern und Dienstleistungen resultieren. Hierzu gehört auch die dispositive Arbeit des Unternehmers in Einzelunternehmen und Personengesellschaften. Die Arbeitsleistungen des Unternehmers sind deshalb **als kalkulatorische Zusatzkosten** in der Kostenrechnung anzusetzen. Notwendigkeit des Ansatzes

Die Höhe des kalkulatorischen Unternehmerlohnes sollte sich an den Opportunitätskosten orientieren, d.h. es ist das Gehalt anzusetzen, das der Unternehmer bei einer vergleichbaren Tätigkeit in einem anderen Unternehmen bekommen würde. Dabei ist von dem Aufgabengebiet des Unternehmers, der Größe des Unternehmens und der Gehaltsstruktur am Standort des Unternehmens auszugehen. Entsprechend diesem ermittelten Betrag wird das Betriebsergebnis verringert. Höhe des kalkulatorischen Unternehmerlohns

Bei Einzelunternehmen und Personengesellschaften wird für die mitarbeitenden Inhaber oder Gesellschafter ein angemessener kalkulatorischer Unternehmerlohn in der Kostenartenrechnung und Kalkulation angesetzt. Damit sind diese Unternehmensformen hinsichtlich der Personalkosten den Kapitalgesellschaften in der Kostenrechnung gleichgestellt und damit vergleichbar (Kostenvergleich).

Im hier vorliegenden Fall handelt es sich um ein Einzelunternehmen. Der betrieblich bedingte Verbrauch der Arbeitskraft der Inhaberin wird bei Einzelunternehmen und Personengesellschaften nicht als Aufwand in Form von Gehalt in der Finanzbuchhaltung und damit in der Gewinn- und Verlustrechnung erfasst. Unter dem Gesichtspunkt des betriebsbedingten Verbrauchs der Arbeitskraft der Inhaberin ist dieser Verbrauch als **kalkulatorischer Unternehmerlohn** in der Kostenrechnung zu erfassen. Notwendig ist dieser Ansatz, um den betriebsbedingten Ressourceneinsatz in der Kostenrechnung wertmäßig abbilden zu können. Mit dem Ansatz wird die Vergleichbarkeit der Kostenstrukturen und der Kostenhöhen unterschiedlicher Unternehmen hergestellt.

Die Höhe sollte sich an den Opportunitätskosten orientieren, d.h. es sollte das Gehalt als kalkulatorischer Unternehmerlohn angesetzt werden, das die Inhaberin bei einer vergleichbaren Tätigkeit in einem anderen gastronomischen Betrieb erhalten würde.

Ausgehend von dem Aufgabengebiet der Inhaberin und der Größe des gastronomischen Betriebes sowie der Gehaltsstruktur im Bundesland Thüringen
wurde der kalkulatorische Unternehmerlohn mit 18.000 € p.a. zum Ansatz
gebracht. Entsprechend diesem Betrag wird das Betriebsergebnis verringert.

Kalkulatorische Lagerzinsen

Die Kosten für die Lagerung von Waren fallen entweder als tatsächliche Aufwendungen an und werden dann als Kosten in gleicher Höhe in der
Kostenartenrechnung und Kalkulation angesetzt oder sie werden über kalkulatorische Kosten zum Ansatz gebracht. Das in den Warenvorräten durchschnittlich gebundene Kapital ist in dem betriebsnotwendigen Kapital enthalten, so dass ein gesonderter Ansatz kalkulatorischer Lagerzinsen in der
Regel entfällt. Nur bei besonders langer Lagerdauer einer Ware oder einer
Warengruppe können kalkulatorische Lagerzinsen für diese Ware oder Warengruppe in der Kostenrechnung gesondert berücksichtigt werden. Die kalkulatorischen Lagerzinsen werden dann als Einzelkosten direkt dem Kostenträger
(Menü, Getränk, usw.) zugerechnet.

Beispiel

Das Restaurant „Zur Sonne" bietet neben den gängigen Speisen und Getränken
spezielle Weine mit längerer Lagerdauer an. In dieser Warengruppe wurde im
letzten Jahr ein Umsatz zu Einstandspreisen in Höhe von 42.000 € erzielt. Die
Lagerstatistik weist einen durchschnittlichen Lagerbestand von 83.000 € aus.
Der Einstandspreis einer Flasche Wein beträgt 220,00 €.

Zunächst wird die Lagerumschlagshäufigkeit für diese Warengruppe ermittelt:

FORMEL V

Berechnung der **Lagerumschlagshäufigkeit**

$$\text{Lagerumschlagshäufigkeit} = \frac{\text{Wareneinsatz}}{\text{Lagerbestand}} = \frac{42.000}{83.000} = 0,506$$

Mit Hilfe der Umschlagshäufigkeit lässt sich die durchschnittliche Lagerdauer
wie folgt ermitteln:

FORMEL VI

Berechnung der **durchschnittlichen Lagerdauer**

$$\text{Durchschnittliche Lagerdauer} = \frac{360 \text{ Tage}}{\text{Lagerumschlagshäufigkeit}}$$

$$\text{Durchschnittliche Lagerdauer} = \frac{360 \text{ Tage}}{0{,}506} = 711{,}46 \text{ Tage}$$

Bei einem angenommenen Jahreszinssatz von 6 % ergibt sich der Lagerzinssatz für die Warengruppe wie folgt:

FORMEL VII

Berechnung des **Lagerzinssatzes**

$$\text{Lagerzinssatz} = \frac{\text{Jahreszinssatz x durchschnittliche Lagerdauer}}{360}$$

$$\text{Lagerzinssatz} = \frac{6 \times 711{,}46}{360} = 11{,}86 \%$$

Einrechnung der **Lagerzinsen** in den Einstandspreis:

	Einstandspreis 1 Flasche Wein	220,00 €
+	11,86 % Lagerzinsen	25,09 €
=	Verzinster Einstandspreis	245,09 €

Kalkulatorische Lagerzinsen werden in der Regel nicht gesondert als Kosten angesetzt. Bei besonders langer Lagerdauer von Waren können Sie die Lagerzinsen als Einzelkosten dem Einstandspreis hinzurechnen.

Kalkulatorische Wagnisse

Jede gastronomische Tätigkeit ist mit Wagnissen bzw. Risiken verbunden, die zu Verlusten führen können. Diese Wagnisverluste lassen sich in ihrer Höhe und in ihrem zeitlichen Eintreten nicht vorhersehen. Es wird zwischen dem **allgemeinen Unternehmerwagnis** und den **Einzelwagnissen** unterschieden. *kalkulatorische Wagnisse*

Das **allgemeine Unternehmerwagnis** resultiert insbesondere daraus, dass das Geschäftsmodell qualitativ und quantitativ nicht den Ansprüchen der Gäste entspricht, dass unerwartete Nachfrageverschiebungen, konjunkturelle Rückgänge oder technischer Fortschritt auftreten. Dieses Wagnis ist kein Bestandteil der Kosten; es wird mit der **Residualgröße Gewinn** abgegolten. *allgemeines Unternehmerwagnis*

Einzelwagnisse

Einzelwagnisse haben hingegen Kostencharakter. Sie stehen in einem unmittelbaren Zusammenhang mit dem betrieblichen Leistungserstellungsprozess (Beschaffung, Lagerung, Produktion, Absatz). Sie sind aufgrund von **Erfahrungswerten** berechenbar und voraussehbar.

Die wichtigsten Einzelwagnisse sind:

- **Anlagewagnis**: Verluste an Anlagegütern durch besondere Schadensfälle (Feuer, Wasser, Sturm), Gefahr des vorzeitigen Ausfalls von Anlagen, beispielsweise durch technischen Fortschritt.

- **Beständewagnis**: Verluste an Waren durch Schwund, Verderb, Diebstahl, Veralten oder Preissenkungen.

- **Gewährleistungswagnis**: beispielsweise Preisnachlass wegen Schlechterfüllung.

- **Vertriebswagnis**: Ausfälle bei Kundenforderungen (Delkredererisiko).

Abbildung 37: Einzelwagnisarten

Einzelwagnisse fallen zeitlich unregelmäßig und in unterschiedlicher Höhe an. Sie sind damit für die Kostenrechnung ungeeignet. In der Erfolgsrechnung der Finanzbuchhaltung werden sie als Aufwand erfasst.

In der Kostenrechnung werden anstelle der tatsächlich eingetretenen Wagnisverluste **kalkulatorische Wagniszuschläge** für die betreffenden **Einzelrisiken** ermittelt und verrechnet. Mit der Verrechnung von konstanten kalkulatorischen Wagniszuschlägen wird erreicht, dass die Abrechnungsperioden gleichmäßig und anteilig mit Wagnisverlusten belastet werden. Somit werden Zufallseinflüsse aus der Kostenrechnung eliminiert.

kalkulatorische
Wagniszuschläge

Kalkulatorische Wagniszuschläge dürfen nicht verrechnet werden, wenn die Einzelwagnisse durch Abschluss von entsprechenden Versicherungen gedeckt sind. In diesem Fall sind die Versicherungsprämien als Kosten anzusetzen.

Das allgemeine Unternehmerwagnis (-risiko) sowie die durch Fremdversicherungen abgedeckten Einzelwagnisse dürfen nicht kalkulatorisch angesetzt werden.

Durch die Verrechnung von konstanten kalkulatorischen Wagniszuschlägen werden Zufallsereignisse aus der Kostenrechnung eliminiert.

Die Berechnungsgrundlage für die Wagniszuschläge ist für die Einzelwagnisse unterschiedlich:

Bemessungsgrundlagen
für Wagniszuschläge

Wagnisart	Berechnungsgrundlage
• Anlagewagnis	Anschaffungskosten
• Beständewagnis	Einstandspreise der Waren (Warenaufwendungen)
• Gewährleistungswagnis	Umsatz zu Selbstkosten
• Vertriebswagnis	Umsatz zu Selbstkosten

Abbildung 38: Berechnungsgrundlagen von Einzelwagnissen

Welche Höhe der kalkulatorischen Wagniszuschläge in der Kostenrechnung anzusetzen ist, richtet sich nach den Erfahrungswerten. Aus den betreffenden Wagnisverlusten der letzten 5 Jahre wird ein **Durchschnittswert**, ausgedrückt in Prozent, ermittelt.

Höhe der
Wagniszuschläge

Beispiel

In einem Gastronomiebetrieb betrug der Verlust an Warenvorräten durch Schwund, Verderb und Diebstahl in den letzten 5 Jahren 80.000 €. Für den gleichen Zeitraum wurden Warenaufwendungen in Höhe von 1.500.000 € ermittelt.

FORMEL VIII

Berechnung des kalkulatorischen **Beständewagniszuschlagsatzes**

$$\text{Kalkulat. Beständewagniszuschlag} = \frac{\text{Verlust an Warenvorräten} \times 100}{\text{Warenaufwendungen}}$$

$$\text{Kalkulat. Beständewagniszuschlag} = \frac{80.000\, € \times 100}{1.500.000\, €} = 5,33\,\%$$

Dies bedeutet, dass auf die gekauften Waren 5,33 % Wagniskosten zu verrechnen sind.

In der nachfolgenden Abbildung werden die kalkulatorischen Kosten für den hier betroffenen gastronomischen Betrieb zusammenfassend dargestellt.

Kalkulatorische Kosten	
Unternehmerlohn	18.000
Kalkulatorische Miete	0
Kalkulatorische Zinsen	1.894
Kalkulatorische Abschreibungen	- 1.034
Summe kalkulatorische Kosten	**18.860**

Abbildung 39: Kalkulatorische Kosten

kalkulatorische Kosten sind fix

In der Kostenrechnung werden die **kalkulatorischen Kosten** als **anlagebedingt** (fix) angesehen. Denn diese Kosten entstehen unabhängig von der Umsatztätigkeit des gastronomischen Betriebes; sie werden in ihrer Entstehung und Höhe durch die Entscheidung über die Vorhaltung einer bestimmten Kapazität bestimmt. Daher sind sie als anlagebedingte Kosten in die Kostenrechnung aufzunehmen.

Bei der Ermittlung des **betriebswirtschaftlichen Ergebnisses** sind die kalkulatorischen Kosten anzusetzen. Das ausgewiesene Ergebnis der Gewinn- und Verlustrechnung verschlechtert sich in Höhe der kalkulatorischen Kosten. Im hier vorliegendem Fall verringert sich das Jahresergebnis im Berichtsjahr von rd. 22.327 € auf rd. 3.467 €.

In der nachfolgenden Abbildung wird die nach Umsatz- und Kostengruppen gegliederte Gewinn- und Verlustrechnung um die unter kostenrechnerischen Gesichtspunkten ermittelten kalkulatorischen Kosten korrigiert.

Gewinn- und Verlustrechnung vom 01.01.20.. bis 31.12.20..					
Umsatz Speisen	U 1				
+ Umsatz Getränke	U 2				
+ Sonstige Waren	U 3	11.771,25			
= Warenumsatz			U 4	126.848.55	
Kegelbahnmiete	U5	4.215,00			
+ Saalmiete	U 6	3.174,00			
+ Provisionen	U 7	446,85			
+ Sonstige	U 8	0			
= Sonst. betr. Umsatz			U 9	7.835,85	
BETRIEBSUMSATZ				**BU**	**134.684,40**
Wareneinsatz Küche	01				
+ Wareneinsatz Getr.	02				
+ Wareneinsatz Sonst.	03				
= Wareneinsatz Ges.			04	53.653,36	
+ Personalkosten			05	14.371,15	
+ Energiekosten			06	5.153,89	
+ Steuern, Vers., Abg.			07	3.116,08	
+ Betriebs- und Verwaltungskosten			U 8	14.756,29	
= BETRIEBSBEDINGTE KOSTEN				**BK**	**91.050,77**
Miete, Pacht, Leasing			09	14.400,00	
+ Instandhaltung, Rep.			10	1.945,50	
+ Abschreibungen (AfA)			11	1.800,00	
+ GWG			12	1.719,00	
+ Zinsen			13	1.442,17	
+ kalkulatorische Kosten				18.860,00	
= ANLAGEBEDINGTE KOSTEN				**AK**	**40.166,67**
GESAMTKOSTEN				**GK**	**131.217,44**
BETRIEBSWIRTSCHAFTL. GEWINN / VERLUST				**GV**	**3.466,96**

Abbildung 40: Aufbereitete Gewinn- und Verlustrechnung mit kalkulatorischen Kosten

In dem folgenden Formular zur Aufbereitung der Gewinn- und Verlustrechnung können Sie Ihre schon aufbereitete Gewinn- und Verlustrechnung um kalkulatorische Kosten erweitern.

Gewinn- und Verlustrechnung vom 01.01.20.. bis 31.12.20..				
Umsatz Speisen	U 1			
+ Umsatz Getränke	U 2			
+ Sonstige Waren	U 3			
= Warenumsatz		U 4		
Kegelbahnmiete	U5			
+ Saalmiete	U 6			
+ Provisionen	U 7			
+ Sonstige	U 8			
= Sonst. Betr. Umsatz		U 9		
BETRIEBSUMSATZ			**BU**	
Wareneinsatz Küche	01			
+ Wareneinsatz Getränke	02			
+ Wareneinsatz Sonstige	03			
= Wareneinsatz Gesamt		04		
+ Personalkosten		05		
+ Energiekosten		06		
+ Steuern, Vers., Abgaben		07		
+ Betriebs- und Verwaltungskosten		U 8		
= Betriebsbedingte Kosten			**BK**	
Miete, Pacht, Leasing		09		
+ Instandhaltung, Rep.		10		
+ Abschreibungen (AfA)		11		
+ GWG		12		
+ Zinsen		13		
+ kalkulatorische Kosten				
= ANLAGEBEDINGTE KOSTEN			**AK**	
GESAMTKOSTEN			**GK**	
BETRIEBSWIRTSCHAFTL. GEWINN / VERLUST			**GV**	

Abbildung 41: Formular zur aufbereiteten Gewinn- und Verlustrechnung mit kalkulatorischen Kosten

Aufgaben

1. Ein Lieferfahrzeug mit Anschaffungskosten von 30.000 € wird bilanzmäßig mit 25 % linear abgeschrieben. Die tatsächliche Nutzungsdauer beträgt 5 Jahre. Die Teuerung des Lkw wird auf jährlich 3 % geschätzt.

   a) Errechnen Sie den jährlichen bilanzmäßigen Abschreibungsbetrag.

   b) Errechnen Sie die Wiederbeschaffungskosten des Fahrzeuges am Ende seiner (5jährigen) Nutzungsdauer.

   c) Errechnen Sie den jährlichen kalkulatorischen Abschreibungsbetrag.

   d) Errechnen Sie die kostenrechnerische Korrektur.

2. Erläutern Sie den in Abbildung 35 dargestellten Abschreibungskreislauf anhand eines Zahlenbeispiels.

3. Nach welchen Grundsätzen sind in der Kostenrechnung kalkulatorische Abschreibungen zu ermitteln?

4. Worin unterscheidet sich das Substanzerhaltungsprinzip der Kostenrechnung von dem Nominalwertprinzip der Finanzbuchhaltung?

5. Welche Überlegungen stehen hinter dem Ansatz der Wiederbeschaffungskosten zur Ermittlung der kalkulatorischen Abschreibungen?

6. Warum dürfen steuerliche Sonderabschreibungen der Finanzbuchhaltung nicht in die Kostenrechnung eingehen?

7. Ein gastronomisches Unternehmen hat ein abnutzbares Anlagevermögen in Höhe von 210.000 €; die Vorräte haben einen Wert von 48.000 €; der Forderungsbestand beläuft sich auf 76.000 € und der Bestand an liquiden Mitteln beträgt 5.000 €. Die Verbindlichkeiten aus Lieferungen und Leistungen betragen 16.000 €. Es wurde ein kalkulatorischer Zinssatz von 9 % ermittelt. Die gezahlten Zinsen belaufen sich auf 4.572 €.

   In welcher Höhe entstehen zusätzliche kalkulatorische Zinsen?

8. Ein Restaurant verfügt über folgende betriebsnotwendige Vermögenswerte:

Anlagevermögen:	Gebäude	420.000 €
	Technische Anlagen	80.000 €
	Betriebs- und Geschäftsausstattung	120.000 €
	Fuhrpark	54.000 €
Umlaufvermögen:	Warenvorräte	48.000 €
	Kundenforderungen	28.000 €
	Zahlungsmittel	37.000 €

Das Abzugskapital besteht aus Lieferantenkrediten in Höhe von 43.000 €. Der kalkulatorische Zinssatz wird mit 8 % angesetzt. Die tatsächlich gezahlten Fremdkapitalzinsen betragen im Geschäftsjahr 17.500 €.

Ermitteln Sie das betriebsnotwendige Kapital sowie die jährlichen kalkulatorischen Zinsen.

9. Warum ist es betriebswirtschaftlich nicht sinnvoll, die Fremdkapitalzinsen aus der Finanzbuchhaltung in gleicher Höhe in die Kostenrechnung zu übernehmen?

10. Warum sind die Ihnen entgangenen Zinsen für Ihr im eigenen Unternehmen eingesetztes Eigenkapital als kalkulatorische Zinsen zu berücksichtigen?

11. Auf welcher Basis sind die betriebsbedingten Zinsen zu ermitteln?

12. Welcher Zinssatz ist der Berechnung der kalkulatorischen Zinsen zugrunde zu legen?

13. Aus welchen Bestandteilen setzt sich das betriebsnotwendige Kapital zusammen?

14. Welche Aufwendungen fallen für im Eigentum von Unternehmen befindliche Geschäftsräume an?

15. Welcher Grundgedanke steht hinter dem Ansatz von kalkulatorischer Miete?

16. Welche Gründe könnten dafür sprechen, auf den Ansatz von kalkulatorischer Miete zu verzichten?

17. Unter welcher Bedingung kann auf den Ansatz von kalkulatorischer Miete nicht verzichtet werden?

18. In welcher Höhe ist die kalkulatorische Miete anzusetzen?

19. Warum ist in Kapitalgesellschaften kein kalkulatorischer Unternehmerlohn in der Kostenrechnung anzusetzen?

20. Warum ist in Einzelunternehmen und Personengesellschaften für die dispositiven Tätigkeiten der Unternehmer bzw. der Gesellschafter ein kalkulatorischer Unternehmerlohn anzusetzen?

21. In welcher Höhe ist ein kalkulatorischer Unternehmerlohn anzusetzen?

22. Wie wirkt sich der Ansatz eines kalkulatorischen Unternehmerlohnes in der Kostenrechnung auf das Betriebsergebnis aus?

23. Warum ist es in der Regel für einen gastronomischen Betrieb nicht erforderlich, kalkulatorische Lagerzinsen gesondert in den Einstandspreis von Waren einzurechnen?

24. Ein Restaurant hat für das abgelaufene Geschäftsjahr folgende Daten ermittelt:

Warenanfangsbestand	48.000 €
Warenendbestand	12.000 €
Jahresumsatz zu Einstandspreisen	468.000 €
banküblicher Zinssatz	9 %

Wie hoch ist der Lagerzinssatz?

25. Worin unterscheidet sich das allgemeine Unternehmerrisiko von Einzelwagnissen?

26. Aus welchen Gründen werden kalkulatorische Wagnisse in der Kostenrechnung verrechnet?

27. Sind kalkulatorische Wagniskosten Anders- oder Zusatzkosten?

3 Kostenstellenrechnung

3.1 Welche Aufgaben hat die Kostenstellenrechnung?

Die kostenrechnerische Arbeit der **Kostenstellenrechnung** besteht darin, die nach Arten gegliederten Kosten auf die Betriebsbereiche zu verteilen, in denen sie angefallen sind. Mit der Einrichtung einer Kostenstellenrechnung sollen Sie vor allem in die Lage versetzt werden, eine **Kostenkontrolle** an den Stellen durchzuführen, an denen die Kosten entstehen und zu beeinflussen sind.

Aufgaben der Kostenstellenrechnung

> **Die Aufgabe der Kostenstellenrechnung besteht darin, die Kosten der einzelnen Betriebsbereiche zu überwachen.**

Darüber hinaus bereitet die Kostenstellenrechnung die Zurechnung der Gemeinkosten auf die Kostenträger vor.

Die Kostenstellenrechnung können Sie mit Hilfe des Betriebsabrechnungsbogens (BAB) durchführen.

Der **Betriebsabrechnungsbogen** hat allgemein formuliert folgende Aufgaben:

Aufgaben des Betriebsabrechnungsbogens (BAB)

- Verteilung der primären Gemeinkosten auf die Kostenstellen nach dem Verursachungsprinzip,

- Durchführung der innerbetrieblichen Leistungsverrechnung,

- Bildung von Kalkulationssätzen (Ist-Zuschlagssätze),

- Kostenkontrolle (Gemeinkostenkontrolle).

Sie verrechnen nur **Gemeinkosten** im **Betriebsabrechnungsbogen**, denn die **Einzelkosten** können Sie den Kostenträgern verursachungsgemäß zurechnen. Bei der Kostenstellenrechnung geht es Ihnen also darum, die Kosten, die Sie nicht direkt den Kostenträgern (Produkte/Dienstleistungen/Gäste) zurechnen können, hilfsweise in eine Art ‚kostenrechnerische Mischmaschine‘ zu gießen. Damit verbinden Sie die Hoffnung, dass Sie Kosten, die einem Kostenträger nicht direkt zurechenbar sind (Kostenträgergemeinkosten), doch ‚irgendwie‘ später auf die Kostenträger verteilen können.

Zurechnung von Gemeinkosten

Diese ‚Verteilungs- oder Mischmaschine‘ ist der Betriebsabrechnungsbogen (BAB). Er ist das Bindeglied zwischen der **Kostenarten-** und der **Kostenträ-**

Betriebsabrechnungsbogen

gerrechnung (Kalkulation). Mit Hilfe des Betriebsabrechnungsbogens (BAB) verteilen Sie die Gemeinkosten auf die betrieblichen Kostenstellen und von dort aus über Zuschlagssätze auf die Produkte/Leistungen.

Die nachfolgende Abbildung verdeutlicht dies:

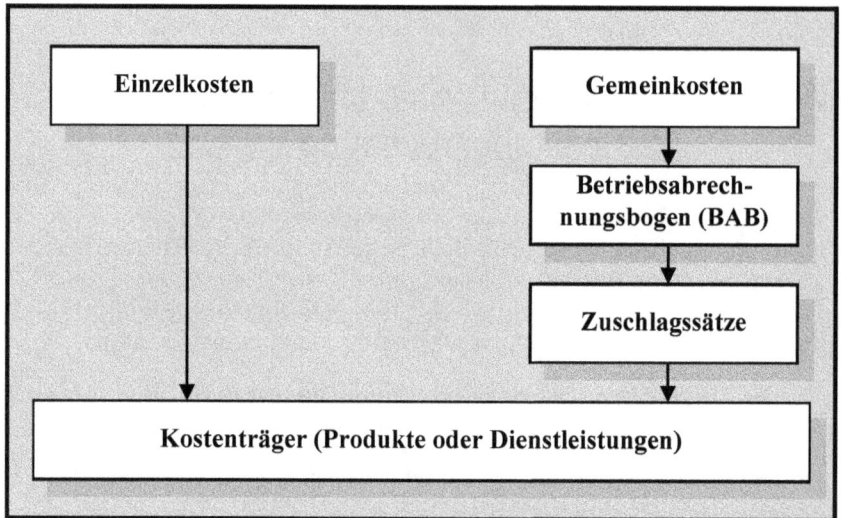

Abbildung 42: Zurechnung der Gemeinkosten auf Kostenträger

> **Der Betriebsabrechnungsbogen ist das Bindeglied zwischen Kostenarten- und Kostenträgerrechnung. Die Kostenträgergemeinkosten werden aus der Kostenartenrechnung den Kostenstellen zugerechnet, die sie verursacht haben und von dort aus über Zuschlagssätze auf die Kostenträger verteilt.**

Aufgaben

1. Welche Aufgaben hat die Kostenstellenrechnung?

2. Welche Aufgaben hat der Betriebsabrechnungsbogen (BAB)?

3. Unterscheiden Sie Einzel- und Gemeinkosten voneinander?

3.2   Wie werden Kostenstellen gebildet?

Um einen **Betriebsabrechnungsbogen** erstellen zu können,   Kostenstellen müssen Sie Ihr Unternehmen in selbständige Abrechnungseinheiten unterteilen, in so genannte **Kostenstellen**. Den Kostenstellen sollten Sie unbedingt einen Kostenverantwortlichen zuordnen, mit dem Sie später die **Kostenstel-**

lenbudgets schriftlich vereinbaren. Das ist dann schon ein erster Schritt in Richtung Kostenmanagement.

Es haben sich zwei Grundsätze für die Einteilung eines Unternehmens in Kostenstellen herausgebildet:

Grundsätze der Kostenstellenbildung

- Jede Kostenstelle soll ein selbständiger Verantwortungsbereich sein, damit Kompetenzüberschneidungen vermieden werden.

- Es sollen möglichst genaue Maßgrößen der Kostenverursachung existieren, um eine fehlerhafte Kostenkontrolle zu vermeiden.

Kostenstellen können nach verschiedenen Merkmalen gebildet werden, z.B. nach räumlichen, verantwortungsmäßigen, rechnungstechnischen, prozessualen oder funktionalen Kriterien. In Gastronomiebetrieben werden in der Regel Kostenstellen nach Funktionen oder Verantwortungsbereichen eingerichtet.

Beispiel

Bei dem hier betroffenen Unternehmen handelt es sich um ein „kleineres" Restaurant. Die zwei Grundsätze der Kostenstellenbildung lassen sich bei „kleineren" Gastronomiebetrieben nur teilweise gleichzeitig realisieren. Aufgrund des Leistungserstellungsprogramms und -verfahrens sind die Bezugsgrößen im direkten Leistungserstellungsbereich sachlogisch vorgegeben, die einer Kostenstellenbildung nach Verantwortungsbereichen entgegenstehen. Die Unterteilung des direkten Leistungserstellungsbereiches analog dem Angebotsprogramm und -verfahren ist zwar differenzierter als die verantwortungsgemäße Gliederung, widerspricht aber aufgrund der geringen Betriebsgröße dem Gebot der Wirtschaftlichkeit.

Es ist bei dem hier betroffenen Gastbetrieb zweckmäßig, die Unterteilung des Betriebes in Kostenstellen entsprechend der Verantwortungsbereiche vorzunehmen, weil neben dem Gebot der Wirtschaftlichkeit hierdurch dem Prinzip der Übereinstimmung von Aufgabe, Kompetenz und Verantwortung weitgehend entsprochen wird. Damit korrespondiert zugleich eine Verstärkung des Kostenbewusstseins der Mitarbeiter. Zudem kann mit dem Kostenverantwortlichen ein Kostenstellenbudget vereinbart werden.

Es werden folgende Kostenstellen eingerichtet:

Kostenstelle:	Bezeichnung:
Kostenstelle 1:	Küche
Kostenstelle 2:	Restaurant
Kostenstelle 3:	Magazin
Kostenstelle 4:	Beschaffung
Kostenstelle 5:	Verwaltung + Vertrieb (V + V)
Kostenstelle 6:	Geschäftsführung

Die Kostenstellen können weiter in Unterkostenstellen gegliedert werden. Je tiefer die Kostenstellen untergliedert werden, desto genauer sind die Kostenkontrollmöglichkeiten. Jedoch wird mit wachsender Gliederungstiefe die Zurechnung der Gemeinkosten schwieriger.

Kostenstellengliederung

Nach der Art der Abrechnung müssen die Kostenstellen in **Hauptkostenstellen**, **Hilfskostenstellen** und **Allgemeine Kostenstellen** unterteilt werden. Im vorliegenden Kostenstellenplan sind die Kostenstellen Küche und Restaurant Hauptkostenstellen. Die Kostenstellen Magazin, Beschaffung sowie Verwaltung und Vertrieb sind im hier vorliegenden Fall Hilfskostenstellen und die Kostenstelle Geschäftsführung ist eine Allgemeine Kostenstelle.

Allgemeine Kostenstellen, Hilfskosten-, Hauptkostenstellen

Hilfskostenstellen geben ihre Leistungen im Unterschied zu **Hauptkostenstellen** nicht unmittelbar an die betrieblichen Produkte und Dienstleistungen, sondern als innerbetriebliche Leistungen an andere Kostenstellen ab. **Allgemeine Kostenstellen** üben Funktionen für den Gesamtbetrieb aus. Die hier anfallenden Kosten lassen sich keiner Haupt- oder Hilfskostenstelle ausschließlich zuordnen.

Verteilung der Gemeinkosten auf Hauptkostenstellen

Aus der Unterscheidung in Haupt- und Hilfskostenstellen sowie Allgemeine Kostenstellen folgt, dass die **Allgemeinen Kostenstellen** mittels **Umlage** auf die **Hilfs- und Hauptkostenstellen** verteilt werden und die **Hilfskostenstellen** mit **Verteilungsschlüsseln** oder mit Verrechnungssätzen für innerbetriebliche Leistungen auf die **Hauptkostenstellen** umgelegt werden müssen. Die **Hauptkostenstellen** werden mit **Kalkulationssätzen** (Zuschlagssätzen) für die Absatzleistungen des Betriebes abgerechnet.

Die Zurechnung der Gemeinkosten auf die Kostenstellen kann direkt mit Hilfe von Belegen erfolgen.

Beispiel

Personalkosten anhand von Lohn- und Gehaltslisten;
Abschreibungen anhand der Anlagenkartei;
Reparaturkosten anhand von Reparaturrechnungen
Stromverbrauch anhand von Stromzählern.

Können die Gemeinkosten den Kostenstellen direkt zugeordnet werden, dann handelt es sich um Kostenstelleneinzelkosten.

Kostenstellengemeinkosten

Fallen Gemeinkosten für mehrere Kostenstellen gemeinsam an, müssen sie mittels von Verteilungsschlüsseln auf die einzelnen Kostenstellen umgelegt (verteilt) werden.

Beispiel

> Mietkosten, Grundsteuer, Reinigungskosten nach der Raumfläche;
> Büromaterial nach der Anzahl der Angestellten;
> Unfallversicherung nach der Anzahl der Beschäftigten;
> Sachversicherungskosten nach den angelegten Werten.

Können die Gemeinkosten den Kostenstellen nur indirekt mittels Verteilungsschlüssel zugeordnet werden, dann handelt es sich um Kostenstellengemeinkosten.

Aufgaben

1. Was sind Kostenstellen?

2. Nach welchen Grundsätzen sollten Kostenstellen eingerichtet werden?

3. Warum sollte jeder Kostenstelle ein Kostenverantwortlicher zugeordnet werden?

4. Unterscheiden Sie Allgemeine Kostenstellen, Hilfskostenstellen und Hauptkostenstellen.

5. Nennen Sie Beispiele für Allgemeine Kostenstellen, Hilfskostenstellen und Hauptkostenstellen aus der Gastronomie.

6. Wie kann die Zurechnung der Gemeinkosten auf die Kostenstellen erfolgen?

7. Unterscheiden Sie Kostenstelleneinzelkosten und Kostenstellengemeinkosten.

8. Nennen Sie Beispiele für Gemeinkosten,

   a) die sich direkt auf die Kostenstellen verteilen lassen,

   b) die nur indirekt auf die Kostenstellen verteilt werden können.

3.3 Kostenstellenrechnung mit Hilfe des Betriebsabrechnungsbogens (BAB)

Die wesentliche Aufgabe des **Betriebsabrechnungsbogens** (BAB) für die Kalkulation besteht in der Ermittlung des **Handlungskostenzuschlags** für jede Hauptkostenstelle. Mit Hilfe dieser Handlungskostenzuschläge sind differenzierte Kalkulationen möglich.

Hauptaufgabe des Betriebsabrechnungsbogens (BAB)

Erstellung des
Betriebsabrechnungs-
bogens (BAB)

Die folgenden Arbeitsschritte sind zur Erstellung eines BAB notwendig:

1. Zunächst werden die **primären Gemeinkosten** (noch nicht verrechnete bzw. umgelegte Gemeinkosten) sowie die **kalkulatorischen Kosten** aus der Kostenartenrechnung in die linke Spalte des BAB übernommen.

2. Die Summen der einzelnen Kostenarten werden auf die einzelnen Kostenstellen (Allgemeine Kostenstellen, Hilfs- und Hauptkostenstellen) verteilt, die diese Gemeinkosten verursacht haben. Die **Kostenstelleneinzelkosten** werden direkt den Kostenstellen zugeordnet. Die Verteilung der **Kostenstellengemeinkosten** auf die Kostenstellen erfolgt nach Verteilungsschlüsseln. Eine Aufnahme der Verteilungsschlüssel in den BAB ist zwar nicht zwingend, bietet aber den Verteil, dass die Verteilung im BAB leicht nachvollziehbar ist.

3. Als nächstes muss die **innerbetriebliche Leistungsverrechnung** (IBLV) durchgeführt werden, das heißt die Gemeinkosten der Allgemeinen Kostenstellen werden auf die Hilfs- und Hauptkostenstellen mittels Umlageschlüsseln verteilt. Danach werden die Kosten der Hilfskostenstellen auf jene Hauptkostenstellen umgelegt, die die Leistungen empfangen haben. Die Gemeinkosten der Hilfskostenstellen können mit Hilfe von Verteilungsschlüsseln oder über Verrechnungssätze auf die Hauptkostenstellen verteilt werden. Nach Abschluss der Verteilung ist für jede Hauptkostenstelle die Summe der gesamten Gemeinkosten ersichtlich. An dieser Stelle wird eine Rechenkontrolle durchgeführt. Die Summe der gesamten Gemeinkosten aller Hauptkostenstellen muss gleich der Summe aller primären Gemeinkosten sein.

4. In einem nächsten Schritt werden die **Kalkulationssätze** ermittelt, indem die Gesamt-Gemeinkosten einer Hauptkostenstelle in Beziehung zu einer geeigneten Bezugsgröße gesetzt und in einer Prozentzahl ausdrückt werden. Geeignete Bezugsgrößen können beispielsweise der Wareneinsatz verschiedener Angebotsbereiche sowie Löhne und Gehälter sein. Sie benötigen die Kalkulationssätze, um die Gemeinkosten der einzelnen Hauptkostenstellen verursachungsgerecht auf jene Kostenträger zu verteilen, die diese Kostenstellen beansprucht haben.

Kostenarten	Beträge	Verteilungsschlüssel	Geschäfts.	Hilfskostenstellen			Hauptkostenstellen		Summe
				Magazin	Beschaffung	V + V	Küche	Restaur.	
Einzelkosten									
Wareneinsatz Speis.	26.457,36						26.457,36		
Wareneinsatz Geträ.	23.910,00							23.910,00	
Wareneinsatz Hand.	3.286,00							3.286,00	
∑ Einzelkosten	53.653,36						26.457,36	27.196,00	53.653,36
Gemeinkosten									
Personalkosten	14.371,15	Gehaltslisten	3.452,00	890,00	380,00	1.725,00	3.432,15	4.492,00	14.371,15
Energiekosten	5.153,89	Schlüssel	132,45	325,65	48,58	200,78	2.092,34	2.354,09	5.153,89
St., Vers., Abg.	3.116,08	Schlüssel	156,41	44,22	67,20	689,12	1.181,81	977,32	3.116,08
Betr. u. Verw.k...	14.756,29	Schlüssel	2.845,89	1.978,20	3.273,40	798,20	1.963,28	3.897,32	14.756,29
Miete, Pacht	14.400,00	Fläche, qm	1.800,00	500,00	200,00	600,00	3.000,00	8.300,00	14.400,00
Instandh., Rep.	1.945,50	Rechnungen	342,80	234,00	180,00	279,00	754,00	155,20	1.945,50
kalk. Kosten	18.860,00	Schlüssel	4.235,00	690,00	430,00	2.980,00	3.780,00	6.745,00	18.860,00
∑ Gemeinkosten	72.602,91		12.964,55	4.662,07	4.579,18	7.272,10	16.204,08	26.920,93	72.602,91
Umlage Geschäftsf.	1:1:2:4:6			926,05	926,05	1.852,09	3.704,17	5.556,19	12.964,55
Zwischensumme				5.588,12	5.505,23	9.124,19	19.908,25	32.477,12	72.602,91
Umlage Magazin	5:1						4.656,77	931,35	5.588,12
Umlage Beschaffung	3:2						3.303,14	2.202,09	5.505,23
Umlage V +V	2:3						3.649,67	5.474,52	9.124,19
Summe der Handlungskosten	72.602,91						31.517,83	41.085,08	72.602,91
Handlungskostenzuschlagssatz							119,13 %	151,07 %	135,32 %

Abbildung 43: Betriebsabrechnungsbogen

Gegenüber dem für alle Angebotsbereiche gemeinsamen durchschnittlichen Zuschlagssatz für die Handlungskosten weisen die für jeden Angebotsbereich getrennt berechneten Handlungskostenzuschläge deutliche Abweichungen aus. Auf der Grundlage dieser Zuschlagssätze sind differenziertere Kalkulationen, die die Kostenverursachung berücksichtigen, möglich.

Aufgaben

1. Wie ist der Betriebsabrechnungsbogen aufgebaut?

2. In welchen Arbeitsschritten wird ein Betriebsabrechnungsbogen erstellt?

3. Was versteht man unter primären Gemeinkosten?

4. Wie werden die primären Gemeinkosten auf die einzelnen Hilfs- und Hauptkostenstellen verteilt?

5. Warum ist eine Aufnahme der Verteilungsschlüssel in den Betriebsabrechnungsbogen sinnvoll?

6. Warum muss die Summe der gesamten Gemeinkosten aller Hauptkostenstellen der Summe aller primären Gemeinkosten entsprechen?

7. Warum ist es notwendig, Kalkulationssätze (Zuschlagssätze) zu ermitteln?

8. Welche Abhängigkeit besteht zwischen Handlungskostensatz und Beschäftigungsgrad?

9. Bei einem Beschäftigungsgrad von 80 % ermittelt ein Gastronom Warenaufwendungen in Höhe von 245.000 €, variable Handlungskosten von 120.000 € und fixe Handlungskosten von 160.000 €. Berechnen Sie die Handlungskostenzuschläge bei 80 %, 90 % und 100 % Beschäftigungsgrad und begründen Sie die Abweichungen.

10. Erstellen Sie aus den unten abgebildeten Zahlen einen BAB und ermitteln Sie im BAB die Handlungskosten und die Handlungskostenzuschlagssätze für jede Hauptkostenstelle.

Kostenarten	Ergeb- nistab.	Hilfskostenstellen		Hauptkostenstellen		
		Magazin	Verwaltg.	I	II	III
Löhne	6.000	800	1.200	1.800	1.000	1.200
Gehälter	20.000	1.000	4.000	6.000	4.000	5.000
Miete	12.000	200 qm	80 qm	350 qm	250 qm	300 qm
Werbung	6.000	0	6.000			
Verwaltung	8.000	400	4.200	1.200	900	1.300
Kalk. Abschr.	30.000	10.000	20.000	80.000	70.000	90.000

Die Miete ist nach Raumgröße in qm auf die Kostenstellen zu verteilen, die kalkulatorischen Abschreibungen nach den Anlagewerten in €.

Die Kosten der Hilfskostenstellen werden nach folgenden Schlüsseln auf die Hauptkostenstellen umgelegt:

Umlage Magazin:	2 : 2 : 1
Umlage Verwaltung:	4 : 2 : 2

Der Wareneinsatz betrug:

Hauptkostenstelle I	28.000 €,
Hauptkostenstelle II	14.000 €,
Hauptkostenstelle III	54.000 €.

11. Zur Aufstellung des BAB werden in einem Gastronomiebetrieb im Monat Juni folgende Zahlen der Ergebnistabelle entnommen:

Kostenarten	€-Betrag	Verteilungsgrundlage
Löhne	6.000	Lohnlisten
Gehälter	9.000	Gehaltslisten
Miete/Pacht	11.000	Raumgröße
Energiekosten	4.000	Schätzung
Steuern/Versicherungen	4.800	Beschäftigtenzahl
Werbung/Reise	2.000	Schätzung
Betriebs- und Verwaltungskosten	8.000	Schätzung
Kalk. Abschreibungen	6.200	Anlagewerte
	51.000	

Der Betrieb hat folgende Kostenstellen eingerichtet:

Allgemeine	1. Fuhrpark	Hauptkostenstellen:	5. Speisen
Kostenstellen:	2. Geschäftsf.		6. Getränke
Hilfskostenstellen:	3. Magazin		7. Handelswaren
	4. Verwaltung		8. Veranstaltungen

a) Stellen Sie den BAB für die Kostenstellen nach folgenden Angaben auf:

Kosten-arten	Allg. K.-St.		Hilfsk.-St.		Hauptkostenstellen			
	1	2	3	4	5	6	7	8
Löhne	1.000	0	600	400	2.200	1500	0	100
Gehälter	800	3.000	0	2.200	900	1.100	400	600
Miete/Pacht	200	600	500	1.000	3.800	2.900	800	1.200
Energiekosten	0	200	150	350	1.900	800	200	400
Steuern/Vers.	2:	1:	1:	2:	4:	5:	1:	2
Werbung/Reise	0	0	0	0	1.200	400	100	300
Betr. u. Verw.	900	1.500	300	2.500	900	800	300	800
Kalk. Ab. v. d. Anlagew.	40.000	24.000	28.000	12.000	54.000	38.000	5.000	8.000

b) Legen Sie die Gemeinkosten der Allgemeinen Kostenstelle „Fuhrpark" auf die anderen Kostenstellen im Verhältnis 1 : 2 : 3 : 1 : 2 : 2 : 3 um.

c) Legen Sie danach die Gemeinkosten der Allgemeinen Kostenstelle Geschäftsführung auf die anderen Kostenstellen im Verhältnis 4 : 3 : 5 : 2 : 3 : 2 um.

d) Die Gemeinkosten der Hilfskostenstellen sind nach folgenden Schlüsseln auf die Hauptkostenstellen umzulegen:

| Umlage Magazin: | 3 : 3 : 2 : 1 |
| Umlage Verwaltung: | 4 : 3 : 2 : 1 |

e) Errechnen Sie für jede Hauptkostenstelle die Handlungskosten und die Handlungskostenzuschlagssätze.

Die Warenaufwendungen (Wareneinsätze) betrugen im Abrechnungsmonat:

Angebotsbereich	Warenaufwendungen
Speisen	19.800
Getränke	22.900
Handelswaren	7.600
Veranstaltungen	3.400

4   Wie wird eine Kostenträgerrechnung durchgeführt?

Die **Kostenträger** sind die erstellten Leistungseinheiten eines Betriebes, also in der Gastronomie die zum Verkauf vorgesehenen bzw. abgesetzten Verköstigungen und sonstigen Leistungen. Es kann sich dabei um ein einzelnes Getränk, eine einzelne Speise, um eine Angebotsgruppe oder um eine Gästegruppe handeln. Die Kostenträger haben – wie der Name sagt – alle Kosten zu tragen, denn für sie wurden die Ressourcen verbraucht und sind die Kosten entstanden.

Kostenträger

In Verbindung und Ergänzung zur Kostenstellenrechnung werden in der Kostenträgerrechnung der **Betriebserfolg** ermittelt (= Kostenträgerzeitrechnung) und die **Kalkulationen durchgeführt** (= Kostenträgerstückrechnung).

Die **Kostenträgerzeitrechnung** bezieht sich auf eine Periode (zeitliche Erfolgsrechnung) und die Kostenträgerstückrechnung auf die **Leistungseinheit** (stückbezogene Kalkulation).

Kostenträgerzeitrechnung, Kostenträgerstückrechnung

Die Kostenträgerrechnung hat folgende Aufgaben:

Aufgaben der
Kostenträgerrechnung

- Ermittlung der Selbstkosten insgesamt und für jeden Kostenträger. Dies ist die Grundlage für die Kontrolle der Wirtschaftlichkeit des gesamten Unternehmens sowie der einzelnen Kostenträger.

- Ermittlung des betrieblichen Erfolges einer Abrechnungsperiode durch Gegenüberstellung der Selbstkosten und der Umsatzerlöse insgesamt und für jeden Kostenträger. Damit ist sie Grundlage einer kurzfristigen Erfolgsrechnung.

- Berechnung des Zuschlagsatzes für den Betriebsgewinn. In der Nachkalkulation wird der verwendete Zuschlagssatz für den Betriebsgewinn kontrolliert und evtl. für die Vorkalkulationen korrigiert.

- Bestimmung des Selbstkosten- und Verkaufspreises für die einzelnen Kostenträger.

4.1   Kostenträgerzeitrechnung

Kostenträgerblatt

Aufgrund der im Betriebsabrechnungsbogen ermittelten Gemeinkostenzuschlagssätze wird ein **Kostenträgerblatt** erstellt. Es enthält die Kostenträgerzeitrechnung.

> **Im Kostenträgerblatt werden alle Einzel- und Gemeinkosten einer
> Abrechnungsperiode auf die einzelnen Kostenträger verrechnet.**

Zur Ermittlung des Erfolges einzelner Kostenträger werden im Kostenträgerblatt die Verkaufserlöse und die Selbstkosten der Abrechnungsperiode
saldiert. Als Ergebnis erhält man das **Betriebsergebnis pro Kostenträger im
Abrechnungszeitraum**.

> **Die Kostenträgerzeitrechnung ist die Grundlage zur Kontrolle der
> Wirtschaftlichkeit einzelner Kostenträger.**

Beispiel

Auf der Grundlage des im Kapitel 3.3 abgebildeten Betriebsabrechnungsbogens (Abb. 43) sowie eines für jeden Kostenträger ausgewiesenen Umsatzes
wird das nachfolgende Kostenträgerblatt zur Ermittlung der Selbstkosten und
des Betriebsgewinns aufgestellt.

Kostenträgerblatt			
Kalkulationsschema	**Küche**	**Restaurant**	**Kostenträger insgesamt**
Warenaufwand	26.457,36	27.196,00	53.653,36
+ Handlungskosten	31.517,83	41.085,08	72.602,91
= Selbstkosten der Periode	57.975,19	68.281,08	126.256,27
Umsatzerlöse	51.080,80	75.767,75	126.848,55
= **Betriebsergebnis**	**- 6.894,39**	**7.486,67**	**592,28**
Gewinnzuschläge in %	**- 11,92 %**	**10,96 %**	**0,47 %**

Veränderung der
Gemeinkosten

In der Regel bleiben die Gemeinkosten nicht konstant. Sie ändern sich von
Periode zu Periode und innerhalb der Perioden. Es kann hierfür inner- und
außerbetriebliche Gründe geben.

- **Innerbetriebliche Gründe**: unterschiedliche Auslastung der Kapazitäten
  (unterschiedlicher Beschäftigungsgrad), Verwendung anderer Lebensmittel und Getränke, Verbrauchabweichungen bei der Herstellung der
  Speisen, Zahlung von Zulagen, Urlaubsgeld, Weihnachtsgeld, unterschiedliche Instandhaltungskosten, zunehmende Rationalisierung.

- **Außerbetriebliche Gründe**: Preisänderungen der verwendeten Lebensmittel und Getränke, veränderte Personalkosten aufgrund eines neuen
  Tarifvertrages.

Die Schwankungen der **Stellengemeinkosten** würden bei der Erstellung des Kostenträgerblattes zu neuen Zuschlagssätzen führen. Die **Vorkalkulation** (Angebotskalkulation) würde durch die ständigen Schwankungen keine feste Grundlage haben. Für die Nachkalkulation (Kostenkontrolle) hat die IST-Kostenrechnung ihre Bedeutung.

Schwankungen von Stellengemeinkosten

> **Die IST-Kostenrechnung eignet sich nicht für die Angebotskalkulation, weil sie mit Vergangenheitswerten und mit schwankenden Zuschlägen arbeitet.**

> **Die IST-Kostenrechnung ist Grundlage der Nachkalkulation.**

Damit die Angebotskalkulation eine gewisse **Stetigkeit** aufweist, sollten Sie mit **Normalzuschlagssätzen** kalkulieren. Diese Normalzuschlagssätze werden für mehrere Monate beibehalten.

Normalzuschlagssätze

In der **Normalkostenrechnung** wird für jede Hauptkostenstelle ein Normalzuschlagssatz für die Handlungskosten festgelegt. Die Normalzuschlagssätze werden zum einen aufgrund mehrerer Ist-Zuschlagssätze (beispielsweise der letzten 12 Monate), zum anderen aufgrund der zu erwartenden Veränderungen der Gemeinkosten (z.B. bedingt durch Preis- und Lohnveränderungen) festgelegt.

Die Angebotskalkulationen werden auf Basis von Normalkosten erstellt. Die **Normalkosten** werden dem Gastronomiebetrieb **über die Umsatzerlöse erstattet**. Am Ende der Abrechnungsperiode (Monat) sollten Sie dann feststellen, ob die verrechneten Normalgemeinkosten die tatsächlich entstandenen Gemeinkosten decken. Da die Normal- und IST-Kosten nur selten übereinstimmen, ergibt sich in der Regel eine Über- oder Unterdeckung.

Normalkosten

Sind die Normalgemeinkosten höher als die IST-Gemeinkosten, liegt eine **Kostenüberdeckung** vor.

Kostenüberdeckung

Sind die Normalgemeinkosten kleiner als die IST-Gemeinkosten, liegt eine **Kostenunterdeckung** vor.

Kostenunterdeckung

> **Normalkosten > IST-Kosten = Kostenüberdeckung**

> **Normalkosten < IST-Kosten = Kostenunterdeckung**

Ergeben sich erhebliche Kostenabweichungen, sollten Sie die Gründe dafür herausfinden und bei einer Kostenunterdeckung geeignete Maßnahmen zur Gegensteuerung ergreifen. Gegebenenfalls müssen Sie den Normalzuschlagssatz korrigieren.

Da Sie im Kostenträgerblatt mit **Normalzuschlagssätzen** kalkulieren, erhalten Sie das tatsächliche Betriebsergebnis erst durch die Berücksichtigung der **Kostenüberdeckung** bzw. **Kostenunterdeckung**.

Umsatzergebnis

Das Ergebnis, das aufgrund der Kostenträgerzeitrechnung mit Normalzuschlagssätzen erzielt wird, ist das **Umsatzergebnis**. Es unterscheidet sich vom **tatsächlichen Betriebsergebnis** durch die Kostenüberdeckung bzw. Kostenunterdeckung.

Beispiel

Auf der Grundlage des obigen Beispiels eines Kostenträgerblattes wird das nachfolgende Kostenträgerblatt auf **Normalkostenbasis** zur Ermittlung des Umsatzergebnisses sowie der Kostenüberdeckung bzw. Kostenunterdeckung aufgestellt.

Kostenträgerblatt auf Normalkostenbasis			
Kalkulationsschema	**Küche**	**Restaurant**	**Kostenträger insgesamt**
Warenaufwand	26.457,36	27.196,00	53.653,36
+ Handlungskosten (IST)	31.517,83	41.085,08	72.602,91
= Selbstkosten der Periode	57.975,19	68.281,08	126.256,27
Umsatzerlöse	51.080,80	75.767,75	126.848,55
= Betriebsergebnis	**- 6.894,39**	**7.486,67**	**592,28**
Gewinnzuschläge in %	- 11,92 %	10,96 %	0,47 %
Istzuschlagssätze	119,13 %	151,07 %	135,32 %
Normalzuschlagssätze	110,00 %	153,00 %	
Normalgemeinkosten	29.103,10	41.609,88	70.712,98
Selbstkosten (Normalkosten)	55.560,46	68.805,88	124.366,34
Umsatzergebnis	- 4.479,66	6.961,87	2.482,54
Kostenstellenunterdeckung	- 2.414,73		
Kostenstellenüberdeckung		524,80	
∑ Kostenstellendeckung			- 1.889,93

Aufgaben

1. Nennen und erläutern Sie 4 Aufgaben der Kostenträgerrechnung.

2. Welche Aufgabe hat die Kostenträgerzeitrechnung?

3. Wie wird das Betriebsergebnis pro Kostenträger im Kostenträgerblatt ermittelt?

4. Welche inner- und außerbetrieblichen Einflussfaktoren können Veränderungen der Kostenstellengemeinkosten bewirken?

5. Warum eignet sich die Ist-Kostenrechnung nicht für die Angebotskalkulation?

6. Warum ist es notwendig, für die Angebotskalkulation Normalzuschlagssätze zu verwenden?

7. Welche Einflussgrößen sind bei der Festlegung von Normalzuschlagssätzen für die Handlungskosten zu berücksichtigen?

8. Was ist eine Kostenüberdeckung/Kostenunterdeckung?

9. Wie wird die Größe „Umsatzergebnis" im Kostenträgerblatt ermittelt?

10. Ein Restaurant führt in seiner Kostenrechnung die nach Angebotsbereichen gegliederten Hauptkostenstellen Speisen, Getränke und Handelswaren. Zusätzlich sind Magazin und Verwaltung als Hilfskostenstellen eingerichtet. Die Geschäftsführung wird als Allgemeine Kostenstelle geführt. Es liegen für den Monat Mai folgende Zahlen vor:

Warenaufwand:	Speisen	40.000
	Getränke	38.000
	Handelswaren	14.000

Die Handlungskosten der Ergebnistabelle sind im nachfolgenden BAB aufgeführt und zum Teil bereits geschlüsselt:

Kostenarten	Zahlen Ergebnist.	Ge- schäftsf.	Hilfskostenstellen		Hauptkostenstellen		
			Magazin	Verw.	Speisen	Getränke	Handelsw.
Personalk.	48.000	12.000	1.000	4.000	18.000	9.500	3.500
Energiekosten	6.000	300	100	500	4.500	500	100
Steuern/Vers.	2.600	400	100	1.600	200	200	100
Betriebs- und Verwaltungsk.	8.700	600	100	6.000	1.100	600	300
Pacht	20.000	40 qm	30 qm	50 qm	120 qm	280 qm	20 qm
Instandhaltung	6.000	vgl. unten					
Kalk. Abschreib.	12.000	80.000	20.000	28.000	300.000	250.000	20.000
Kalk. Zinsen	6.000	600	150	200	2.800	2.100	150

Die Pacht ist nach Raumgröße in qm, die Instandhaltung im Verhältnis 1 : 1 : 2 : 6 : 4 : 2 und die kalkulatorischen Abschreibungen nach Anlagewerten in € auf die Kostenstellen zu verteilen.

Die Kosten der Allgemeinen Kostenstelle sind im Verhältnis 1 : 5 : 2 : 3 :1 auf die übrigen Kostenstellen umzulegen.

Für die Umlage der Hilfskostenstellen auf die Hauptkostenstellen gelten folgende Verteilungsschlüssel:

Umlage Magazin: 3 : 2 : 1
Umlage Verwaltung: 3 : 3 : 1

Die **Nettoumsatzerlöse** betrugen im Abrechnungszeitraum:

	Speisen	Getränke	Handelswaren
Nettoumsatzerlöse	88.000	114.000	42.000

Das Unternehmen kalkuliert mit folgenden Normalzuschlagssätzen für Handlungskosten: Speisen 110 %, Getränke 220 %, Handelswaren 190 %.

a) Stellen Sie den BAB auf und ermitteln Sie im BAB die IST-Handlungskosten für jede Hauptkostenstelle und die zugehörigen Handlungskostenzuschläge in Prozent.

b) Stellen Sie das Kostenträgerblatt auf und bestimmen Sie das Betriebsergebnis für jede Hauptkostenstelle und insgesamt sowie die Gewinnzuschlagssätze für jede Hauptkostenstelle.

c) Berechnen Sie die Normal-Handlungskosten für jeden Kostenträger und insgesamt sowie die Kostenüber-/unterdeckung.

d) Ermitteln Sie die Selbstkosten (Normalkosten) sowie das Umsatzergebnis.

4.2   Kalkulation

Kostenträgerstück-
rechnung

Den Gastwirt interessiert, wofür seine Kosten entstanden sind. Die Zurechnung der Kosten auf die einzelne Leistungseinheit, nämlich auf ein Produkt oder eine Dienstleistung, bezeichnet man als **Kostenträgerstückrechnung** oder in Kurzform auch als **Kalkulation**.

Kalkulation

Kalkulation, lateinisch „calculare", lässt sich am besten mit dem deutschen Wort „Berechnung" übersetzen. Es gilt, die Kosten zu „berechnen", die die Kostenträger verursacht haben und die Kosten den Kostenträgern verursachungsgerecht zuzurechnen. Die zentrale Fragestellung der Kalkulation lautet also: **Wofür** sind die Kosten angefallen? Die damit verbundene Problematik der Kostenverursachung und Bezugsgrößenwahl wurde bereits erörtert. Auf eine wiederholende Behandlung wird hier verzichtet.

Aufgaben der Kalkulation

Die Kalkulation in der Gastronomie soll folgende Aufgaben erfüllen:

• Lieferung von Unterlagen für **preispolitische Entscheidungen**. In der Kalkulation soll die kurz- und langfristige Preisuntergrenze bestimmt werden. Es kann auch darum gehen, den „Selbstkostenpreis" oder die gewinnmaximale Preisstellung zu ermitteln.

• Lieferung von Daten für **kurzfristige Entscheidungen** und Planungsrechnungen. Hierbei geht es um die Frage, ob eine Leistung bzw. Ware

aus dem Sortiment (Angebot) genommen werden soll, ob eine Leistung
bzw. eine Ware ins Sortiment (Angebot) aufgenommen werden soll.

Die traditionellen Methoden der Kalkulation rechnen mit Vollkosten, wobei
alle im Betrieb entstandenen Kosten (fixe und variable Kosten) der Leistung
bzw. der Ware direkt oder über Schlüsselung indirekt zugerechnet werden.
Demgegenüber verzichtet die Teilkostenrechnung (Deckungsbeitragsrechnung) auf die Zurechnung der fixen (anlagebedingten) Kosten und belastet die
Kostenträger nur mit den durch sie verursachten variablen (betriebsbedingten)
Kosten.

Kalkulationsbegriffe

Der Begriff **Kalkulation** kann nach verschiedenen Gesichtspunkten gegliedert
werden. Nach dem Zeitpunkt der Durchführung der Kalkulation unterscheidet
man die

- Vorkalkulation,

- Zwischenkalkulation,

- Nachkalkulation.

Vorkalkulation
Unter **Vorkalkulation** versteht man eine im Voraus (ex ante) durchgeführte   Vorkalkulation
Kalkulation. Es werden die Kosten für die noch zu erstellenden Leistungen
zuzüglich eines Gewinnes ermittelt. Die Vorkalkulation arbeitet mit vorausbe-
rechneten Einzelkosten und Normal- bzw. Plangemeinkostenzuschlagssätzen.
Daher ist die Vorkalkulation stets eine Kalkulation mit geplanten Kosten. Dazu
greift sie auf die IST-Kosten vergangener Perioden zurück. Das Ergebnis ist
der Angebotspreis. Die Vorkalkulation ist damit eine „**Preiskalkulation**".

Zwischenkalkulation
Eine Zwischenkalkulation kann bei Kostenträgern mit einer langen Produk-   Zwischenkalkulation
tionsdauer (z.B. Luftfahrtindustrie, Tiefbau) zur Kostenkontrolle bzw. für
Dispositionszwecke erforderlich sein. Bei der **Zwischenkalkulation** soll also
während der länger andauernden Ausführung eines Auftrages die Richtigkeit
des Kostenvoranschlages (Vorkalkulation) geprüft werden, um gegebenenfalls
mit dispositiven Maßnahmen einer Fehlentwicklung gegensteuern zu können.
Die bisher angefallenen IST-Kosten werden der Zwischenkalkulation zugrunde
gelegt. Die Zwischenkalkulation spielt in der Gastronomie keine Rolle, da
keine lang andauernden Auftragsarbeiten durchgeführt werden.

Nachkalkulation

Nachkalkulation

Bei einer Nachkalkulation handelt es sich um eine im Nachhinein (ex post) durchgeführte Kalkulation. Die tatsächlich angefallenen Kosten (IST-Kosten) während einer Abrechnungsperiode oder eines Auftrages werden den geplanten Kosten (Sollkosten) der Abrechnungsperiode bzw. dem Auftrag gegenübergestellt, so dass eine **Kostenkontrolle** ermöglicht wird. Mit der Nachkalkulation werden also in einem Soll-Ist-Vergleich die eingetretenen Kosten mit den geplanten Kosten verglichen. Das Ergebnis liefert die Grundlage für die folgende Vorkalkulation.

Mit Hilfe der betriebswirtschaftlichen Auswertung (BWA) kann ebenfalls der Soll- / Ist-Vergleich in Form einer Nachkalkulation für eine bestimmte Periode (z.B. Monat) durchgeführt werden.

> **Die Vorkalkulation ist eine Preiskalkulation der angebotenen Leistungen. Mit Hilfe der Zwischenkalkulation wird bei über länger andauernden Aufträgen geprüft, ob es Abweichungen zwischen den kalkulierten Kosten und den tatsächlich angefallenen Kosten gibt. Die Nachkalkulation dient der Kostenkontrolle, indem die Kosten aus der Vorkalkulation mit den IST-Kosten abgeglichen werden.**

Welche Größen durch die Kalkulation bestimmt werden können bzw. sollen, hängt entscheidend von der Marktsituation ab. Entsprechend der Einflussmöglichkeiten auf Kalkulationsgrößen wird die Kalkulation unterteilt in:

- Vorwärtskalkulation

- Rückwärtskalkulation

- Differenzkalkulation

Vorwärtskalkulation

Vorwärtskalkulation

Kann der Preis für einen Kostenträger (Dienstleistung, Ware) am Absatzmarkt durch den Unternehmer bestimmt werden, dann ist die **Vorwärtskalkulation** als Instrument der Ermittlung des Verkaufspreises (Angebotspreises) möglich und sinnvoll. Dabei werden die geplanten Kosten und ein angemessener Gewinn zur Bestimmung des Verkaufspreises (Angebotspreises) verwendet. Die Vorwärtskalkulation ist eine Kalkulation des Verkaufspreises von **unten nach oben** (vom Listeneinkaufspreis zum Verkaufspreis).

Anwendung der Vorwärtskalkulation

Häufig wird von Gastwirten gegen die Kalkulation eingewendet, die mit Hilfe der Vorwärtskalkulation ermittelten Angebotspreise seien am Markt nicht durchsetzbar. Es wird dabei übersehen, dass die Vorwärtskalkulation nur dann sinnvolle Ergebnisse erbringt, wenn die Marktsituation eine Durchsetzung der ermittelten Angebotspreise erlaubt. Eine derartige Marktsituation herrscht in der Regel nicht vor, sondern nur in Ausnahmesituationen.

Die Kalkulation ist eine Kunst des Möglichen. Erst die **Rückwärtskalkulation**, die **Differenzkalkulation** und die so genannte **Mischkalkulation** führen zum Ziel eines gewinnoptimalen Betriebsergebnisses.

Rückwärtskalkulation

Ist der Verkaufspreis (Angebotspreis) für eine Dienstleistung bzw. Ware aufgrund der Wettbewerbssituation ein Datum (feststehend), so muss mit Hilfe der **Rückwärtskalkulation** bestimmt werden, in welcher Höhe die Kosten höchstens anfallen dürfen, damit die Kosten über den Verkaufspreis gedeckt werden können und ein angemessener Gewinn erwirtschaftet werden kann. Liegt also der Verkaufspreis (Angebotspreis) aufgrund der Markt- bzw. Konkurrenzsituation fest, so eignet sich die Kalkulation in umgekehrter Richtung zur Vorwärtskalkulation (vom Verkaufspreis zum Beschaffungspreis) zur Errechnung des maximalen Beschaffungspreises (= retrograde Kalkulation = Rückwärtskalkulation). Dabei wird der Beschaffungspreis errechnet, der höchstens gezahlt werden darf, um den angestrebten Gewinn zu erzielen.

Rückwärtskalkulation

Differenzkalkulation

Gastronomen befinden sich häufig in einer Wettbewerbssituation auf dem Beschaffungs- und Absatzmarkt, in der sie weder den Beschaffungspreis noch den Verkaufspreis (Angebotspreis) ihrer Produkte (z.B. Speisen und Getränke) beeinflussen können. In dieser Situation muss der Gastronom mit Hilfe der **Differenzkalkulation** ermitteln, ob der verbleibende Differenzbetrag zwischen Beschaffungspreis und Verkaufspreis ausreicht, die Kosten und den geplanten Gewinn zu decken.

Differenzkalkulation

Bei der Vorwärtskalkulation berechnet der Gastronom seine Angebotspreise von unten nach oben, das heißt er geht bei der Ermittlung der Angebotspreise von den Listeneinkaufspreisen seiner eingesetzten Waren/Materialien aus, berücksichtigt Preisnachläse sowie Bezugskosten und verrechnet seine Handlungskosten und den geplanten Gewinn über Aufschläge. Sinnvoll ist die Vorwärtskalkulation als alleiniges Instrument zur Festlegung der Angebotspreise nur dann, wenn der Gastronom die so ermittelten Angebotspreise auch am Markt durchsetzen kann. Die Rückwärtskalkulation geht den umgekehrten Weg. Sie geht von einem festen Marktpreis aus und ermittelt die Höhe der Einstandspreise der eingesetzten Waren/Materialien, die höchstens anfallen dürfen, um die Kosten und den geplanten Gewinn abdecken zu können. Kann der Gastronom weder die Angebots- noch die Beschaffungspreise selbst durch seine Aktionen beeinflussen, dann ist es für ihn sinnvoll, die Differenzkalkulation anzuwenden. Bei der Differenzkalkulation wird ermittelt, ob die Differenz zwischen Verkaufs- und Beschaffungspreis ausreicht, die Handlungskosten und den geplanten Gewinn abzudecken.

Nach dem Kalkulationsverfahren werden zwei Hauptgruppen mit jeweils verschiedenen Varianten unterschieden:

- Divisionskalkulation

- Zuschlagskalkulation

Divisionskalkulation

Divisionskalkulation

Die **Divisionskalkulation** ist dadurch gekennzeichnet, dass die Gesamtkosten einer Periode eines Betriebes durch die Menge der erbrachten Leistung dieser Periode dividiert werden. Dies ist ein besonders einfaches Kalkulationsverfahren, das aber in der Gastronomie nicht angewendet werden kann. Voraussetzung der Anwendung dieses einfachen Kalkulationsverfahrens ist, dass nur eine gleichartige Leistung erbracht wird. Gerade die gastronomischen Betriebe bieten eine Vielzahl von verschiedenen Leistungen an, so dass eine sinnvolle Anwendung der **Divisionskalkulation** nicht möglich ist.

Zuschlagskalkulation

Zuschlagskalkulation

Eine **Zuschlagskalkulation** ist anwendbar, wenn von einem Unternehmen verschiedene Leistungen angeboten werden. Sie ist dadurch gekennzeichnet, dass eine Trennung von Einzel- und Gemeinkosten vorgenommen wird. Die Einzelkosten können den Leistungseinheiten direkt zugerechnet werden. Alle übrigen Kosten, die den Leistungseinheiten nicht direkt zugerechnet werden können oder aus Gründen der Wirtschaftlichkeit nicht sollen, sind Gemeinkosten.

Bei der **Zuschlagskalkulation** werden zunächst die Einzelkosten der Leistungen (z.B. Material- bzw. Wareneinsatz) berechnet. Auf die Einzelkosten werden dann prozentuale Zuschläge für die Gemeinkosten und den Gewinn aufgeschlagen.

Nach der Art und Feinheit der **Gemeinkostenzuschläge** werden die verschiedensten Formen der Zuschlagskalkulation unterschieden. Im Folgenden werden zwei Hauptgruppen kurz dargestellt, nämlich die **einstufige** und die **mehrstufige Zuschlagskalkulation**.

einstufige
Zuschlagskalkulation

Die **einstufige Zuschlagskalkulation** verrechnet die gesamten Gemeinkosten (Handlungskosten) eines Betriebes durch einen **einzigen Gemeinkostenzuschlag** (Handlungskostenzuschlagssatz) auf die Kostenträger. Dieser sog. **summarische Gemeinkostenzuschlag** wird ermittelt, indem die Gemeinkosten auf eine bestimmte Einzelkostenbasis, in der Regel Einstandspreise der eingesetzten Waren, bezogen werden.

mehrstufige
Zuschlagskalkulation

Die **mehrstufige Zuschlagskalkulation** hat die Kostenstellenrechnung (BAB) zur Grundlage. In der Kostenstellenrechnung werden die Gemeinkosten auf die Unternehmensbereiche verteilt, die sie verursacht haben. Einer Leistung, die verschiedene Unternehmensbereiche beansprucht, wird in jeder Stufe der Inanspruchnahme einer Kostenstellenleistung ein anteiliger Verrechnungssatz zur Abdeckung der Gemeinkosten zugerechnet. Nimmt eine Leistung bestimmte Betriebsbereiche nicht in Anspruch, dann wird diese Leistung auch nicht zur anteiligen Verrechnung der Gemeinkosten dieser Kostenstellen herangezogen.

Bei der **mehrstufigen Zuschlagskalkulation** verrechnet man also die Gemeinkosten nicht in einer Summe, sondern nach Kostenstellen differenziert als Zuschlag auf unterschiedliche Bezugsgrößen. Damit ist die mehrstufige Zuschlagskalkulation das Verfahren, das die verursachungsgerechte Verteilung der Gemeinkosten auf die einzelnen Leistungen annähernd erreichen könnte.

Damit das Verursachungsprinzip annähernd realisiert werden kann bzw. die Unmöglichkeit der vollständigen Realisierung des Verursachungsprinzips dem Gastronomen bewusst wird, sind folgende Punkte konsequent zu beachten:

Einschränkungen des Verursachungsprinzips

1. Die Fixkosten werden bei einer **mehrstufigen Zuschlagskalkulation** auf Vollkostenbasis zumindest zum Teil willkürlich auf die Leistungen verteilt. Es ist unmöglich, Fixkosten den Leistungen (Kostenträgern) verursachungsgerecht zuzurechnen, denn Fixkosten (anlagebedingte Kosten) fallen unabhängig von der Erbringung von Leistungen an.

2. Gemeinkostenzuschlagssätze gelten nur für einen Beschäftigungsgrad (Leistungsmenge/Auslastungsgrad). Ändert sich der Beschäftigungsgrad, müssen alle Zuschlagssätze angepasst werden, da sich nicht alle Gemeinkosten proportional zur Veränderung der Beschäftigung verhalten.

3. In einigen Unternehmensbereichen (z.B. Verwaltung) sind sinnvolle Bezugsgrößen für die Gemeinkosten nicht zu finden.

Üblicherweise wird in der Gastronomie die mehrstufige Zuschlagskalkulation nicht angewendet, sondern die **einstufige** (summarische) Zuschlagskalkulation in differenzierter Form. Dieser sog. summarische Gemeinkostenzuschlag wird ermittelt, indem die Gemeinkosten auf eine bestimmte Einzelkostenbasis bezogen werden. Die Zuschlagsgrundlage für die Verrechnung der Gemeinkosten sollte die Einzelkostenart sein, die die Gemeinkostenentwicklung hauptsächlich beeinflusst. In einem Industriebetrieb oder Handwerksbetrieb werden das entweder die Lohneinzelkosten oder die Materialeinzelkosten sein, in einem Handelsbetrieb wird dies der Einstandspreis der angebotenen Waren sein und in einem Gastronomiebetrieb wird dies der Wareneinsatz der angebotenen Speisen und Getränke sein.

Anwendung der einstufigen Zuschlagskalkulation

Das Verfahren der **einstufigen Zuschlagskalkulation** ist also dadurch gekennzeichnet, dass die gesamten Gemeinkosten eines Betriebes mit Hilfe **eines Zuschlages** verrechnet werden.

Vorteil der einstufigen
Zuschlagskalkulation

Die einstufige Zuschlagskalkulation wird vor allem in **Handwerksbetrieben**, **Handelsbetrieben** und in **gastronomischen Betrieben** angewendet. Der entscheidende Vorteil der einstufigen Zuschlagskalkulation besteht darin, dass keine Kostenstellenrechnung notwendig ist, da ja die Gemeinkosten nicht differenziert werden.

Kritik an der einstufigen
Zuschlagskalkulation

Gegen die **einstufige Zuschlagskalkulation** wird kritisch eingewendet, dass eine weitgehende verursachungsgerechte Beziehung zwischen einer Bezugsgröße und allen oder zumindest großen Teilen der Gemeinkosten in der Realität nicht vorhanden ist, da in der Regel mehrere Faktoren die Entwicklung der Gemeinkosten bestimmen.

Rohaufschlag

Im Handel wird der summarische Zuschlag auf die Einstandspreise der zu verkaufenden Waren als Kalkulationsaufschlag bezeichnet. In der Gastronomie hingegen als **Rohaufschlag** oder als **Rohgewinnaufschlag**.

> **Bei der Divisionskalkulation werden die Gesamtkosten einer Periode eines Betriebes durch die Menge der erbrachten Leistung dieser Periode dividiert. Dieses Kalkulationsverfahren ist dann anwendbar, wenn der Betrieb nur eine gleichartige (homogene) Leistung erbringt. Werden von einem gastronomischen Betrieb unterschiedliche Leistungen angeboten, dann ist es sinnvoll, die einstufige oder mehrstufige Zuschlagskalkulation anzuwenden. Bei der einstufigen Zuschlagskalkulation werden die gesamten Gemeinkosten eines Betriebes über einen einzigen Zuschlagssatz auf die Kostenträger verrechnet. Hingegen verrechnet die mehrstufige Zuschlagskalkulation die Gemeinkosten nicht in einer Summe, sondern nach Kostenstellen differenziert als Zuschlag auf unterschiedliche Bezugsgrößen.**

Berechnung des Rohaufschlages

Die Anwendung des **Rohaufschlages** auf den Wareneinsatz wird im Gastgewerbe auch als **Kalkulation** bezeichnet.

Begriff Rohaufschlag

Der Rohaufschlag ist die Differenz zwischen dem Netto-Verkaufspreis (Netto-Umsatz) und dem Wareneinsatz, ausgedrückt als Prozentzahl. Die Bezugsbasis bildet der Wareneinsatz, d.h. der Wareneinsatz wird gleich 100 gesetzt. Wird der Rohaufschlag als **€-Wert** ausgedrückt, wird die Differenz zwischen dem Netto-Umsatz und dem Wareneinsatz als Rohertrag bezeichnet.

Berechnungsbeispiel aus der Gewinn- und Verlustrechnung

FORMEL IX   Rohertrag in €

Berechnung des erzielten **Rohertrages** in €

Warenumsatz	U 4	126.848,55 €
./. Wareneinsatz (WE)	04	53.653,36 €

= Rohertrag   **73.195,19 €**

FORMEL X

Berechnung des erzielten **Rohaufschlages** in %   Rohaufschlag in %

$$\frac{\text{Warenrohertrag } 73.195,19 \text{ X } 100}{\boxed{04 \quad 53.653,36}} = \text{ rd. } \textbf{136,422 \% Rohaufschlag}$$

Der Prozentsatz von rd. 136,422, bezogen auf den Wareneinsatz in Höhe von 53.653,36 €, entspricht einem **Rohertrag** von 73.195,19 €.

Rückrechnung:

$$\text{Rohertrag} = \frac{53.653,36 \text{ € X } 136,422 \%}{100 \%} = \text{rd. } 73.195 \text{ €}$$

Im hier betroffenen Fall hat der gastgewerbliche Betrieb im letzten Wirtschaftsjahr einen Gesamt-**Rohaufschlag** (ohne sonstige betriebliche Umsätze) auf den Wareneinsatz in Höhe von rd. 136,422 % erwirtschaftet. Dieser Wert liegt zwar im Rahmen der finanzamtlichen Richtwerte, führte aber insgesamt unter Berücksichtigung des sonstigen betrieblichen Umsatzes nur zu einem knapp ausreichenden Gewinn vor Steuern in Höhe von rd. 22.327 €. Dieses Ergebnis entspricht rd. 16,577 % vom Betriebsumsatz. Werden die sonstigen betrieblichen Umsätze aus dem Gewinn herausgerechnet, verringert sich der Gewinn von rd. 22.327 € auf rd. 14.491 €. Zusätzlich sind die kalkulatorischen Kosten in Höhe von 18.860 € zu berücksichtigen. Unter Berücksichtigung der kalkulatorischen Kosten ergibt sich ein negatives Betriebsergebnis (Verlust) in Höhe von rd. 4.369 €.

Beurteilung des Rohaufschlagsatzes

Der Rohaufschlag auf den Wareneinsatz muss so hoch sein, dass die Gesamtkosten des Betriebes einschließlich der kalkulatorischen Kosten aufgrund des Warenumsatzes gedeckt werden und zusätzlich ein angemessener Gewinn erwirtschaftet wird. Wird kein angemessener Gewinn erzielt oder sogar ein Verlust erwirtschaftet, ist der Rohaufschlag zu niedrig. Damit hat die Höhe des Rohaufschlages für die Ertragsentwicklung des Betriebes eine entscheidende Bedeutung.

Eine Erhöhung des Gewinnes ist unter der Annahme, dass Kosteneinsparungen nicht möglich sind, nur dann realisierbar, wenn der Unternehmer einen höheren Real-Umsatz erzielt oder den Rohaufschlag erhöht. Für den Unternehmer ergeben sich daraus die zwei folgenden Fragen:

- Wie hoch muss der Rohaufschlag sein, bei dem weder Gewinn noch Verlust erzielt wird bzw. die betrieblichen Kosten vollständig gedeckt werden?

- Wie hoch muss der Rohaufschlag sein, bei dem zusätzlich ein angemessener Gewinn erwirtschaftet wird?

Berechnung des kostendeckenden Rohaufschlages und des Soll-Rohaufschlages

Der Rohaufschlag, bei dem weder Gewinn noch Verlust entsteht, also bei dem die betrieblichen Kosten vollständig gedeckt werden, wird nach folgender Formel berechnet:

FORMEL XI

kostendeckender Rohaufschlag

Berechnung des **kostendeckenden Rohaufschlages**

$$\text{kostendeckender Rohaufschlag} = \frac{(\text{Gesamtkosten ./. Wareneinsatz}) \times 100}{\text{Wareneinsatz}}$$

$$\frac{(\boxed{\text{GK}}\ \boxed{131.217,44}\ \text{./.}\ \boxed{04}\ \boxed{53.653,36}\ ) \times 100}{\boxed{04}\ \boxed{53.653,36}} = \text{rd. } 144{,}57\ \%$$

Beurteilung des Rohaufschlages

Der Rohaufschlag in Höhe von rd. 144,57 % deckt lediglich die gesamten betrieblichen Kosten, einschließlich der kalkulatorischen Kosten, ab. Soll ein angemessener Gewinn erzielt werden, ist den Gesamtkosten ein entsprechender Gewinn hinzuzurechnen. Ein angemessener Rohaufschlag muss also Gesamtkosten und den angestrebten Gewinn abdecken.

Im hier dargestellten Fall blieben die sonstigen betrieblichen Umsätze (Kegelbahnmiete, Miete Veranstaltungsraum, Automatenprovision) unberücksichtigt. Die sonstigen betrieblichen Umsätze tragen ebenfalls zur Kostendeckung bei bzw. erwirtschaften einen Gewinn.

Daraus folgt, dass bei Realisierung des **ermittelten Rohaufschlages** allein über die Warenumsätze (Speisen und Getränke) die Gesamtkosten gedeckt werden und alle darüber hinausgehenden sonstigen betrieblichen Umsätze ein positives Betriebsergebnis erwirtschaften. Rechnerisch könnten die sonstigen betrieblichen Umsätze von den Gesamtkosten subtrahiert werden, so dass der dann ermittelte Rohaufschlag und die sonstigen betrieblichen Umsätze die Gesamtkosten abdecken würden, d.h. es würde weder ein Gewinn noch ein Verlust entstehen.

Im Folgenden werden wir den **Soll-Rohaufschlag** ermitteln. Dazu ist es not-   Soll-Rohaufschlag
wendig, die Gesamtkosten um einen angemessenen Gewinn zu erhöhen. Der
angemessene Gewinn setzt sich zusammen aus:

- Betriebsgewinn

- Unternehmerinnenlohn

- Eigenkapitalverzinsung

- Risikozuschlag.

Unternehmerinnenlohn und **Eigenkapitalverzinsung** sind bei den **kalkulatorischen Kosten** bereits berücksichtigt. Werden die Gesamtkosten aus der
Gewinn- und Verlustrechnung entnommen, also ohne kalkulatorische Kosten,
sind die oben genannten Bestandteile bei der Festlegung des angemessenen
Gewinns zu berücksichtigen. Zur Verdeutlichung der Berechnung des Soll-
Rohaufschlages gehen wir von der Gewinn- und Verlustrechnung des hier
betroffenen Gastronomiebetriebes aus.

Ob der angemessene Gewinn als steuerlicher Jahresgewinn zur Berechnung
des Soll-Rohaufschlages in einer Summe oder in einem Berechnungsschema in
seinen einzelnen Bestandteilen erfasst wird, hat auf das Ergebnis keinen Einfluss.

FORMEL XII

Berechnung des **Soll-Rohaufschlages**   Soll-Rohaufschlag

Berechnung des Rohertrages			
	Gesamtkosten	GK	112.357,44
./.	Wareneinsatz	04	53.653,36
=	**Kosten**		**58.704,08**
+	angestrebter Betriebsgewinn		12.000,00
+	Unternehmerinnenlohn		18.000,00
+	Eigenkapitalverzinsung		1.894,00
+	Risikozuschlag		1.680,00
=	notwendiger **Rohertrag**		**92.278,08**

Rechenweg zur Ermittlung des **Soll-Rohaufschlages**

$$\frac{\text{Rohertrag} \times 100}{\boxed{04 \mid \text{Wareneinsatz}}} = \text{..........}\%$$

$$\text{Soll} - \text{Rohaufschlag} = \frac{92.278,08 \text{ €} \times 100}{53.653,36 \text{ €}} = \text{rd.} 171,99\%$$

Ob und in welcher Höhe die Unternehmerin eine Erhöhung des Rohaufschlages am Markt durchsetzen kann, hängt wesentlich von der Wettbewerbssituation auf dem Beschaffungs- und Absatzmarkt, dem Gästepotenzial, der Kaufkraft der potenziellen Gäste sowie deren Bereitschaft, Teile des verfügbaren Einkommens für Essen und Trinken außer Haus zu verwenden. Eine Erhöhung des Rohaufschlags ist grundsätzlich auf zwei Arten möglich. Welche Art der Erhöhung des Rohaufschlages im konkreten Fall als sinnvoll anzusehen ist, richtet sich im Wesentlichen nach den Erwartungen und Einschätzungen der Unternehmerin:

- Eine Erhöhung des **Rohertrages** und zugleich des **Rohaufschlages** können unter der Voraussetzung, dass aufgrund der Wettbewerbssituation eine Anhebung des Preisniveaus nicht möglich ist, nur **über eine Reduzierung der Wareneinsätze** (z.B. günstigerer Wareneinkauf, verbesserte Warenverbrauchskontrollen, geringere Portionierung usw.) erreicht werden.

- Ist eine Senkung der Wareneinsätze, aus welchen Gründen auch immer, nicht möglich, kann eine Erhöhung des **Rohaufschlages** nur über eine **Anhebung** des **Preisniveaus** erreicht werden.

Den Berechnungen des **Rohertrages** und **Rohaufschlages** lag die steuerliche Gewinn- und Verlustrechnung unter Berücksichtigung von kalkulatorischen Kosten zugrunde. Alle Positionen der Gewinn- und Verlustrechnung und damit auch der Wareneinsätze und der Umsatzerlöse enthalten keine Umsatzsteuer (Mehrwertsteuer). Daraus ergibt sich, dass auf den kalkulierten Netto-Verkaufspreis die gesetzliche Umsatzsteuer aufgeschlagen werden muss, will man zum Brutto-Verkaufspreis (Auszeichnungspreis) gelangen.

Berechnung des Rohaufschlages unter Berücksichtigung zu erwartender Kostensteigerungen

Die Berechnungen des **Rohertrages** und **Rohaufschlages** basierten bisher auf IST-Zahlen, d.h. die **Kalkulation** wurde auf den tatsächlichen Kosten eines zurückliegenden Zeitraumes aufgebaut. Ob und inwieweit die laufenden Veränderungen der Kosten, in der Regel Kostensteigerungen, bei dem bisher dargestellten System der Ermittlung des Rohaufschlages berücksichtigt werden, bleibt offen.

Unter der Voraussetzung einer proportionalen Veränderung aller Kosten, z.B. alle Kosten steigen im gleichen Verhältnis an, ist eine gesonderte Berücksichtigung steigender Kosten nicht notwendig, denn der festgesetzte Rohaufschlag wird auf den im gleichen Verhältnis zu den anderen Kostenarten gestiegenen Wareneinsatz aufgeschlagen. Damit wird bei einem unveränderten Rohaufschlag ein entsprechend höherer Rohertrag erzielt. Dies wird an folgendem Beispiel verdeutlicht.

Beispiel:

alter	Wareneinsatz	100,00 €	
	Rohaufschlag	**150 %**	
	Netto-Verkaufspreis	250,00 €	
	Rohertrag	**150,00 €**	
neuer	Wareneinsatz	110,00 €	(10 % Steigerung)
	Rohaufschlag	**150 %**	
	Netto-Verkaufspreis	275,00 €	
	Rohertrag	**165,00 €**	(10 % Steigerung)

Üblicherweise entwickeln sich nicht alle Kostenarten proportional zu den Warenkosten. Insbesondere Energiekosten und Personalkosten haben sich in den letzten Jahren schneller als die Warenkosten erhöht. Damit ist eine angemessene Berücksichtigung der Kostensteigerungen bei einem gleich bleibenden **Rohaufschlag** nicht möglich.

Die „überproportionalen" Kostensteigerungen können in einem vereinfachenden Verfahren durch einen Pauschalzuschlag auf den **Rohertrag** berücksichtigt werden. Die Berechnung des neuen Rohaufschlages ist wie folgt durchzuführen, wenn wir einen Pauschalzuschlag in Höhe von 3 % annehmen:

FORMEL XIII

Ermittlung des **Rohaufschlages** unter Berücksichtigung von Kostensteigerungen durch einen Pauschalzuschlag zum **Rohertrag**

Rohaufschlag bei Kostensteigerungen

$$\text{Rohaufschlag mit Kostensteiger.} = \frac{\text{Notwendiger Rohaufschlag} \times (100\,\% + \dots\,\%)}{\text{Wareneinsatz}}$$

$$\frac{\text{Notwendiger Rohertrag } 92.278,08 \times 103}{\boxed{04 \quad | \quad 53.653,36}} = \text{rd. } 177,15\,\%$$

Die zu erwartenden Kostensteigerungen lassen sich durch einen Pauschalzuschlag zum Rohertrag nur ungenau prognostizieren. Bessere Prognoseergebnisse sind in einem verfeinerten Verfahren zu erzielen. Dazu müssen die voraussichtlichen Kostensteigerungen gegliedert nach **Kostenarten** zumindest grob abschätzbar sein.

FORMEL XIV

Ermittlung des **Rohaufschlages** unter Berücksichtigung von Kostensteigerungen durch ein verfeinertes Verfahren

prognostizierte Erhöhung der Kostenart	€
Personalkosten	
Energiekosten	
Steuern, Versicherungen, Abgaben	
Betriebs- und Verwaltungskosten	
Miete, Pacht, Leasing	
etc.	

Summe Kostensteigerung	

Neue Berechnung des **Rohaufschlages**:

ursprünglich notwendiger **Rohertrag**	92.278,08 €
+ voraussichtliche Kostensteigerung	€
= zukünftig notwendiger **Rohertrag**	€

$$\frac{\text{zukünftig notwendiger Rohertrag} \ \times \ 100}{\boxed{04 \quad | \quad 53.653,36}} \ = \ \underline{\hspace{2cm}} \ \%$$

Preisuntergrenzen

In der gastronomischen Praxis treten immer wieder Situationen auf, in denen es betriebswirtschaftlich sinnvoll sein kann, Leistungen anzubieten, die mit einem niedrigen Rohaufschlag kalkuliert werden.

Preisuntergrenze

Die Tatsache, dass ein positiver Deckungsbeitrag zur Deckung der Fixkosten beiträgt, kann der Gastwirt dazu nutzen, die Deckungsbeitragsrechnung als Instrument der Preispolitik einzusetzen. Kurzfristig könnte der Gastwirt die Preise so absenken, dass lediglich die **betriebsbedingten** (variablen) **Kosten** abgedeckt werden. Für eine kurze Zeit kann er die fixen Kosten außer Acht lassen, denn diese fallen an, ob ein Verkauf getätigt wird oder nicht.

Zusatzgeschäfte

Zu besseren Betriebsergebnissen führt eine Preispolitik, die nur solche Leistungen unter dem voll kalkulierten Preis anbietet, die sie nicht zum voll kalkulierten Preis verkaufen könnte. Es handelt sich dann dabei um eindeutige **Zusatzgeschäfte**, auf die der Gastwirt, aus welchen Gründen auch immer, nicht verzichten möchte. Derartige Zusatzgeschäfte könnten z.B. die Ausrichtung von Geburtstags- und Hochzeitsfeiern oder das Angebot von Buffets sein.

Eine **niedrige Preiskalkulation** bei einzelnen Leistungen kann der Gastwirt dazu nutzen, auf sein Leistungsangebot aufmerksam zu machen. Er kann dann darauf hoffen, dass die niedrig kalkulierten Leistungen Auslöser für die Gäste sind, auch die übrigen Leistungen mit normal kalkuliertem Rohaufschlag zu bestellen. Auf diese Weise kann der Gastwirt eine Umsatz- und Gewinnsteigerung erreichen.

Die Aufnahme von Zusatzangeboten in das Leistungsangebot eines gastronomischen Betriebes könnte dann vorgenommen werden, wenn   Zusatzangebote

- eine voll kalkulierte Leistung nur in Verbindung mit einer niedrig kalkulierten Leistung verkauft werden kann,

- gewinnbringende Folgeumsätze erwartet werden können,

- eine Erhöhung des Bekanntheitsgrades erwartet werden kann,

- Werbeeffekte (Imageaufbau) erwartet werden können.

Für den Gastronomen stellt sich die Frage, wie er **Zusatzangebote** kalkulieren soll. Es geht bei der Kalkulation von Zusatzangeboten um die Bestimmung der Preisuntergrenzen, d.h. es muss der Mindestpreis eines Zusatzangebotes kalkuliert werden.   Preisuntergrenze von Zusatzangeboten

Nach dem **Grundschema** der **Deckungsbeitragsrechnung** müssen die variablen (umsatz- bzw. betriebsabhängigen) Kosten für ein Zusatzangebot über den Preis mindestens abgedeckt werden, um das Betriebsergebnis nicht zu verschlechtern. Das Zusatzangebot ist dann nur noch mit den variablen Kosten belastet, also nur mit dem Teil der Kosten, die mit der Erhöhung des Umsatzes durch die Zusatzangebote steigen.

Betriebswirtschaftlich sinnvoll ist die Aufnahme von **Zusatzangeboten** nur dann, wenn diese zusätzlichen Leistungen außerhalb des normalen Geschäftes liegen und die fixen (anlagebedingten) Kosten bereits durch den normalen Umsatz abgedeckt werden.

Nach der Logik der Deckungsbeitragsrechnung verbessern Sie Ihr Betriebsergebnis immer dann, wenn Sie einen positiven Deckungsbeitrag erzielen, denn der positive Deckungsbeitrag leistet einen Beitrag zur Abdeckung der fixen Kosten, die unabhängig von der Leistungserstellung anfallen. Betriebswirtschaftlich sinnvoll ist eine Preispolitik, bei der lediglich die variablen Kosten über die Umsatzerlöse erwirtschaftet werden, nur dann, wenn die „normal" kalkulierten Angebote die fixen Kosten vollständig abdecken und einen angemessenen Gewinn erwirtschaften.

Die Ermittlung eines entsprechenden **Rohaufschlages**, der auf die Warenkosten aufzuschlagen ist, um die Preisuntergrenze, d.h. den Preis der lediglich die variablen Kosten deckt, festzusetzen, wird wie folgt durchgeführt:

Mindest-Rohaufschlag **FORMEL XV**

Ermittlung des **Mindest-Rohaufschlages** zur Bestimmung der **Preisuntergrenze**

betriebsbedingte Kosten	BK	91.050,77 €
./. Wareneinsatz (WE)	04	53.653,36 €
= „**Restkosten**"		**37.397,41**

$$\text{Mindest} - \text{Rohaufschlag} = \frac{\text{"Restkosten" X 100}}{\text{Wareneinsatz}}$$

$$\frac{37.397{,}41 \text{ X } 100}{\boxed{04 \quad 53.653{,}36}} = \underline{\mathbf{69{,}70\ \%}}$$

Aufnahme eines Zusatzangebotes
Liegt der Rohaufschlag unter 69,70 %, dann werden die variablen Kosten **nicht** vollständig gedeckt. Das Betriebsergebnis verschlechtert sich gegenüber einer Nicht-Aufnahme des Zusatzangebotes. Eine Aufnahme eines solchen Zusatzangebotes kommt nur in Betracht, wenn durch dieses Zusatzangebot Kapazität ausgelastet wird, die anderweitig nicht ausgelastet werden kann und dadurch zugleich zukünftig lukrative Abverkäufe gesichert werden.

Vorgabe eines Mindest-Rohaufschlages
Durch die Vorgabe eines **Mindest-Rohaufschlages** und damit von **Preisuntergrenzen** bzw. festgesetzten Mindestpreisen wird die Angebots- und Preispolitik des Gastwirts flexibler. So muss der Gastwirt bei seiner Angebots- und Preispolitik insbesondere darauf achten, sein geplantes Betriebsergebnis zu erreichen.

Mindestpreis
Der Gastwirt wird durch das Festsetzen von **Mindestpreisen** in die Lage versetzt, auf das Marktgeschehen einzugehen. Leistungen, bei denen eine hohe Markttransparenz vorherrscht und die im Wettbewerb über den Preis verkauft werden, können bis zu einem Mindestpreis angeboten werden, sofern es dem Gastwirt gelingt, für andere Leistungen Preise zu erzielen, die einen über dem Soll-Rohaufschlag liegenden Rohaufschlag realisieren. Bei richtiger Anwendung des **Mindest-Rohaufschlages** können so Marktchancen besser wahrgenommen werden.

Gefahr eines Mindest-Rohaufschlages
Die große Gefahr der Festsetzung eines **Mindest-Rohaufschlages** liegt darin, dass der Gastwirt insgesamt ein zu niedriges Preisniveau akzeptiert. Eine Festsetzung eines Mindest-Rohaufschlages verführt den Gastwirt, sich bei der Preiskalkulation an dem Mindest-Rohaufschlag zu orientieren, ohne genau zu

wissen, ob die fixen Kosten insgesamt gedeckt sind bzw. ob ein Gewinn erwirtschaftet wird. Somit liegt die Gefahr bei der Festsetzung eines Mindest-Rohaufschlages insbesondere darin, „einen Teil der Kosten bzw. den Gewinn zu vergessen".

Es wird daher dringend empfohlen, eine Deckungsbeitragsrechnung als Zeitrechnung (siehe Kapitel 4) monatlich fortlaufend durchzuführen. Denn erst die Deckungsbeitragsrechnung als Zeitrechnung offenbart dann, ob und in welcher Höhe ein **Betriebsgewinn** bzw. ein **Betriebsverlust** erwirtschaftet wurde.

Kalkulation unter Berücksichtigung der Umsatz- und Wareneinsatzstruktur

In der Gastronomie ist es allgemein üblich, verschiedene Warengruppen mit unterschiedlichen **Rohaufschlägen** zu kalkulieren, d.h. in der Gastronomie findet ein einheitlicher **Rohaufschlag** für alle Angebotsbereiche keine Anwendung.

Rohaufschläge für Warengruppen

Dies ist marktbedingt, denn bei den **Speisen** lassen sich in der Regel nur **unterdurchschnittliche Rohaufschläge** am Markt durchsetzen. Bei **Getränken** lassen sich in der Regel **überdurchschnittliche Rohaufschläge** am Markt realisieren, wobei innerhalb der Warengruppe Getränke erhebliche Unterschiede zwischen den Sparten (z.B. Spirituosen, Wein, Kaffee, Sekt, Wasser, Säfte etc.) bei der Realisierbarkeit von Rohaufschlägen existieren.

Realisierung von Rohaufschlägen

Bei einer großen Anzahl von gastronomischen Betrieben liegt die Kernproblematik der Kalkulation bei der Festsetzung der Preise für Speisen, da aufgrund der Wettbewerbssituation in der Regel die Speisenkalkulation mit einem niedrigen Rohaufschlag auskommen muss. Daher sollte mindestens der Speisen- und Getränkerohaufschlag getrennt ermittelt bzw. festgelegt werden.

getrennte Rohaufschläge von Getränken und Speisen

Die **getrennte Ermittlung von Speisen- und Getränkerohaufschlag** setzt eine gesonderte Erfassung der Umsätze (Registrierkassen) und der Wareneinsätze dieser Bereiche voraus. In der Gewinn- und Verlustrechnung sind dann diese Unterteilungen ebenfalls vorzunehmen.

Im hier vorliegenden Fall wurde eine getrennte Erfassung der Bereiche Speisen und Getränke nach Umsatz und Wareneinsatz nicht vorgenommen. Die in der folgenden Gewinn- und Verlustrechnung vorgenommene Aufteilung nach Speisen und Getränken beruht auf Schätzungen der Unternehmerin.

Gewinn- und Verlustrechnung vom 01.01.20.. bis 31.12.20..						
Umsatz Speisen	U 1	51.080,80				
+ Umsatz Getränke	U 2	63.996,50				
+ Sonstige Waren	U 3	11.771,25				
= Warenumsatz			U 4	126.848.55		
Kegelbahnmiete	U5	4.215,00				
+ Saalmiete	U 6	3.174,00				
+ Provisionen	U 7	446,85				
+ Sonstige	U 8	0				
= Sonst. betr. Umsatz			U 9	7.835,85		
BETRIEBSUMSATZ					**BU**	**134.684,40**
Wareneinsatz Küche	01	26.457,36				
+ Wareneinsatz Getränke	02	23.910,00				
+ Wareneinsatz Sonstige	03	3.286,00				
= Wareneinsatz Gesamt			04	53.653,36		
+ Personalkosten			05	14.371,15		
+ Energiekosten			06	5.153,89		
+ Steuern, Vers., Abg.			07	3.116,08		
+ Betriebs- und Verwaltungskosten			U 8	14.756,29		
= **BETRIEBSBEDINGTE KOSTEN**					**BK**	**91.050,77**
Miete, Pacht, Leasing			09	14.400,00		
+ Instandhaltung, Rep.			10	1.945,50		
+ Abschreibungen (AfA)			11	1.800,00		
+ GWG			12	1.719,00		
+ Zinsen			13	1.442,17		
+ kalkulatorische Kosten				18.860,00		
= **ANLAGEBEDINGTE KOSTEN**					**AK**	**40.166,67**
GESAMTKOSTEN					**GK**	**131.217,44**
GEWINN / VERLUST					**GV**	**3.466,96**

Abbildung 44: Verfeinert gegliederte Gewinn- und Verlustrechnung nach Umsatz- und Kostenstruktur

realisierte Rohaufschläge

Aufgrund der künftig getrennten Erfassung der Umsätze und Wareneinsätze bei Speisen und Getränken wird es möglich, die **erzielten Rohaufschläge** zu ermitteln. Zugleich kann festgestellt werden, welchen jeweiligen Beitrag die Bereiche Speisen und Getränke zu dem betrieblichen Gesamt-Rohaufschlag geleistet haben. Die folgenden Berechnungen der bisherigen Rohaufschläge bei Speisen und Getränke beruhen auf dem geschätzten Zahlenmaterial der Unternehmerin.

FORMEL XVI

Berechnung des realisierten **Rohaufschlages** für **Speisen**

realisierter Rohaufschlag Speisen

Umsatz Speisen	U1	51.080.80 €
./. Wareneinsatz (WE) Speisen	01	26.457,36 €
= **Rohertrag Speisen**		**24.623,44 €**

$$\text{realisierter Rohaufschlag für Speisen} = \frac{\text{Rohertrag Speisen} \times 100\,\%}{\text{Wareneinsatz}}$$

$$\frac{24.623,44 \times 100}{\boxed{01 \quad 26.457,36}} = \text{rd. } \mathbf{93,07\,\%}$$

FORMEL XVII

Berechnung des realisierten **Rohaufschlages** für **Getränke**

realisierter Rohaufschlag Getränke

Umsatz Getränke	U2	63.996,50 €
./. Wareneinsatz (WE) Getränke	02	23.910,00 €
= **Rohertrag Getränke**		**40.086,50 €**

$$\text{realisierter Rohaufschlag für Getränke} = \frac{\text{Rohertrag Getränke} \times 100\,\%}{\text{Wareneinsatz}}$$

$$\frac{40.086,50 \times 100}{\boxed{02 \quad 23.910,00}} = \text{rd. } \mathbf{167,66\,\%}$$

Mit Hilfe der **Formel XII** haben wir den **Soll-Rohaufschlag** für den Gesamtbetrieb in Höhe von 171,99 ermittelt.

Bei der Ermittlung des Soll-Rohaufschlages wurden auch die **Sonstigen Umsätze** berücksichtigt, d.h. die **Sonstigen Umsätze** haben den Rohertrag erhöht. Daher müssen nun die **Sonstigen Umsätze** von dem **Soll-Rohertrag** abgezogen werden, um den neuen Soll-Rohaufschlag für den Speisen- und Getränkebereich ermitteln zu können.

FORMEL XVIII

bereinigter Soll-
Rohaufschlag

Ermittlung des **bereinigten Soll-Rohaufschlages** für den Gesamtbereich Speisen und Getränke

	Gesamt-**Rohertrag**	81.031,04 €
./.	Rohertrag Speisen und Getränke	64.709,94 €
=	Differenz = Rohertrag Sonstige Umsätze	16.321,10 €

	notwendiger **Rohertrag** (entsprechend Formel IV)	92.278,08 €
./.	Differenz = Rohertrag Sonstige Umsätze	16.321,10 €
=	notwendiger **Rohertrag** Speisen und Getränke	75.956,98 €

$$\text{ber. Soll-Rohaufschlag} = \frac{\text{notwendiger Rohertrag} \times 100\,\%}{(\text{Wareneinsatz Speisen} + \text{Wareneinsatz Getränke})}$$

$$\frac{75.956,98 \times 100}{\boxed{01}\ \ 26.457,36\ + \boxed{02}\ \ 23.910,00} = \text{rd. } \mathbf{150,81\ \%}$$

Der Rohertrag in Höhe von 75.956,98 € muss in den Bereichen Speisen und Getränke bei einem durchschnittlichen Rohaufschlag von 150,81 % in diesen Bereichen erwirtschaftet werden, um die in Formel IV dargestellten Soll-Ergebnisse (angestrebter Gewinn, Unternehmerinnenlohn, Eigenkapitalverzinsung, Risikozuschlag) zu realisieren.

Veränderung der
Rohaufschläge

Um einem **Gesamtrohaufschlag** von 150,81 % bei Speisen und Getränke zu erreichen, müssen die **Rohaufschläge** für Speisen und Getränke verändert werden. Dabei stellt sich die Frage, ob die Preise für Speisen stärker angehoben werden sollen als die für Getränke oder umgekehrt.

Die notwendige grundsätzliche unternehmerische Entscheidung hat sich am Wettbewerb und der zu erwartenden Nachfragereaktionen der Gäste und potenziellen Gäste zu orientieren. Hier ist das Fingerspitzengefühl der Gastwirtin gefordert, denn eine zwingende Ableitung aus dem betrieblichen Kostengefüge ist aufgrund der engen Verflechtung beider Bereiche nicht möglich. Preisveränderungen in einem Bereich haben wegen der engen Verflechtung beider Bereiche Nachfrageänderungen sowohl im Speisen- als auch im Getränkebereich zur Folge.

Entscheidend wird sein, festzustellen, in welchem Bereich Preiserhöhungen nur geringfügige oder evtl. keine negativen Nachfrageveränderungen induzieren. In dem hier vorliegenden Fall gehen wir davon aus, dass der durchschnittliche Rohaufschlag für Getränke in Höhe von 167,66 % als angemessen angesehen werden kann. Zudem liegt dieser Rohaufschlag über dem Soll-Rohaufschlag für beide Bereiche.

Es wird von unserer Seite vermutet, dass eine Erhöhung der Getränkepreise aufgrund der Wettbewerbssituation und der Einkommenssituation der ansässigen Bevölkerung nur unter Hinnahme eines massiven Nachfragerückgangs bei Getränken durchsetzbar ist. Ein Ausbleiben bisheriger Gäste könnte die Folge sein.

Der bisher realisierte Rohaufschlag für Speisen in Höhe von 93,07 % ist sehr niedrig. Eine Erhöhung der Speisenpreise und damit des Rohaufschlages für Speisen scheint ohne gravierende negative Folgen auf das Nachfrageverhalten der Gäste möglich zu sein. Somit wird empfohlen, den Rohaufschlag für Speisen zu erhöhen, um den Soll-Rohaufschlag für die Bereiche Speisen und Getränke zu realisieren.

Der neue Umsatz, Rohertrag und Rohaufschlag für den Bereich Speisen werden wie folgt ermittelt:

FORMEL XIX   neuer Rohertrag

Ermittlung **neuer Umsatz, Rohertrag und Rohaufschlag**

	Wareneinsatz Speisen und Getränke	50.367,36 €
+	neuer **Rohertrag** Speisen und Getränke	75.956,98 €
=	neuer **Umsatz** Speisen und Getränke	126.324,34 €

	neuer Umsatz	126.324,34 €
-	Getränkeumsatz (alt)	63.996,50 €
=	neuer **Umsatz** Speisen	62.327,84 €

Berechnung des neuen Rohaufschlages bei Speisen

	neuer Umsatz Speisen	62.327,84 €
-	Wareneinsatz Speisen	26.457,36 €
=	neuer **Rohertrag** Speisen	35.870,48 €

$$\frac{\text{neuer Rohertrag Speisen} \times 100}{01\ \text{Wareneinsatz Speisen}} = \text{neuer } \textbf{Rohaufschlagssatz}$$

neuer Rohaufschlagssatz

$$\frac{35.870,48 \times 100}{01\ 26.457,36} = \text{rd. } \textbf{135,78 \%}$$

Anwendung des Rohaufschlages in der Speisen- und Getränke-Kalkulation

Im Folgenden wird die praktische Anwendung des Rohaufschlages bei der Kalkulation des Angebotspreises am Beispiel einer **Speisenkalkulation** und einer **Getränkekalkulation** dargestellt.

Der zu ermittelnde Wareneinsatz dient als Bezugsbasis für die Berechnung des Rohertrages (Rohaufschlages in €). Dem Wareneinsatz wird der Rohertrag zugeschlagen. Durch Addition von Wareneinsatz und Rohertrag erhält man den Netto-Verkaufspreis („Nettopreis"). Um zum kalkulierten Verkaufspreis (Preis in der Speisekarte) zu gelangen, wird auf den Netto-Verkaufspreis die gesetzliche Umsatzsteuer (Mehrwertsteuer) aufgeschlagen.

Kalkulation mit Rohaufschlägen

Die Genauigkeit der Kalkulation mit Hilfe des Rohaufschlages hängt entscheidend von der korrekten Erfassung und Bewertung des Wareneinsatzes ab. Schon geringe Abweichungen der in der Kalkulation angesetzten Wareneinsätze von den tatsächlichen Wareneinsätzen können zu erheblichen Ungenauigkeiten bei der Bestimmung der Verkaufspreise führen. Denn durch die Anwendung des Rohaufschlages (> 100 %) in der Kalkulation werden die Ungenauigkeiten vergrößert.

Bei den Berechnungen der kalkulierten Verkaufspreise mit Hilfe der Rohaufschläge ergeben sich in der Regel „krumme" Beträge, z.B. 2,38 € oder 12,62 €. Diese „krummen" Beträge sollten nicht in die Speisekarte aufgenommen werden. Der Gastwirt hat im Einzelfall zu entscheiden, ob der kalkulierte Preis auf- oder abgerundet wird. Hierbei wird empfohlen, psychologische Preisgrenzen zu beachten.

Wareneinsatzquoten

Bei den vorangegangenen Berechnungen der Soll-Rohaufschläge für die Bereiche Speisen und Getränke wurden entsprechend den Rohaufschlägen folgende Wareneinsatzquoten festgesetzt:

	Wareneinsatzquote	Rohaufschlag
Speisen	42,41 %	135,78 %
Getränke	37,36 %	167,66 %

Um diese Vorgabewerte in die Praxis umzusetzen, müssen die Speisen wie folgt kalkuliert werden:

Muster einer Speisenkalkulation

	Ermittelter Materialeinsatz der Speise (= Einstandspreis sämtlicher Zutaten ohne Vorsteuer)	4,90 €
+	Rohaufschlag 135,78 %	6,65 €
=	Netto-Verkaufspreis	**11,55 €**
+	19 % Umsatzsteuer	2,19 €
=	**Kalkulierter Verkaufspreis**	**13,74 €**

Abbildung 45: Muster einer Speisenkalkulation

Muster einer Getränkekalkulation für Fassbier
Einstandspreis pro Hektoliter 200,00 € ohne Vorsteuer (Wareneinsatz). Bei
Ansatz von 5 % Schankverlust können 475 Gläser zu 0,2 l ausgeschenkt werden. Das ergibt einen Wareneinsatz pro Glas in Höhe von 0,25 €.

	Wareneinsatz / Glas	0,42 €
+	Rohaufschlag 167,66 %	0,70 €
=	Netto-Verkaufspreis	**1,12 €**
+	19 % Umsatzsteuer	0,21 €
=	**Kalkulierter Verkaufspreis**	**1,33 €**

Abbildung 46: Muster einer Getränkekalkulation für Fassbier

Muster einer Getränkekalkulation für Weinbrand
Einstandspreis pro 0,7 l-Flasche 11,50 € ohne Vorsteuer. Bei Ansatz von 3
Glas Schankverlust können 32 Gläser zu 2cl ausgeschenkt werden. Das ergibt einen Wareneinsatz von 0,36 € pro Glas. Wir gehen von einem Rohaufschlag in Höhe von 167,66 % aus.

	Wareneinsatz / Glas	0,36 €
+	Rohaufschlag 167,66 %	0,60 €
=	Netto-Verkaufspreis	**0,96 €**
+	19 % Umsatzsteuer	0,18 €
=	**Kalkulierter Verkaufspreis**	**1,14 €**

Abbildung 47: Muster einer Getränkekalkulation für Weinbrand

Kalkulationsfaktor

Kalkulationsfaktor

Eine noch weitere Vereinfachung der Kalkulation ergibt sich durch die Anwendung eines **Kalkulationsfaktors**. Diesen erhält man, indem der einmal kalkulierte Verkaufspreis einschließlich Umsatzsteuer durch den Wareneinsatz dividiert wird. Durch Multiplikation der verschiedenen Wareneinsätze mit dem Kalkulationsfaktor erhält man den jeweiligen Verkaufspreis einschließlich Umsatzsteuer. Der Kalkulationsfaktor ist also eine Zahl, mit der der Wareneinsatz multipliziert wird, um den Verkaufspreis inklusive Umsatzsteuer zu erhalten.

FORMEL XX

Berechnung des **Kalkulationsfaktors**

$$\text{Kalkulationsfaktor} = \frac{\text{Verkaufspreis einschließlich Umsatzsteuer}}{\text{Wareneinsatz}}$$

Daraus folgt:

Wareneinsatz X Kalkulationsfaktor = Verkaufspreis

Bei vorgegebenem Rohaufschlag wird der Kalkulationsfaktor (Multiplikator), immer ausgehend von 1,00 € Wareneinsatz, folgendermaßen ermittelt:

			Speisen		Getränke
	Wareneinsatz		1,00		1,00
+	Rohaufschlag	135,78 %	1,36	167,66 %	1,68
			2,36		2,68
+	19 % Umsatzsteuer		0,45		0,51
=	**Kalkulationsfaktor**		**2,81**		**3,19**

Abbildung 48: Berechnung des Kalkulationsfaktors

Unter Verwendung der obigen Beispiele kann jetzt gerechnet werden:

	Wareneinsatz X	Kalkulationsfaktor	= Verkaufspreis
Speise	4,90 €	2,81	rd. 13,77 €
Getränk (Bier)	0,42 €	3,19	rd. 1,34 €

Abbildung 49: Anwendung des Kalkulationsfaktors

Umgekehrt kann bei festliegenden Verkaufspreisen (z.B. aufgrund der örtlchen Marktsituation) damit auch problemlos der maximal zulässige Wareneinsatz ermittelt werden, wenn der ermittelte Wert als Divisor verwendet wird.

Beispiel: Ortsüblicher Verkaufspreis einer bestimmten Speise = 10,00 €

Verkaufspreis	:	Divisor	=	max. Wareneinsatz
10,00 €		2,81		rd. 3,56 €

Der Rechenweg vom Wareneinsatz zum Verkaufspreis wird erheblich vereinfacht, wenn die nachfolgend abgedruckte Kalkulationshilfe verwendet wird.

Rohaufschlag	=	Kalkulationsfaktor	Rohaufschlag	=	Kalkulationsfaktor
50 %		1,785	220 %		3,808
60 %		1,904	230 %		3,927
70 %		2,023	240 %		4,046
80 %		2,142	250 %		4,165
90 %		2,261	260 %		4,284
100 %		2,380	270 %		4,403
110 %		2,499	280 %		4,522
120 %		2,618	290 %		4,641
130 %		2,737	300 %		4,760
140 %		2,856	310 %		4,879
150 %		2,975	320 %		4,998
160 %		3,094	330 %		5,117
170 %		3,213	340 %		5,236
180 %		3,332	350 %		5,355
190 %		3,451	360 %		5,474
200 %		3,570	370 %		5,593
210 %		3,689	380 %		5,712

Abbildung 50: Kalkulationshilfe (Rohaufschlag = Kalkulationsfaktor)

Aufgaben

1. Grenzen Sie die Begriffe Vor-, Zwischen- und Nachkalkulation voneinander ab.

2. Unter welcher Voraussetzung ist die Vorwärtskalkulation im Gastgewerbe
   zur Ermittlung und Festlegung des Angebotspreises (Verkaufspreises)
   sinnvoll?

3. Welche Größe wird mit der Rückwärtskalkulation (retrograde Kalkulation)
   ermittelt?

4. Nennen und erläutern Sie die Bedingung, unter der der Einsatz der Rückwärtskalkulation im Gastgewerbe zu entscheidungsrelevanten Ergebnissen
   führt.

5. In welcher Situation ist es für einen Gastronomen erforderlich, die Differenzkalkulation anzuwenden.

6. Wie wird eine Divisionskalkulation durchgeführt?

7. Erläutern Sie, unter welcher Voraussetzung eine Divisionskalkulation angewendet werden kann.

8. Unter welcher Voraussetzung ist es für einen Gastronomen sinnvoll, statt einer Divisionskalkulation eine Zuschlagskalkulation durchzuführen?

9. In welchen Schritten wird eine Zuschlagskalkulation durchgeführt?

10. Worin unterscheidet sich die mehrstufige Zuschlagskalkulation von der einstufigen Zuschlagskalkulation?

11. Ziel der mehrstufigen Zuschlagskalkulation ist die verursachungsgerechte Verteilung der Gemeinkosten auf die einzelnen Kostenträger. Warum ist es nicht möglich, dieses Ziel mit Hilfe der mehrstufigen Zuschlagskalkulation vollständig zu realisieren?

12. Erläutern Sie, warum die Zurechnung der Gemeinkosten nach dem Verursachungsprinzip auf die einzelnen Kostenträger nicht möglich ist.

13. Grenzen Sie die Begriffe Rohertrag und Rohaufschlag voneinander ab.

14. Ein Gastronom hat im letzten Wirtschaftsjahr einen Nettoumsatz in Höhe von 278.000 € erzielt. Der Warenaufwand (Wareneinsatz) belief sich in dieser Abrechnungsperiode auf 122.000 €, die übrigen Kosten (Handlungskosten) auf 148.000 €.

   a) Ermitteln Sie den Rohertrag, den Rohaufschlag und den Betriebsgewinn.

   b) War der Rohaufschlag ausreichend, wenn der Gastronom das Ziel hatte, 10 % Gewinn, bezogen auf die Selbstkosten, zu erwirtschaften?

15. Herr Hans Zuversicht plant, in Kürze ein Restaurant an einem Standort mit intensivem Wettbewerb zu eröffnen. Um möglichst viele potenzielle Gäste über den Angebotspreis als Gäste für sein geplantes Restaurant zu gewinnen, möchte er im ersten Monat nach der Eröffnung des Restaurants die Speisen und Getränke zum kostendeckenden Preis anbieten. Entsprechend seinen Planungen rechnet Herr Zuversicht im ersten Monat nach der Eröffnung mit Gesamtkosten in Höhe von 56.000 € und einem Wareneinsatz in Höhe von 24.000 €.

   a) Ermitteln Sie den kostendeckenden Rohaufschlag.

   b) Für den Folgemonat plant Herr Hans Zuversicht, die Angebotspreise soweit zu erhöhen, dass seine unternehmerische Tätigkeit und ein angemessener Gewinn über die Preise vergütet werden. Als Unternehmerlohn setzt er 5.000 € und als angemessenen Gewinn 6.000 € pro Monat an. Mit welchem Soll-Rohaufschlag muss Herr Zuversicht kalkulieren?

16. Die Gastwirtin Frau Elke Sonnenschein plant für das laufende Geschäftsjahr den Rohaufschlag unter Berücksichtigung der erwarteten Kostensteigerung neu zu berechnen. Frau Sonnenschein rechnet aufgrund der gestiegenen Energie- und Personalkosten mit einer Erhöhung der übrigen Kosten (Gesamtkosten ./. Wareneinsatz) von 5 % bei einem gleich bleibenden Wareneinsatz. Der Rohertrag betrug im letzten Geschäftsjahr 128.434 €, der Wareneinsatz 62.345 €.

Mit welchem Rohaufschlag muss Frau Sonnenschein zukünftig kalkulieren?

17. Frau Sonnenschein plant, Zusatzangebote für eine begrenzte Zeit in ihr Leistungsangebot aufzunehmen. Sie möchte über die Umsatzerlöse lediglich die betriebsbedingten Kosten erwirtschaften. Es werden voraussichtlich 84.000 € betriebsbedingte Kosten bei einem Wareneinsatz in Höhe von 52.000 € für den geplanten Zeitraum anfallen.

a) Mit welchem Mindest-Rohaufschlag muss Frau Sonnenschein kalkulieren?

b) Unter welchen Bedingungen ist es sinnvoll, eine Leistung mit dem Mindest-Rohaufschlag zu kalkulieren?

18. Berechnen Sie für folgende Speisen den Rohaufschlag und den Kalkulationsfaktor.

Speise	Wareneinsatz	Angebotspreis (inkl. 19 % USt.)
1	4,63 €	13,34 €
2	7,22 €	14,28 €
3	5,78 €	15,98 €

19. Berechnen Sie für folgende Getränke den Angebotspreis (inkl. 19 % USt.) und den Kalkulationsfaktor.

Getränk	Wareneinsatz	Rohaufschlag (%)
1	1,24 €	310,00
2	0,64 €	280,00
3	6,65 €	165,08

20. Ein Gastwirt kalkuliert einen Angebotsbereich mit einem Rohaufschlag von 125 %. Aus Konkurrenzgründen muss er jedoch ein Gedeck mit einem Wareneinsatz von 8,90 € zum Preis von 18,90 € (inklusive 19 % USt.) verkaufen.

    a) Welcher Kalkulationsfaktor entspricht dem Rohaufschlag von 125 %?

    b) Welchen Rohaufschlag kann der Gastwirt in diesem Fall realisieren?

21. Der bisherige Angebotspreis (inklusive 19 % USt.) eines Getränkes betrug 2,80 €; der Preisberechnung lag ein Kalkulationsfaktor von 4,700 zugrunde. Der Bezugspreis (Wareneinsatz) steigt ab sofort um 10 %. Aus Wettbewerbsgründen muss der Gastwirt mit dem Angebotspreis unter 3,00 bleiben und bietet das Getränk für 2,90 € an.

    Berechnen Sie

    a) den früheren Wareneinsatz für das Getränk,

    b) den gestiegenen Wareneinsatz für das Getränk,

    c) den Kalkulationsfaktor, der sich nach der Preiserhöhung ergibt,

    d) um wie viel Prozent der bisherige Angebotspreis gestiegen ist.

22. Aus Wettbewerbsgründen muss ein Gastwirt die Getränke für eine Geburtstagsfeier für 1.200 € (brutto) anbieten. Er rechnet mit einem Rohaufschlag von 280 %. Zu welchem Bezugspreis darf der Gastwirt die Getränke höchstens beziehen?

23. Ein Gastwirt bietet ein Menü für 18,90 € (brutto) an. Der Kalkulationsfaktor beträgt 3,845. Wie viel € beträgt der Wareneinsatz für dieses Menü?

24. Wir kaufen eine Flasche Wein zum Bezugspreis (Einstandspreis) von 6,80 € und verkaufen sie für 19,80 € (brutto). Wie hoch sind der Rohaufschlag und der Kalkulationsfaktor?

25. Wir kaufen eine Flasche Sekt für 8,90 € ein. Unser Rohaufschlag beträgt 260 %. Wie hoch ist der Angebotspreis (inkl. 19 % USt.)?

26. Beim Abschluss der Konten in der Buchhaltung ergaben sich folgende Kontensalden:

Umsatzerlöse Speisen	260.000 €
Umsatzerlöse Getränke	320.000 €
Umsatzerlöse Sonstiges	90.000 €
Warenaufwand (Wareneinsatz) Speisen	80.900 €
Warenaufwand (Wareneinsatz) Getränke	87.500 €
Warenaufwand (Wareneinsatz) Sonstiges	47.300 €

    a) Ermitteln Sie die Bruttoverkaufserlöse (Umsatzsteuersatz 19 %) der drei Angebotsbereiche, die realisierten Rohaufschläge sowie die realisierten Kalkulationsfaktoren der drei Angebotsbereiche.

b) Die Plan-Rohaufschläge für die Abrechnungsperiode betrugen für den Angebotsbereich Speisen 240 %, für den Angebotsbereich Getränke 270 % und für den Angebotsbereich Sonstiges 100 %. Wie sind die realisierten Werte bezüglich der Plan-Werte unter Berücksichtigung des realisierten Rohaufschlages und Kalkulationsfaktors des Gesamt-Unternehmens zu beurteilen?

5 Deckungsbeitrags-, Zielkosten- und Prozesskostenrechnung

5.1 Deckungsbeitragsrechnung

Grundgedanken der Deckungsbeitragsrechnung

Der Aufbau des internen Rechnungswesens muss sich an den Zielen des Unternehmens, der Größe des Unternehmens und den Besonderheiten der Branche orientieren.

Ziel des **internen Rechnungswesens** soll die Bereitstellung von betriebswirtschaftlichen Entscheidungshilfen in Bezug auf Angebotspolitik, Preispolitik und Warenwirtschaft sein. Da es sich hier um gastronomische Betriebe handelt, kommt als Form des internen Rechnungswesens zur Steuerung der Angebots- und Preispolitik die Deckungsbeitragsrechnung in Verbindung mit einer kurzfristigen Erfolgsrechnung in Betracht. Zusätzlich sollten betriebliche Kennziffern ermittelt werden, die in einem Zeitvergleich Aufschluss über die Ursachen von unerwünschten Entwicklungen geben können.

Empfehlungen zum internen Rechnungswesen

Es wird empfohlen, monatlich fortlaufend eine Deckungsbeitragsrechnung zu erstellen. Zugleich sollten die Deckungsbeiträge für einzelne Angebotsbereiche ermittelt werden. Erst damit können die Kalkulationen dem aktuellen Stand der sich ändernden Leistungsstruktur Rechnung tragen. Durch Soll-Ist-Vergleiche können Fehlentwicklungen schnell erkannt und durch geeignete Maßnahmen entgegengewirkt werden. Eine Voraussetzung für die Zielerreichung ist, dass die Belege zeitnah verarbeitet werden.

Die Deckungsbeitragsrechnung als eine bestimmte Form der Teilkostenrechnung ist aus der Kritik an der Vollkostenrechnung entstanden.

Die Vollkostenrechnung hat ihre Aufgaben in der Ermittlung des Betriebsergebnisses, in der innerbetrieblichen Kostenkontrolle und in der Kalkulation von Verkaufspreisen (Angebotspreisen). Stellen sich jedoch Fragen zu kurzfristigen Entscheidungen im Rahmen der Preispolitik (Preisuntergrenze, Preissenkung) oder der Angebotspolitik (Spezialisierung, Umgruppierung, Er-

kritische Anmerkungen zur Vollkostenrechnung

weiterung, Einschränkung des Angebotes) zur Anpassung an veränderte Marktbedingungen, kann die Vollkostenrechnung **keine entscheidungsrelevanten** Daten liefern. Dies hat folgende Gründe:

- Sowohl in der Kostenstellenrechnung als auch in der Kostenträgerrechnung (Kalkulation) werden die Gemeinkosten, die zumeist fixe Kosten sind, mit Hilfe fester Verteilungsschlüssel auf die Kostenstellen und Kostenträger verteilt. Dadurch wird das Kostenrechnungssystem starr und verhindert die Anpassung an veränderte Marktsituationen.

- Da die Handlungskosten im Gastgewerbe überwiegend fix und somit absatzunabhängig sind, führt die Vollkostenrechnung zu nicht entscheidungsrelevanten Ergebnissen: Bei sinkendem Absatz verteilen sich die in unveränderter Höhe anfallenden Kosten auf einen geringeren Absatz und erhöhen dadurch die Selbstkostenpreise der erbrachten Leistungen, während in der Regel in einer solchen Situation Preissenkungen aus Marketinggründen notwendig sind.

Nach der **Kostenträgerstückrechnung** auf **Vollkostenbasis** liefert bereits das erste abgesetzte Stück des Kostenträgers einen Gewinn, sofern der Verkaufspreis über den Stückkosten liegt. Folgerichtig wäre die Gewinnsumme umso größer, je mehr Stück verkauft werden, ohne dass aber ein Verlust entstehen kann.

Dies ist insoweit falsch, als bei geringer Menge entsprechend wenig Kosten (Fixkosten oft gleich Gemeinkosten) „verdient" werden. Die Menge bzw. der Beschäftigungsgrad, bei der die Kosten gerade gedeckt sind, lässt sich mit Hilfe der Vollkostenrechnung somit nicht bestimmen.

Für kurzfristig zu treffende marktorientierte Entscheidungen liefert die Vollkostenrechnung keine entscheidungsrelevanten Daten.

> **Langfristig ist die Vollkostenrechnung eine notwendige Grundlage für die Kostenkontrolle und die Betriebsergebnisrechnung.**

> **In der Teilkostenrechnung wird auf eine Schlüsselung von Gemeinkosten nach nicht dem Verursachungsgedanken entsprechenden Schlüsseln verzichtet.**

Fixkosten

Offenbar gibt es Kosten, die wie Mieten, Abschreibungen und Gehälter nicht abhängig von der erbrachten Leistungsmenge sind. Da diese Kosten gleich bleiben (‚fix'), nennt man sie in der Kostenrechnung folgerichtig **fixe Kosten** oder Fixkosten.

variable Kosten

Die Kosten, die abhängig von der Produktionsmenge sind, verändern sich mit unterschiedlichen Produktionsmengen, sie sind also variabel, daher heißen sie in der Kostenrechnung auch **variable Kosten**. Sehr oft sind die Fixkosten

gleichzeitig **Gemeinkosten**, also die Kosten, die in den Betriebsabrechnungsbogen eingehen.

Beispiel

Ein Gastronomieunternehmen hat eine monatliche Pacht in Höhe von 3.000 €.
Versuchen Sie doch einmal die Pacht genau jeden Kostenträger (Pro-
dukt/Dienstleistung) zuzurechnen. Es wird nicht funktionieren. Also ist die
Pacht Gemeinkosten, weil sie sich den Kostenträgern nicht zurechnen lässt.
Gleichzeitig fällt die Pacht an, ob Leistungen erstellt und verkauft werden oder
nicht, der Verpächter will (zu Recht) seine Pacht haben. Also ist die Pacht unabhängig von der Beschäftigung und damit Fixkosten. Dies ist ein Beispiel für
eine Gemeinkostenart, die zugleich Fixkosten darstellt.

Diese Überlegungen sind genau die, die der **Teilkostenrechnung** zugrunde   Teilkostenrechnung
liegen. Die Teilkostenrechnung versucht, Fehlentscheidungen und Fehldispo-
sitionen dadurch zu vermeiden, dass Fixkosten (die fast immer zugleich
Gemeinkosten sind) nicht auf die Kostenträger verteilt werden.

Es wird ein anderer Weg gegangen. Die Fixkosten werden als Block behandelt,
die nicht weiter verteilt (proportionalisiert), sondern von allen Kostenträgern
zusammen ‚gedeckt‘ werden müssen. Entsprechend heißen auch die Beiträge
der Kostenträger zur Deckung der Fixkosten **Deckungsbeiträge**.

Charakterisiert ist die Teilkostenrechnung durch eine strikte Trennung in   Charakter der
(in Bezug auf die Beschäftigung) **fixe** und **variable Kosten**, die in der Kosten-   Teilkostenrechnung
artenrechnung vorzunehmen ist. Lediglich variable Kosten werden der Kosten-
trägereinheit direkt zugerechnet.

In der Praxis der kleinen und mittleren Unternehmen wird die Teilkostenrechnung nur in der Form der Deckungsbeitragsrechnung angewendet.

Aufgaben

1. Worin unterscheidet sich die Teilkosten- von der Vollkostenrechnung?

2. Warum kann die Vollkostenrechnung keine entscheidungsrelevanten Daten
   zur Anpassung an veränderte Marktbedingungen liefern?

3. Für welche Bereiche der Kostenrechnung liefert die Vollkostenrechnung
   die notwendigen Daten?

4. Was versteht man unter Fixkosten?

5. Was versteht man unter variable Kosten?

6. Unter welcher Voraussetzung sind Fixkosten zugleich Gemeinkosten?

7. Was versteht man unter Deckungsbeitrag?

8. Worin liegt die Besonderheit der Deckungsbeitragsrechnung?

9. Welches Ziel wird mit der Deckungsbeitragsrechnung verfolgt?

10. Warum lässt sich mit der Vollkostenrechnung nicht der Beschäftigungs-grad, bei dem die Kosten gerade gedeckt sind, bestimmen?

Grundschema der Deckungsbeitragsrechnung

Grundüberlegung Deckungsbeitrags-rechnung

Die **Deckungsbeitragsrechnung** beruht auf der Grundüberlegung, dem Kos-tenträger nur einen Teil der Gesamtkosten, die variablen Kosten, zuzuordnen. Die variablen Kosten entstehen durch den Kostenträger (z.B. Gedeck, Getränk, Angebotsbereich, Warengruppe, Auftrag) direkt. Sie sind eine Kostengröße, die vom einzelnen Kostenträger beeinflusst wird.

Fixkostenblock

Daneben gibt es den **Fixkostenblock**, der nicht in Zusammenhang mit einzel-nen Kostenträgern zu bringen ist. Er entsteht durch die bloße Betriebsbereit-schaft. Die Fixkosten werden daher den Kostenträgern nicht zugeordnet.

Deckungsbeitrag

In der Deckungsbeitragsrechnung ist der Gewinn nur für das Gesamtunter-nehmen ermittelbar. Der Versuch, ihn auf Kostenträger zuzurechnen, ver-nachlässigt die Leistungsverbundenheit (gemeinsamer Einkauf, gemeinsames Magazin, gemeinsame Verwaltung, gemeinsame Geschäftsführung) der ein-zelnen Kostenträger. An die Stelle des Gewinns pro Kostenträger tritt bei der Deckungsbeitragsrechnung der **Deckungsbeitrag** als Differenz zwischen den Verkaufserlösen (netto) und den variablen Kosten eines Kostenträgers.

> **Der Deckungsbeitrag ist die Differenz zwischen den Verkaufserlösen (netto) und den variablen Kosten eines Kostenträgers. Er gibt an, wel-chen Beitrag der jeweilige Kostenträger zur Deckung der Fixkosten und zur Erzielung eines Gewinnes leistet.**

Grundschema Deckungsbeitrags-rechnung

Das Grundrechenschema der Deckungsbeitragsrechnung lautet:

FORMEL XXI

Grundschema der Deckungsbeitragsrechnung

Deckungsbeitrag = Erlöse - variable Kosten

Betriebsergebnis = Summe Deckungsbeiträge – Restkosten (Fixkosten)

Abbildung 51: Grundschema der Deckungsbeitragsrechnung

Man unterscheidet den **Deckungsbeitrag pro Stück (d)** und den **Deckungs-beitrag pro Periode (D)**.

Deckungsbeitrag pro Stück	=	Verkaufspreis – variable Stückkosten
d	=	$p - k_v$

Deckungsbeitrag pro Per.	=	Verkaufserl. d. Per. – variable Kosten d. Per.
D	=	$E - K_v$

Der Betriebserfolg wird wie folgt ermittelt:

	Summe der Deckungsbeiträge aller Kostenträger pro Periode
-	Fixkosten der Periode
=	Betriebsgewinn/Betriebsverlust

Das Grundschema der Deckungsbeitragsrechnung in einem Gastronomiebe-trieb mit mehreren Angebotsbereichen sieht folgendermaßen aus:

FORMEL XXII

Grundschema der Deckungsbeitragsrechnung mit mehreren Angebotsbe-reichen

	Kalkulationsschema	Angebots-bereich I	Angebots-bereich I	Angebots-bereich I	Summe
	Nettoumsatzerlöse	....	....	....	....
-	Wareneinsatz (Einzelk.)	....	....	....	....
=	Rohertrag (Rohgewinn)	....	....	....	....
-	variable Gemeinkosten	....	....	....	....
=	Deckungsbeitrag	....	....	....	....
-	fixe Kosten	—	—	—	....
=	Betriebserfolg				....

Abbildung 52: Grundschema der Deckungsbeitragsrechnung in der Gastrono-mie

Die Nettoumsatzerlöse ergeben sich aus der Summe aller Einzelumsätze der einzelnen Angebotsbereiche. Sie können den Konten aus der Finanzbuchhal-tung entnommen werden.

Werden die Nettoumsatzerlöse um die beim Einkauf der Waren für die reali-sierten Nettoumsatzerlöse angefallenen Kosten (verkaufte Leistungen zu Ein-standspreisen = Wareneinsatz) vermindert, so erhält man den Rohertrag, auch Rohgewinn in € oder Bruttoertrag genannt, jedes Angebotsbereiches und ins-gesamt.

Von den Roherträgen der einzelnen Angebotsbereiche sind die den einzelnen Angebotsbereichen direkt zurechenbaren (= variablen) Handlungskosten zu subtrahieren, um die Deckungsbeiträge jedes Angebotsbereiches zu erhalten. Die **Deckungsbeiträge** geben an, mit wie viel Euro jeder Angebotsbereich zur **Deckung** der **fixen Kosten** und zur Erzielung von **Gewinn** beiträgt.

Ermittlung Betriebsgewinn/ -verlust

Das Unternehmen erzielt einen **Betriebsgewinn**, wenn die Summe der Deckungsbeiträge größer ist als die Summe der nicht direkt zurechenbaren (= fixen) Handlungskosten. Im umgekehrten Fall entsteht ein **Betriebsverlust**. In diesem Zusammenhang wird deutlich, dass sich das Betriebsergebnis verschlechtert, wenn Angebotsbereiche abgebaut werden, die einen positiven Deckungsbeitrag erwirtschaften.

Der **Betriebsgewinn** bzw. **-verlust** wird wie folgt ermittelt:

	Nettoumsatzerlöse jedes Angebotsbereiches
-	Warenkosten jedes Angebotsbereiches
=	Rohertrag jedes Angebotsbereiches
-	variable Gemeinkosten jedes Angebotsbereiches
=	Deckungsbeitrag jedes Angebotsbereiches
Summe der Deckungsbeiträge > fixe Kosten = Betriebsgewinn	
Summe der Deckungsbeiträge < fixe Kosten = Betriebsverlust	

Abbildung 53: Ermittlung des Betriebsgewinnes bzw. -verlustes

Stückgewinn / Stückverlust

Die Gegenüberstellung der Summe aller Deckungsbeiträge mit den fixen Kosten ergibt den Betriebserfolg. Nicht feststellbar ist, ob einzelne Kostenträger (z.B. ein bestimmtes Getränk oder eine bestimmte Speise) einen **Stückgewinn** oder **Stückverlust** entstehen lassen. Es ergibt sich aus der Logik der Deckungsbeitragsrechnung, dass jeder einzelne Kostenträger mit einem Nettoverkaufspreis, der über den variablen Stückkosten liegt, zur Deckung der fixen Kosten und zur Erzielung eines Gewinnes beiträgt. Insofern stellt die Höhe der Deckungsbeiträge pro Stück ein Kriterium zur Auswahl der einzelnen Angebote des Angebotsprogramms dar.

analytische Kostenplanung

Voraussetzung zur Anwendung der **Deckungsbeitragsrechnung** ist die möglichst genaue Aufteilung der Handlungskosten in variable und fixe Kosten (Kostenspaltung). Da die in der Ergebnistabelle erfassten Gemeinkosten nicht einfach in variable und fixe Kosten unterschieden werden können, müssen die Kosten einer jeden Gemeinkostenart in einen variablen und einen fixen Kostenbestandteil aufgelöst werden. In der Kostenauflösung liegen die Schwierigkeiten bei der Durchführung der Deckungsbeitragsrechnung. Zufrieden stellend kann diese Schwierigkeit nur in einer **analytischen Kostenplanung** gelöst werden.

In der Praxis wird das Verfahren der **buchtechnischen Kostenspaltung** angewendet. Dieses Verfahren beschränkt sich auf eine **näherungsweise Zerle-
gung** der Kostenarten in variable und fixe Kosten. Die Kostenspaltung wird
aufgrund von **praktischen Erfahrungen** vorgenommen. Kostenarten, die sowohl variable als auch fixe Bestandteile aufweisen, werden entweder einem
der beiden Kostengruppen zugeordnet oder aufgrund von Beobachtungen und
Schätzungen in variable und fixe Kostenbestandteile gespalten.

*buchtechnische
Kostenspaltung*

Spaltet man für das Rechenschema der Deckungsbeitragsrechnung die gesamten Kosten in fixe und variable Kosten auf, dann ist man bei der **Grenzkostenrechnung** angelangt, die wegen ihrer 'amerikanischen Väter' auch als direct
costing bezeichnet wird. In Abhängigkeit davon, wie die Restkosten behandelt
werden, lassen sich unterscheiden:

Grenzkostenrechnung

- Einstufige Deckungsbeitragsrechnung

- Mehrstufige Deckungsbeitragsrechnung

Aufgaben

1. Wie werden der Deckungsbeitrag pro Stück und der Deckungsbeitrag pro
   Periode ermittelt?

2. In welchen Schritten wird der Betriebserfolg bei Anwendung der Deckungsbeitragsrechnung ermittelt?

3. Beschreiben Sie die Ermittlung des Betriebserfolges gemäß dem Grundschema der Deckungsbeitragsrechnung für einen Gastronomiebetrieb mit
   mehreren Angebotsbereichen.

4. Unter welcher Bedingung ergibt sich ein Betriebsgewinn bzw. ein Betriebsverlust?

5. Warum ist es im Rahmen der Deckungsbeitragsrechnung nicht möglich
   festzustellen, ob ein einzelner Kostenträger einen Stückgewinn oder Stückverlust erwirtschaftet?

6. Wie werden die Schwierigkeiten der Kostenspaltung in der Praxis gelöst?

Die einstufige Deckungsbeitragsrechnung

Deckungsbeitrag je Stück

Die einstufige Deckungsbeitragsrechnung ist geradezu genial einfach. Der Deckungsbeitrag je Stück (Stückdeckungsbeitrag) berechnet sich wie folgt:

FORMEL XXIII

Berechnung des Stückdeckungsbeitrages

p	Preis/Umsatz
- kv	variable Stückkosten
= db	Deckungsbeitrag pro Stück

Abbildung 54: Einstufige Deckungsbeitragsrechnung

Der Deckungsbeitrag je Kostenträger muss seinen Beitrag zur Deckung der Fixkosten leisten. Die Summe der Deckungsbeiträge je Produkt wird dabei als DB bezeichnet. Die nachfolgende Abbildung veranschaulicht die Grundlage der Denkweise von Teilkostenrechnern (Deckungsbeitragsrechnung ist eine Form der Teilkostenrechnung).

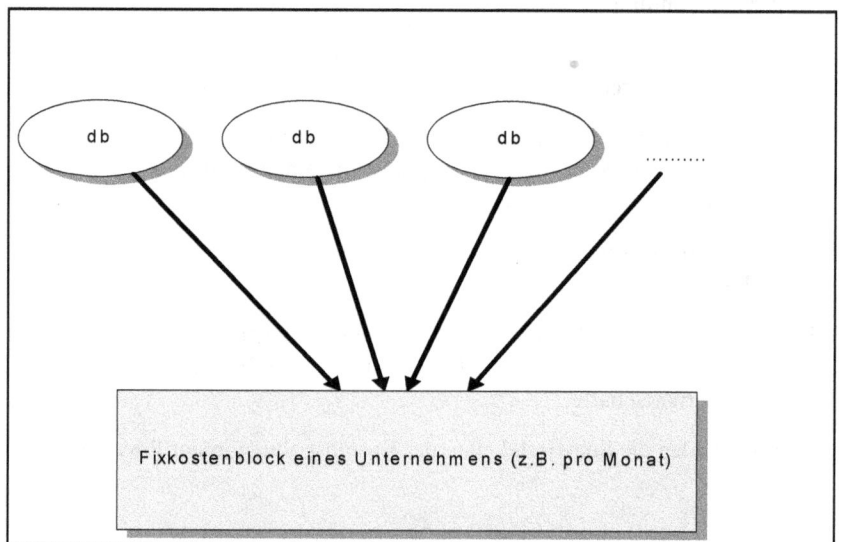

Abbildung 55: Deckungsbeiträge der Produkte decken die Fixkosten des Unternehmens

Formel zur Berechnung des Betriebsergebnisses

Betriebsergebnis

Ebenso einfach, wie ein Deckungsbeitrag eines Kostenträgers (Produkt, Ware, Artikelgruppe usw.) ermittelt werden kann, lässt sich auch das Betriebsergebnis (BE) berechnen. Die Formel dazu lautet:

FORMEL XXIV

Berechnung des **Betriebsergebnisses**

> $BE = (p - k_v) \; x - K_{fix}$
> BE = Betriebsergebnis
> p = Preis
> k_v = variable Stückkosten
> x = Absatzmenge
> K_{fix} = Fixkostenblock

Ein Gewinn kann somit erst entstehen, wenn der Fixkostenblock durch Deckungsbeiträge abgedeckt ist. Demnach kann in begründeten Fällen bei einzelnen Produkten auf Deckungsbeiträge verzichtet werden, d. h. die variablen Stückkosten bilden stets die (kurzfristige) **Preisuntergrenze**. Bei relativ niedrigen Preisen für **Zusatzgeschäfte**, die bei Unterbeschäftigung sinnvoll sein können, ergibt sich jedoch die Gefahr, dass auch der Markt für die meist kostendeckenden Basisgeschäfte ruiniert wird. Vorübergehend kann auch daran gedacht werden, auf die Deckung eines Teils oder aller nicht ausgabenwirksamen Kosten (z.B. für kalkulatorische Abschreibungen und Zinsen) zu verzichten.

> **Die einstufige Deckungsbeitragsrechnung berechnet die Beiträge der Produkte/Dienstleistungen zur Deckung des Fixkostenblocks und zur Erzielung eines Gewinns.**

Die Berechnung absoluter Deckungsbeiträge

Die Stückdeckungsbeiträge (absoluten Deckungsbeiträge/db) werden wie folgt berechnet: *(Berechnung Deckungsbeiträge)*

Verkaufspreis:	12,54 €	5,91 €	5,48 €
- variable Stückkosten:	7,00 €	4,40 €	3,60 €
= Stückdeckungsbeitrag/db:	**5,54 €**	**1,51 €**	**1,88 €**

Abbildung 56: Die (absoluten) Deckungsbeiträge

Wird die Rechnung auf ein einzelnes Stück (Kostenträger) bezogen, gibt der Deckungsbeitrag an, mit welchem Beitrag dieses Stück an der Abdeckung der fixen Kosten beteiligt ist. *(Aussage Stückdeckungsbeitrag)*

Zieht man von den Gesamterlösen eines Angebotsbereiches (z.B. Speisen) die variablen Kosten ab, ergibt sich der **Deckungsbeitrag** dieses **Angebotsbereiches**. In Höhe des Deckungsbeitrages ist der Angebotsbereich an der Deckung der noch nicht verrechneten Fixkosten beteiligt. Je höher der Deckungsbeitrag dieses Angebotsbereiches, desto wichtiger ist dieser Angebotsbereich für das Gesamtergebnis. *(Aussage Deckungsbeitrag Angebotsbereich)*

Jedoch ist zu beachten, dass diese einfache Form der Deckungsbeitragsrechnung keine Auskunft darüber geben kann, mit welchem Gewinn- bzw. Verlustanteil die einzelnen Angebotsbereiche am Betriebsergebnis beteiligt sind. Denn es werden ja „nur" die Deckungsbeiträge ermittelt.

Die Berechnung der (absoluten) Stückdeckungsbeiträge und der Deckungsbeiträge der Angebotsbereiche ist sozusagen nur die Ouvertüre. Nun muss und möchte jede Unternehmerin bzw. jeder Unternehmer natürlich noch das Betriebsergebnis kennen.

Die Berechnung des Betriebsergebnisses bei mehreren Angebotsbereichen

Berechnung
Betriebsergebnis

Das Betriebsergebnis lässt sich über folgendes Grundrechenschema ermitteln:

FORMEL XXV

Berechnung des **Betriebsergebnisses bei mehreren Angebotsbereichen**

Summe der Deckungsbeiträge der einzelnen Angebotsbereiche ./. unaufgeteilter Fixkostenblock
= Betriebsergebnis (Gewinn / Verlust)

Abbildung 57: Grundschema zur Berechnung des Betriebsergebnisses

Beispiel

Die Berechnung des Betriebsergebnisses verdeutlichen wir an einem Beispiel mit drei verschiedenen Angeboten. Statt einzelner Angebote ist es auch möglich, Angebotsbereiche als Grundlage zur Berechnung des Betriebsergebnisses zu nehmen.

Ist-Verkaufszahlen:	Angebot X	Angebot Y	Angebot Z	
Stückpreis	12,54 €	5,91 €	5,48 €	
./. variable Stückkosten	7,00 €	4,40 €	3,60 €	
= Stückdeckungsbeitrag	5,54 €	1,51 €	1,88 €	
Absatzmenge	30.000	20.000	35.000	
Gesamt-DB je Artikel:	166.200 €	30.200 €	65.800 €	262.200€
./.K(fix)				312.055€
= **Betriebsergebnis**				<u>–49.855€</u>

Abbildung 58: Ermittlung des Betriebsergebnisses

Die Darstellung des Betriebsergebnisses zeigt ein betrübliches Ergebnis. Das Betriebsergebnis ist nämlich ein Verlust in Höhe von –49.855,00 €. Die einzelnen Kostenträger (Angebote) erzielen zwar Stückdeckungsbeiträge von 5,54 € bei Artikel X, 1,51 € bei Artikel Y und 1,88 € bei Artikel Z, aber die Gesamtdeckungsbeiträge je Artikel sind zur Erzielung eines positiven Ergebnisses deutlich zu niedrig.

Der Gesamtdeckungsbeitrag in Höhe von € 262.200,00 (166.200,00 + 30.200,00 + 65.800,–) ist nicht in der Lage, die Fixkosten von 312.055,00 € zu decken.

Aus dem obigen Beispiel ergibt sich, dass jedes verkaufte Angebot einen Beitrag zur Deckung der fixen Kosten und zur Erzielung von Gewinn bzw. zur Minimierung von Verlust leistet. Geht man davon aus, dass die fixen Kosten auch dann in gleicher Höhe anfallen, wenn der Auslastungsgrad der Kapazität (Beschäftigungsgrad) zurückgeht, d.h. der Absatz der Leistungen zurückgeht, dann bedeutet ein **positiver Deckungsbeitrag** eine wenigstens teilweise Deckung der ohnehin anfallenden fixen Kosten. Der Gastronom könnte also **vorübergehend** die Angebotspreise der einzelnen Angebote so weit senken, dass die jeweiligen Umsatzerlöse gerade die variablen Stückkosten inklusive Warenaufwendungen decken. Im obigen Beispiel entspricht das bei Angebot X einem Angebotspreis von 7,00 €, bei Angebot Y von 4,40 € und bei Angebot Z von 3,60 €. Gegenüber den vorherigen Angebotspreisen bei Angebot X in Höhe von 12,54 €, bei Angebot Y in Höhe von 5,91 € und bei Angebot Z in Höhe von 5,48 € wären das Preissenkungen um 5,54 € bei Angebot X, 1,51 € bei Angebot Y und 1,88 € bei Angebot Z. Die Angebotspreise können so weit gesenkt werden, bis der **Deckungsbeitrag je Angebot (Stück) gleich null** ist. Erst wenn der Deckungsbeitrag je Angebot (Stück) gleich null ist, ist die **absolute Preisuntergrenze** erreicht. Es sei jedoch anzumerken, dass der Betrieb **langfristig alle Kosten** über den Angebotspreis abdecken muss.

Interpretation Betriebsergebnis

Deckungsbeitrag je Angebot (Stück) > 0 = Verbesserung des Betriebsergebnisses

Deckungsbeitrag je Angebot (Stück) = 0 = Preisuntergrenze

Deckungsbeitrag je Angebot (Stück) < 0 = Verschlechterung des Betriebsergebnisses

Die **Preissenkung** eines Angebotes kann Auslöser für eine so große Absatzsteigerung dieses Angebotes sein, dass hierdurch eine Umsatzsteigerung und erhöhte Gewinne bzw. verminderte Verluste realisiert werden.

Wirkung einer Preissenkung

Beispiel

Der Gastronom aus obigen Beispiel senkt den Deckungsbeitrag für das Angebot X von 5,54 € auf 3,54 € je Stück. Er rechnet mit einer so großen Absatzsteigerung, dass es nicht zu einem Umsatzrückgang bei diesem Angebot kommt.

Für den Gastwirt stellt sich die Frage, wie hoch die Absatzsteigerung mindestens ausfallen muss, damit sich sein Erfolg nicht verschlechtert. Um das gleiche Ergebnis wie vor der Preissenkung mit dem neuen Deckungsbeitrag zu erreichen, muss der **Absatz vervielfacht** werden:

$$x \times 3,54\ € = 5,54\ € \quad \Leftrightarrow \quad x = \frac{5,54€}{3,54€} \approx 1,565$$

Die Absatzsteigerung muss mindestens das **1,565fache des früheren Absatzes** erreichen. Das entspricht einer zu bestimmenden prozentualen Erhöhung des Absatzes. Die Mindest-Erhöhung des Absatzes in % wird wie folgt ermittelt:

FORMEL XXVI

Berechnung der **Mindest-Erhöhung des Absatzes in % bei gleich bleibendem Umsatz**

$$\text{Mindest-Erhöhung Absatz} = \frac{(\text{neuer Verkaufspreis} - \text{alter Verkaufspreis}) \times 100}{\text{alter Verkaufspreis}}$$

$$\text{Mindest-Erhöhung Absatz} = \frac{(5,54\ € - 3,54\ €) \times 100}{3,54\ €} = 56,5\ \% \text{ Absatzsteigerung}$$

minimale Vervielfachung des Absatzes

Die Preissenkung bei einem bestimmten Angebot kann über eine entsprechend größere Absatzmenge dieses Angebotes zur Verbesserung des Betriebsergebnisses beitragen. Die erforderliche minimale Vervielfachung des Absatzes, damit sich das Betriebsergebnis nicht verschlechtert, ergibt sich aus folgender Rechnung:

FORMEL XXVII

Berechnung der **minimalen Vervielfachung des Absatzes bei gleich bleibendem Betriebsergebnis**

$$\text{Minimale Vervielfachung des Absatzes} = \frac{\text{alter Deckungsbeitrag / Stück}}{\text{neuer Deckungsbeitrag / Stück}}$$

Die prozentuale erforderliche minimale Absatzsteigerung bei gleich bleibendem Betriebsergebnis errechnet sich wie folgt:

FORMEL XXVIII

Berechnung der **minimalen Absatzsteigerung in bei gleich bleibendem Betriebsergebnis**

notwendige
Absatzsteigerung

$$\text{Minim. Absatzsteigerung in \%} = \frac{(\text{alter Deckungsbeitr.} - \text{neuer Deckungsbeitr.}) \times 100}{\text{neuer Deckungsbeitrag}}$$

Die Pflege des gastronomischen Angebotes ist für Gastronomiebetriebe von entscheidender Bedeutung für den Betriebserfolg. Die Deckungsbeitragsrechnung hat entscheidungsrelevantes Zahlenmaterial für angebotspolitische Fragestellungen zur Verfügung zu stellen. Auf der Grundlage des bereitgestellten Zahlenmaterials muss entschieden werden können, welche Angebote verstärkt angeboten und welche herausgenommen bzw. abgebaut werden sollen.

Entscheidungen über
Angebotspolitik

Beispiel

Der Gastronom Max Glückselig hat zwei Angebotsbereiche entwickelt: Speisen und Getränke. Von seiner Buchhalterin Marion Genau bekommt er das folgende Kostenträgerblatt für den Monat Juni mit der Bitte, den Angebotsbereich Speisen abzubauen, vorgelegt, weil dieser Angebotsbereich nur Verluste mit sich bringt.

Kostenträgerblatt			
Kalkulationsschema	**Speisen**	**Getränke**	**Kostenträger insgesamt**
Warenaufwand	26.457,36	27.196,00	53.653,36
+ Handlungskosten	31.517,83	41.085,08	72.602,91
= Selbstkosten der Periode	57.975,19	68.281,08	126.256,27
Umsatzerlöse	51.080,80	75.767,75	126.848,55
= Betriebsergebnis	- 6.894,39	7.486,67	592,28
Gewinnzuschläge in %	- 11,92 %	10,96 %	0,47 %

Frau Marion Genau hat bei vordergründiger Betrachtung sicherlich Recht: Der Gastronom Max Glückselig hätte durch die Herausnahme des Angebotsbereiches Speisen einen um 6.894,39 € höheren Betriebsgewinn erzielt. **Diese Schlussfolgerung ist falsch**, weil sie davon ausgeht, dass alle Handlungskosten des Angebotsbereiches „Speisen" **vollständig** abgebaut werden können. Dies trifft nur auf die variablen Kosten, nicht aber auf die fixen Kosten zu.

Eine Entscheidung über Veränderungen der Angebotsbereiche ist ohne Kenntnis der in den Handlungskosten enthaltenen variablen und fixen Kostenanteile nicht möglich.

Herr Max Glückselig hat ermittelt, dass die auf die Angebotsbereiche „Speisen" und „Getränke" umgelegten Handlungskosten zu jeweils 30 % **variabel** sind. Es sind dementsprechend variable Kosten für den Angebotsbereich „Speisen" in Höhe von 9.455,35 € (15 % von 31.517,83 € = 9.455,35 €), für den Angebotsbereich „Getränke" 12.325,52 € (15 % von 41.085,08 € = 12.325,52 €) angefallen. Insgesamt beliefen sich die variablen Kosten auf 21.780,87 €. An fixen Gemeinkosten verbleiben also:

	Gemeinkosten gesamt	72.602,91 €
–	variable Gemeinkosten	21.780,87 €
=	fixe Gemeinkosten	50.822,04 €

Auf der Grundlage des von Herrn Max Glückselig ermittelten Zahlenmaterials würde bei Herausnahme des Angebotsbereiches „Speisen" die Ergebnisrechnung wie folgt aussehen:

	Kalkulationsschema	Speisen	Getränke	Summe
	Nettoumsatzerlöse		75.767,75 €	75.767,75 €
–	Wareneinsatz (Einzelk.)		27.196,00 €	27.196,00 €
=	Rohertrag (Rohgewinn)		48.571,75 €	48.571,75 €
–	variable Gemeinkosten		12.325,52 €	12.325,52 €
=	Deckungsbeitrag		36.246,23 €	36.246,23 €
–	fixe Kosten			50.822,04 €
=	Betriebserfolg			- 14.575,81 €

Die Gesamtkosten der Abrechnungsperiode können nur um die variablen Kosten des Angebotsbereiches „Speisen" (26.457,36 € Warenaufwand + 9.455,35 € variable Gemeinkosten = 35.912,71 €) verringert werden. Die fixen Kosten in Höhe von 50.822,04 € bleiben auch beim Ausscheiden des Angebotsbereiches „Speisen" in **voller Höhe** bestehen. Der verbleibende Angebotsbereich „Getränke" hat allein die gesamten fixen Kosten zu tragen. Das Betriebsergebnis verschlechtert sich durch das Ausscheiden des Angebotsbereiches Speisen" deutlich. Das positive Betriebsergebnis (Betriebsgewinn) in Höhe von 592,28 € verschlechtert sich zu einem negativen Betriebsergebnis (Betriebsverlust) in Höhe von –14.575,81 €.

Bei einer Weiterführung des Angebotsbereiches „Speisen" würde die Ergebnisrechnung wie folgt aussehen:

Kalkulationsschema	Speisen	Getränke	Summe
Nettoumsatzerlöse	51.080,80 €	75.767,75 €	126.848,55 €
− Wareneinsatz (Einzelk.)	26.457,36 €	27.196,00 €	53.653,36 €
= Rohertrag (Rohgewinn)	24.623,44 €	48.571,75 €	73.195,19 €
− variable Gemeinkosten	9.455,35 €	12.325,52 €	21.780,87 €
= Deckungsbeitrag	15.168,09	36.246,23 €	51.414,32 €
− fixe Kosten			50.822,04 €
= Betriebserfolg			592,28 €

Die Nettoumsatzerlöse des Angebotsbereiches „Speisen" liegen um 15.168,09 € über den variablen Kosten dieses Angebotsbereiches. Dieser Deckungsbeitrag trägt zur Deckung der fixen Kosten und zur Erzielung eines Betriebsgewinns bzw. zur Minimierung eines Betriebsverlustes bei.

Solange ein Angebotsbereich einen positiven Deckungsbeitrag erzielt, trägt er zur Deckung der fixen Kosten und/oder zur Erzielung eines Betriebsgewinns bzw. zur Minimierung eines Betriebsverlustes bei. Deshalb wird ein Angebotsbereich mit einem positiven Deckungsbeitrag grundsätzlich aufrechterhalten.

Gegen die einstufige Deckungsbeitragsrechnung lässt sich vorbringen, dass die gesamten Fixkosten als Block behandelt werden. Dies ist in manchen Fällen zu undifferenziert, was dazu geführt hat, die Fixkosten aufzuspalten und stufenweise zu verrechnen, um so zu einer modifizierten Vollkostenrechnung zu kommen.

Kritik an einstufiger Deckungsbeitragsrechnung

Aufgaben

1. Was versteht man unter „absoluter Preisuntergrenze"?

2. Wie kann trotz Preissenkung bei einem Angebot eine Verbesserung des Betriebserfolges erreicht werden?

3. Welche Auswirkung auf den Betriebserfolg ergibt sich,

   a) wenn der Deckungsbeitrag je Stück (Angebot) > Null ist,

   b) wenn der Deckungsbeitrag je Stück (Angebot) < Null ist?

4. Ein Gastronom senkt den Deckungsbeitrag eines Angebotes von 6,10 € auf 4,60 € und rechnet damit, dass die Senkung des Deckungsbeitrages eine Absatzsteigerung von 600 Stück auf 1.000 Stück innerhalb einer Abrechnungsperiode zur Folge hat. Reicht diese Absatzsteigerung aus, um den gleichen Deckungsbeitrag wie vorher zu realisieren?

5. Durch die Senkung des Deckungsbeitrages eines Angebotes um 25 % soll eine Erhöhung des Absatzes erreicht werden. Um wie viel Prozent muss der Absatz mindestens steigen, um den Betriebserfolg zu verbessern?

6. Zur Steigerung des Absatzes senkt ein Gastronom den Deckungsbeitrag eines Angebotes von 8,40 € je Stück auf 7,20 € je Stück. Wie groß muss die Vervielfachung des Absatzes sein, um den Betriebserfolg zu halten?

7. Ein Gastronom bietet ein exklusives Menü zum Preis von 79,44 € (netto) an. Der Wareneinsatz beläuft sich auf 45,00 € je Menü; die direkt zurechenbaren Handlungskosten betragen 18,00 €.

   a) Berechnen Sie den Deckungsbeitrag je Menü.

   b) Um wie viel Prozent ließe sich der Angebotspreis (netto) senken, so dass gerade noch die variablen Handlungskosten gedeckt werden?

   c) Der Gastronom plant zur Steigerung des Absatzes eine Senkung des Angebotspreises (netto) um 8,00 € je Menü. Wie viel Menüs müsste er zusätzlich verkaufen, um das gleiche Ergebnis wie zuvor zu erreichen?

   d) Der Gastronom setzt zur Verbesserung der Absatzlage den Deckungsbeitrag auf 12,00 € je Menü fest. Er rechnet aufgrund der Preissenkung mit einer Absatzsteigerung von 60 Menüs auf 85 Menüs je Monat. Um wie viel € verändert sich dadurch der gesamte Deckungsbeitrag dieses Menüs?

8. Uwe Meister (in der Ausbildung zum Koch) möchte sich selbständig machen. Er hat festgestellt, dass Biolebensmittel bei den Gästen immer noch gut ankommen. Sie sind bereit, für biologisch angebaute und verarbeitete Lebensmittel auch höhere Preise zu bezahlen. Andererseits haben die Leute immer weniger Zeit zum Kochen – oder sie nehmen sich immer weniger Zeit. Auf jeden Fall besteht eine große Nachfrage nach dem „schnellen Essen".

   So kommt Uwe Meister die Idee, einen Öko-Imbiss zu betreiben. Um sich anfangs nicht zu überfordern, möchte er zunächst nur Bioburger zum Einheitspreis von 3,00 € brutto verkaufen (Umsatzsteuersatz 7 %). Ein Freund wird den Stand auf Provisionsbasis führen, bis Uwe in einem halben Jahr seinen Abschluss als Koch hat.

   Uwe Meister plant folgende Kosten:

-	Lebensmittel	0,45 € pro Bioburger
-	Energie	0,15 € pro Bioburger
-	Verkäuferprovision	0,50 € pro Bioburger
-	Standmiete	600,00 € pro Monat
-	Abschreibungen	200,00 € pro Monat
-	sonstige Kosten	300,00 € pro Monat

a) Berechnen Sie den Deckungsbeitrag pro Bioburger.

b) Wie viel Bioburger muss Uwe Meister verkaufen, bis er Gewinn erzielt?

c) Uwe Meister erwartet einen Absatz von 2.000 Bioburger pro Monat. Wie hoch ist unter dieser Voraussetzung der Betriebserfolg?

d) Kurz nachdem Uwe Meister seinen Stand eröffnet hat, senkt der Stand gegenüber seine Preise für Bioburger auf 2,00 € pro Stück.
Kann Uwe Meister mithalten?

9. Aus Kalifornien erhält eine Gastronomiekette ein Angebot über 3.000 Liter Rotwein zum Preis von 6,50 US-Dollar je Liter. Der Lieferer gewährt 3 % Skonto. Für Fracht und Abfüllung in Flachen fallen 698,55 € an Kosten an.

Wie hoch ist der Deckungsbeitrag je Flasche in €, wenn eine 0,75-Liter-Flasche zum Preis von 7,55 netto verkauft werden soll? (Kurs für 1 Euro = 1,50 US-Dollar)

10. In einem gastronomischen Betrieb werden die drei Angebotsbereiche A, B und C angeboten. Im Monat Mai wurden folgende Umsatzlöse und Kosten ermittelt:

	Angebotsbereiche		
	A	**B**	**C**
Nettoumsatzerlöse	28.000	65.000	47.000
Wareneinsatz (Einzelkosten)	12.000	24.000	18.600
variable Gemeinkosten	6.500	16.250	14.320
fixe Gemeinkosten insgesamt	28.000		

Ermitteln Sie die Deckungsbeiträge jedes Angebotsbereiches und insgesamt sowie das Betriebsergebnis.

11. Ein Gastronom beobachtet den Abverkauf einzelner gleichartiger Spirituosen verschiedener Hersteller. Unter Beachtung der Deckungsbeiträge der Spirituosen soll eine Sortimentsentscheidung getroffen werden.

Abverkäufe Januar bis März			
Spirituose	A	B	C
Netto-Angebotspreis (€)	33,53	19,95	8,65
Wareneinsatz (€)	12,95	7,43	3,79
Absatz (Flaschen)	40	100	200

a) Ermitteln Sie für die Spirituosen A, B und C den Deckungsbeitrag je Flasche.

b) Berechnen Sie den Gesamt-Deckungsbeitrag je Spirituose in der Zeit von Januar bis März.

c) Ein Lieferant bietet die Spirituose D zum Einstandspreis (Wareneinsatz) von 7,25 € an. Die Spirituose kann zum Nettoangebotspreis von 19,75 € verkauft werden. Pro Quartal wird (vorsichtig) mit einem Absatz von 150 Flaschen gerechnet.

Da die Kühlfläche beschränkt ist, muss bei Aufnahme der Spirituose D eine andere Spirituose aus dem Angebot ausscheiden.

ca) Lohnt sich die Aufnahme der Spirituose D in das Angebot? (mit Begründung)

cb) Welche Spirituosen würden Sie im Angebot führen, um den Gesamtdeckungsbeitrag zu maximieren? (mit Begründung)

Mehrstufige Deckungsbeitragsrechnung

Fixkostendeckungs-rechnung

Bei diesem auch als **Fixkostendeckungsrechnung** bezeichneten Verfahren erfolgt für jeweils eine Bezugsgröße (etwa Produkte, Warengruppen, Angebotsbereiche, Nielsen-Gebiete oder Gäste) eine Spaltung des Fixkostenblocks in jeweils mehrere Schichten. Die nachfolgende Abbildung veranschaulicht die mehrstufige Deckungsbeitragsrechnung bezogen auf Produkte.

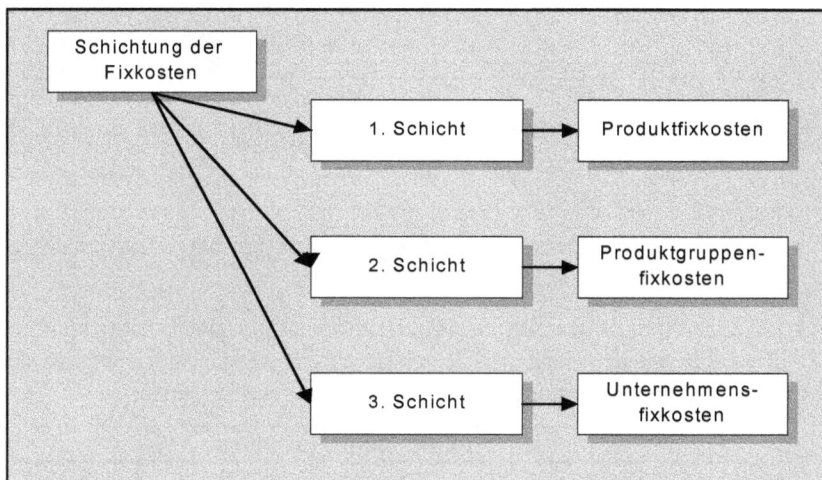

Abbildung 59: Mehrstufige Deckungsbeitragsrechnung

Zurechnung der Fixkosten

Zunächst erscheint die Durchführung der mehrstufigen Deckungsbeitragsrechnung problemlos. Allerdings hat dieses Verfahren, in einem anderen Gewand, die gleichen Probleme zu bewältigen wie die Vollkostenrechnung, denn es müssen Fixkosten den entsprechenden Bezugsgrößen (hier: Produkten) zugerechnet werden. Wie soll man denn Fixkosten zurechnen, die oft Gemeinkosten sind und daher schon aus ihrer Wesensart heraus dem einzelnen Produkt nicht oder nicht ohne Willkür zugerechnet werden können. Genau an diesem Punkt liegt in der Praxis ‚der Hase im Pfeffer'.

In der mehrstufigen Deckungsbeitragsrechnung werden also die fixen Kosten so genau wie möglich

den **Produkten**	→	**produktfixe** Kosten
den **Produktgruppen**	→	**produktgruppenfixe** Kosten
den **Sortimentsgruppen**	→	**sortimentsgruppenfixe** Kosten
dem **Unternehmen**	→	**unternehmensfixe** (unverteilbare) Kosten

zugerechnet. Entsprechend der betrieblichen Organisationsstruktur können die Schichten auch anders gebildet werden. Die Anzahl der Schichten ist im Wesentlichen von der Größe des Unternehmens und der Möglichkeit, annähernd verursachungsgerechte Verteilungsschlüssel zu finden, abhängig. Gelingt es, eine annähernd verursachungsgerechte Schlüsselung der fixen Kosten schichtweise durchzuführen, gelangt man auf diese Weise zu einer **verfeinerten und damit aussagefähigeren Deckungsbeitragsrechnung**.

Deckungsbeitrag I: Die um die variablen Kosten verminderten Umsatzerlöse eines Produktes bzw. einer jeden Produktgruppe heißen Deckungsbeiträge I.   Deckungsbeitrag I

Deckungsbeitrag II: In der Regel lässt sich ein Teil der fixen Kosten auf die einzelnen Produkte bzw. die einzelnen Produktgruppen annähernd **verursachungsgerecht** umlegen, so zum Beispiel Personalkosten, Pacht und Wagniskosten. Dieser Teil der fixen Kosten heißt **produktgruppenfixe Kosten**. Subtrahiert man die produktgruppenfixen Kosten von den Deckungsbeiträgen I, so erhält man die Deckungsbeiträge II. Sie geben an, in welcher Höhe die einzelnen Produktgruppen zur Deckung der restlichen fixen Kosten beitragen.   Deckungsbeitrag II

Deckungsbeitrag III: Sofern fixe Kosten nicht für eine bestimmte Produktgruppe, sondern für mehrere Produktgruppen zugleich innerhalb des gesamten Angebotes bzw. des gesamten Sortimentes angefallen sind, lassen sich diese fixen Kosten nur dem Sortiment (oder der Sortimentsgruppe bzw. der Angebotsgruppe) zurechnen. Man spricht dann von **sortimentsgruppenfixen** oder von **angebotsgruppenfixen Kosten**. Beispiele für sortimentsgruppenfixe oder angebotsgruppenfixe Kosten können sein: Teile der Personalkosten, der Pacht, der Abschreibungen, der Betriebskosten. Vermindert man die Deckungsbeiträge II um die sortimentsgruppenfixen bzw. angebotsgruppenfixen Kosten, so erhält man die Deckungsbeiträge III. Sie geben an, mit welchen Beiträgen bestimmte Sortimentsgruppen bzw. Angebotsgruppen zur Deckung der noch verbleibenden fixen Kosten (= unternehmensfixe Kosten) und zur Erzielung von Gewinn beitragen.   Deckungsbeitrag III

Unternehmensfixe Kosten sind die nicht weiter zurechenbaren fixen Kosten, die für das Unternehmen insgesamt anfallen (z.B. Kosten der Geschäftsführung) und als Block von der Summe der Deckungsbeiträge III subtrahiert werden. Die Differenz ist das Betriebsergebnis der Rechnungsperiode.

Beispiel

		Speisen	Getränke	Summe
	Nettoumsatzerlöse	51.080,80	75.767,75	126.848,55
−	Wareneinsatz (Einzelkosten)	26.457,36	27.196,00	53.653,36
=	Rohertrag (Rohgewinn)	24.623,44	48.571,75	73.195,19
−	variable Gemeinkosten	9.455,35	12.325,52	21.780,87
=	Deckungsbeitrag I	15.168,09	36.246,23	51.414,32
−	produktgruppenfixe Kosten	7.892,05	22.685,98	30.578,03
=	Deckungsbeitrag II	7.276,04	13.560,25	20.836,29
−	unternehmensfixe Kosten			8.926,71
=	Betriebserfolg			**11.909,58**

Es wurde aus Vereinfachungsgründen auf die Ermittlung des Deckungsbeitrages III verzichtet. Die Ergebnisrechnung zeigt, dass die Produktgruppe (Angebotsgruppe) „Speisen" den geringsten Deckungsbeitrag II, die Produktgruppe „Getränke" den höchsten Deckungsbeitrag II erwirtschaftet hat. Für den Gastronomen ergibt sich hieraus die Überlegung, ob die Produktgruppe „Speisen" nicht zugunsten eines höheren Absatzes bei anderen Produktgruppen mit einem höheren Deckungsbeitrag II aus dem Angebot herausgenommen werden soll. Der höhere Absatz müsste dann in unserem Beispiel bei der Produktgruppe „Getränke" einen Zuwachs der Deckungsbeiträge um mindestens 7.276,04 € erbringen. Da die Produktgruppen „Speisen" und „Getränke" komplementäre Produktgruppen (Angebotsgruppen) sind, kann nicht damit gerechnet werden, dass durch die Herausnahme der Produktgruppe „Speisen" aus dem Angebot und ein verstärktes Angebot der Produktgruppe „Getränke" eine Erhöhung des Gesamt-Deckungsbeitrages II erwirtschaftet wird.

Die Deckungsbeitragsrechnung mit stufenweiser Fixkostendeckung zeigt im Deckungsbeitrag II und im Deckungsbeitrag III, in welcher Höhe die Umsatzerlöse der einzelnen Produktgruppen oder einzelner Sortimentsgruppen über den ihnen zugerechneten variablen und fixen Kosten liegen.

Die Deckungsbeiträge II und III sind für Sortimentsentscheidungen (Angebotsgruppenentscheidungen) von hoher Bedeutung, da sie Einblicke in die – wenn auch längerfristig – abbaubaren fixen Kosten geben.

Mehrstufige Deckungsbeitragsrechnung nach Angebotsbereichen

Die Deckungsbeitragsrechnung wird für die hier betroffene Gaststätte als **mehrstufige Deckungsbeitragsrechnung** (stufenweise Fixkostendeckungsrechnung) konzipiert. Im Unterschied zur **einstufigen Deckungsbeitragsrechnung** wird bei der mehrstufigen Deckungsbeitragsrechnung versucht, die fixen Kosten der Abrechnungsperiode in einzelne **Fixkostenblöcke** zu untergliedern und eine Hierarchie der Fixkosten herzustellen. Alle fixen Kosten, die nicht den einzelnen Angebotsbereichen zugeordnet werden können, sind als Fixkostenblock zu behandeln. Bei der Ermittlung des Betriebsergebnisses wird der Fixkostenblock dem Gesamtunternehmen zugeordnet.

Zuordnung der Fixkosten

Mit der **differenzierten Fixkostenbehandlung** wird das Ziel verfolgt, eine **Deckungsbeitragsanalyse** durchführen zu können.

Ziele der mehrstufigen Deckungsbeitragsrechnung

Über so genannte **Schichtdeckungsbeiträge** soll ermittelt werden, ob einzelne Angebotsbereiche überhaupt auf mittlere und längere Sicht in der Lage sind, neben den variablen (betriebsbedingten) Kosten (Preisuntergrenze auf kurze Sicht bei gegebener Kapazität) auch die schichtspezifischen Fixkosten abzudecken. Gelingt dies nicht, erhält man damit Anhaltspunkte für eine eventuell notwendige Durchführung qualitativer und/oder quantitativer Anpassungsprozesse.

Verteilung der Kosten nach Angebotsbereichen

Die Deckungsbeiträge sollen nach vorgegebenen **Angebotsbereichen** ermittelt werden. Dazu ist es notwendig, die Kosten in variable und fixe Kosten aufzuteilen. Als variable Kosten kommen im hier betroffenen Fall alle betriebsbedingten Kosten (Warenkosten, Personalkosten, Energiekosten, Steuern, Gebühren, Beiträge, Versicherungen, Betriebs- und Verwaltungskosten) in Frage. Alle anderen Kosten (Miete, Pacht, Leasing, Instandhaltung, Reparatur, Abschreibung, Geringwertige Wirtschaftsgüter, Zinsen, kalkulatorische Kosten) sind anlagebedingte Kosten, die unabhängig von der Leistungserstellung anfallen und als fix bezeichnet werden. Die fixen Kosten sind **Kapazitätskosten**, deren Anfall und Höhe von den dispositiven Entscheidungen des Unternehmens abhängen.

Kostenverteilung

Bisher wurden in unserem Beispielunternehmen die Netto-Umsatzerlöse und die betriebs- und anlagebedingten Kosten nicht nach Angebotsbereichen ermittelt. Zukünftig muss dies geschehen, um eine aussagefähige mehrstufige Deckungsbeitragsrechnung durchführen zu können.

Kostenschlüssel

Die betriebs- und anlagebedingten Kosten sollen nach dem Verursachungsprinzip auf die Angebotsbereiche verteilt werden. Es lässt sich nicht immer ohne weiteres erkennen, welcher Angebotsbereich in welcher Höhe die Kosten verursacht hat. Man muss dann eine indirekte Verteilung mit Hilfe von **Umlageschlüsseln** vornehmen. Die Genauigkeit der Deckungsbeitragsrechnung hängt wesentlich von der richtigen Wahl der Kostenschlüssel ab, d.h. die Wahl der Bezugsgrößen muss nach dem Prinzip der Kostenverursachung vorgenommen werden.

Die kostenrechnerische Arbeit der Verteilung der Kosten (Kostenstellenrechnung) besteht darin, die nach Kostengruppen gegliederten Kosten auf die Bereiche zu verteilen, in denen sie angefallen sind.

Grundsätze der
Kostenstellenbildung

Es haben sich zwei Grundsätze für die Einteilung eines Betriebes in Kostenstellen herausgebildet:

1. Es soll jede Kostenstelle ein **selbständiger Verantwortungsbereich** sein, damit Kompetenzüberschneidungen vermieden werden.
2. Es sollen möglichst genaue **Maßgrößen der Kostenverursachung** existieren, um eine fehlerhafte Kostenverteilung und Kostenkontrolle zu vermeiden.

Diese zwei Grundsätze lassen sich in unserem Beispielunternehmen nicht gleichzeitig realisieren. Aufgrund der Angebotsbereiche sind die Bezugsgrößen sachlogisch vorgegeben, die einer Kostenstellenbildung nach Verantwortungsbereichen entgegenstehen. Die Unterteilung des Betriebes in Kostenstellen analog den Angebotsbereichen ist differenzierter als die verantwortungsmäßige Gliederung, da die Inhaberin aufgrund der geringen Größe des Unternehmens für viele Unternehmensbereiche alleinverantwortlich ist.

Es wird empfohlen, die Unterteilung des Betriebes in **Kostenstellen** analog den **Angebotsbereichen** vorzunehmen, weil hierdurch relativ exakte Maßstäbe der Kostenverursachung vorgegeben sind. Dadurch kann das Ziel der verursachungsgerechten Kostenverteilung und Kostenkontrolle besser erreicht werden als bei einer verantwortungsmäßigen Kostenstellenbildung, denn je exakter die Maßstäbe der Kostenverursachung sind, desto genauer wird die Kostenverteilung und Kostenkontrolle. Zugleich können mit Hilfe einer Kostenverteilung gemäß den Angebotsbereichen evtl. Fehlentwicklungen der Angebotspolitik und Preispolitik aufgedeckt werden.

Wir empfehlen die Einrichtung folgender Kostenstellen:

Kostenstelle 1	Speisen
Kostenstelle 2	Getränke
Kostenstelle 3	Handelswaren (Eis)
Kostenstelle 4	Kegelbahn
Kostenstelle 5	Veranstaltungen
Kostenstelle 6	Automaten

Abbildung 60: Einrichtung von Kostenstellen

Es wird in Übereinstimmung mit der Inhaberin der Gaststätte empfohlen, folgende Verteilungsgrundlagen anzuwenden:

Kostengruppe	Verteilungsgrundlagen
01 Wareneinsatz Küche	direkte Zuordnung zur Kostenstelle Speisen[1]
02 Wareneinsatz Getränke	direkte Zuordnung zur Kostenstelle Getränke[1]
03 Wareneinsatz Sonstige (Eis)	direkte Zuordnung zur Kostenstelle Handelswaren (Eis)[1]
05 Personalkosten	Schätzung[2]
06 Energiekosten	Schätzung: Kostenstelle 01 = 60 %, 02 = 15 %, 03 = 9 %, 04 = 9 %, 05 = 6 %, 06 = 1 %
07 Steuern, Versicherungen, Abgaben	Nettoumsatz
08 Betriebs- und Verwaltungskosten	Nettoumsatz
09 Miete, Pacht, Leasing	qm[3]
10 Instandhaltung, Reparatur	direkte Zuordnung der verursachenden Kostenstelle[4]
11 Abschreibungen (AfA)	Wert des Anlagevermögens[5]
12 Geringwertige Wirtschaftsgüter (GWG)	direkte Zuordnung der verursachenden Kostenstelle[4]
13 Zinsen	Wert des Betriebsvermögens[6]

Abbildung 61: Verteilung der Kosten auf Kostenstellen

[1] Der Wareneinsatz ist folgendermaßen zu ermitteln:

FORMEL XXIX

Ermittlung des **Wareneinsatzes**

> Anfangsbestand
> + Wareneinkauf
> ./. Endbestand
> = **Wareneinsatz**

Das Problem besteht in der Ermittlung der Bestände. Hierzu ist eine Lager-buchführung notwendig, in der die Zu- und Abgänge erfasst werden. Hierdurch ist es jederzeit möglich, den Sollbestand zu ermitteln. Die Sollbe-stände, getrennt nach Angebotsbereichen, werden einmal im Jahr durch Inventur korrigiert.

Die vorliegenden Angaben lassen eine Ermittlung des Wareneinsatzes geglie-dert nach Angebotsbereiche nicht korrekt zu, da uns lediglich der gesamte Bestand per 31.12.20.. (Anfangsbestand) und der gesamte Wareneinkauf vom 01.01. bis 31.12.20.. sowie der Bestand per 31.12.20.. (Endbestand) vorliegen, aber nicht nach Angebotsbereichen gegliedert.

Zur Ermittlung der Wareneinsätze gegliedert nach Angebotsbereichen müssen zusätzlich die Warenbestände gegliedert nach Angebotsbereichen per 01.01.20.. (Anfangsbestände) und die Wareneinkäufe gegliedert nach Ange-botsbereichen sowie die Warenbestände gegliedert nach Angebotsbereichen per 31.12.20.. (Endbestände) bekannt sein. Daher führen wir eine Modellrech-nung durch, die auf Schätzungen der Inhaberin beruht und nur bedingt aussagefähig ist.

[2] Bei den Personalkosten sind die tatsächlichen Personalkosten je Kostenstelle zu ermitteln. Sind die tatsächlichen Personalkosten je Kostenstelle nicht zu ermitteln, weil einzelne Mitarbeiter/innen nicht ausschließlich einer Kosten-stelle zugeordnet werden können und eine Erfassung der tatsächlichen Personalkosten der einzelnen Kostenstellen aufgrund des damit verbundenen zeitlichen Aufwandes (Zeiterfassung) betriebswirtschaftlich nicht sinnvoll ist, ist hilfsweise zu schätzen oder der Anteil der Netto-Verkaufserlöse der jewei-ligen Kostenstellen an den Gesamterlösen als Verteilungsschlüssel zu wählen.

Im hier vorliegenden Fall bleibt der kalkulatorische Unternehmerinnenlohn bei der Verteilung der Personalkosten auf die Kostenstellen außer Ansatz. Der kalkulatorische Unternehmerinnenlohn belastet als sog. Fixkostenblock das Gesamtunternehmen, da der kalkulatorische Unternehmerinnenlohn im hier betroffenen Fall überwiegend für dispositive Tätigkeiten, die das Gesamt-unternehmen betreffen, berechnet wird.

Die Personalkosten (außer kalkulatorischer Unternehmerinnenlohn) werden lediglich auf die Kostenstellen 01 Speisen, 02 Getränke und 03 Handelswaren (Eis) verteilt, weil in den anderen Kostenstellen kein Personal eingesetzt wird. Die Inhaberin betreut die anderen Kostenstellen allein. Nach Schätzungen der Inhaberin der Gaststätte entfallen auf die Kostenstelle 01 Speisen rd. 70 %, auf die Kostenstelle 02 Getränke rd. 25 % und auf die Kostenstelle 03 Handelswaren (Eis) rd. 5 % der Personalkosten.

[3] Im hier betroffenen Fall fällt lediglich Pacht an. Für die Pacht muss davon ausgegangen werden, dass der Anteil der Platzbelegung der jeweiligen Kostenstellen an der gesamten Fläche als Verteilungsschlüssel für die Pacht geeignet ist.

Als Maßstab für die Platzbelegung der Kostenstellen haben wir die Platzbelegung in qm gewählt. Da die Kostenstellen 01 Speisen und 02 Getränke räumlich nicht getrennt sind, haben wir für diese beiden Kostenstellen hilfsweise die Netto-Verkaufserlöse als Verteilungsschlüssel gewählt.

[4] Mit den anfallenden Instandhaltungs- und Reparaturkosten sind die jeweils verursachenden Kostenstellen zu belasten. Nicht immer ist eine eindeutige Zuordnung zu den Kostenstellen 01 Speisen und 02 Getränke möglich, weil ein großer Teil der Gegenstände dieser beiden Kostenstellen gemeinsam genutzt wird. Bei Instandhaltungs- und Reparaturkosten für diese Gegenstände haben wir hilfsweise die Netto-Verkaufserlöse als Verteilungsschlüssel gewählt.

[5] Als Verteilungsschlüssel für die Kosten der Kostengruppe Abschreibungen unter Berücksichtigung der kalkulatorischen Abschreibungen bietet sich als verursachungsgerechter Maßstab der Wert des Anlagevermögens der jeweiligen Kostenstelle an. Im vorliegenden Fall sind wir von den Wiederbeschaffungskosten des Anlagevermögens, also nicht von den Anschaffungskosten, ausgegangen, weil die Abschreibungen kalkulatorisch von den Wiederbeschaffungskosten des Anlagevermögens ermittelt wurden.

In Fällen, in denen Gegenstände des Anlagevermögens von mehreren Kostenstellen gemeinsam genutzt werden, wie bei den Kostenstellen 01 Speisen und 02 Getränke, wurden hilfsweise die Netto-Verkaufserlöse als Verteilungsschlüssel gewählt.

[6] Als Bemessungsgrundlage zur kostenrechnerischen Ermittlung der kalkulatorischen Zinsen wurde das betriebsnotwendige Betriebsvermögen gewählt. Entsprechend wurden die kalkulatorischen Zinsen gemäß dem Anteil des betriebsnotwendigen Betriebsvermögens der jeweiligen Kostenstellen verteilt.

Bei Vermögensteilen, die von mehreren Kostenstellen gemeinsam in Anspruch genommen werden, wurden die Netto-Verkaufserlöse hilfsweise als Verteilungsschlüssel zur Verteilung des betriebsnotwendigen Betriebsvermögens gewählt.

Deckungsbeitragsrechnung nach Angebotsbereichen

In diesem Beispielunternehmen wird der Deckungsbeitrag I (DB I) gleichgesetzt mit dem Rohertrag (Netto-Verkaufserlöse – Wareneinsatz). Die Nachkommastellen werden in den folgenden Tabellen aus Vereinfachungsgründen nicht ausgewiesen.

Deckungsbeitragsrechnung nach Angebotsbereichen

	Speisen €	Getr. €	Hand-elsw. €	Ke-gelb. €	Ver-anst. €	Au-tom. €	Gesamt €
Netto- Verkaufs-erlöse	51.080	63.996	11.771	4.215	3.174	446	134.684
./. Wareneinsatz	26.457	23.910	3.286	0	0	0	53.653
DB I	**24.623**	**40.086**	**8.485**	**4.215**	**3.174**	**446**	**81.031**
DB I in %	48	62	72	100	100	100	60
./. sonstige var. Kosten							
Personalkosten	10.059	3.592	718	0	0	0	14.371
Energiekosten	3.092	773	463	463	309	51	5.153
Steuern / Vers. / Abg.	1.181	1.480	272	97	73	10	3.116
Betriebs- und Verw.kosten	5.596	7.011	1.289	461	347	48	14.756
DB II	**4.693**	**27.228**	**5.740**	**3.191**	**2.443**	**335**	**43.633**
DB II in %	9	42	48	75	76	75	32
./. fixe Ko. d. Angeb.bereiche							
Pacht	4.586	5.746	289	2.050	1.700	28	14.400
Instandhaltung / Reparatur	967	447	0	381	149	0	1.945
kalk. Ab.	791	991	55	145	103	0	2.086
kalk. Ab. GWG	151	190	24	25	9	0	399
Zinsen	1.620	978	406	212	120	0	3.336
DB III	**./. 3.422**	**18.875**	**4.966**	**377**	**362**	**307**	**21.467**
DB III in %	./. 6	29	42	8	11	68	15

Abbildung 62: Deckungsbeitragsrechnung nach Angebotsbereichen für das Jahr ....

Die Schichtdeckungsbeiträge der Angebotsbereiche werden wie folgt ermittelt:

FORMEL XXX

Ermittlung der **Schichtdeckungsbeiträge**

	Ange- botsb. I €	Ange- botsb II €	Ange- botsb. III €	Ange- botsb. IV €	Ange- botsb. V €	Ange- botsb. VI €	Ge- samt €
Netto- Verkaufs- erlöse							
./. Wareneinsatz							
DB I							
DB I in %							
./. sonstige var. Kosten							
Personalkosten							
Energiekosten							
Steuern / Vers. / Abg.							
Betriebs- und Verw.kosten							
DB II							
DB II in %							
./. fixe Ko. d. Angeb.bereiche							
Pacht							
Instandhaltung / Reparatur							
kalk. Ab.							
kalk. Ab. GWG							
Zinsen							
DB III							
DB III in %							

Abbildung 63: Formular zur Deckungsbeitragsrechnung nach Angebotsberei-chen für das Jahr ....

Die folgende Abbildung ist ein Formular zur Ermittlung der Deckungsbeiträge nach Angebotsbereichen für den Abrechnungszeitraum Monat.

	Speisen €	Getr. €	Hand-elsw. €	Ke-gelb. €	Ver-anst. €	Au-tom. €	Ge-samt €
Netto- Verkaufs-erlöse							
./. Wareneinsatz							
DB I							
DB I in %							
./. sonstige var. Kosten							
Personalkosten							
Energiekosten							
Steuern / Vers. / Abg.							
Betriebs- und Verw.kosten							
DB II							
DB II in %							
./. fixe Ko. d. Angeb.bereiche							
Pacht							
Instandhaltung / Reparatur							
kalk. Ab.							
kalk. Ab. GWG							
Zinsen							
DB III							
DB III in %							

Abbildung 64: Formular zur Deckungsbeitragsrechnung nach Angebotsberei-chen für den Monat.........

Deckungsbeitragsrechnung nach Angebotsbereichen mit Erfolgsrechnung

	Speisen €	Getr. €	Hand-elsw. €	Ke-gelb. €	Ver-anst. €	Au-tom. €	Gesamt €
Netto- Verk.erl.	51.080	63.996	11.771	4.215	3.174	446	134.684
./. Wareneinsatz	26.457	23.910	3.286	0	0	0	53.653
DB I	**24.623**	**40.086**	**8.485**	**4.215**	**3.174**	**446**	**81.031**
DB I in %	48	62	72	100	100	100	60
./. so. var. Kost.							
Personalkosten	10.059	3.592	718	0	0	0	14.371
Energiekosten	3.092	773	463	463	309	51	5.153
St./Vers./Abg.	1.181	1.480	272	97	73	10	3.116
Betr.- u. Verw.k.	5.596	7.011	1.289	461	347	48	14.756
DB II	**4.693**	**27.228**	**5.740**	**3.191**	**2.443**	**335**	**43.633**
DB II in %	9	42	48	75	76	75	32
./. fixe Ko. d. Angebotsber.							
Pacht	4.586	5.746,	289	2.050	1.700	28	14.400
Instandh. / Rep.	967	447	0	381	149	0	1.945
kalk. Ab.	791	991	55	145	103	0	2.086
kalk. Ab. GWG	151	190	24	25	9	0	399
Zinsen	1.620	978	406	212	120	0	3.336
DB III	**./. 3.422**	**18.875**	**4.966**	**377**	**362**	**307**	**21.467**
DB III in %	./. 6	29	42	8	11	68	15
./. Fixkostenblock (kalkulatorischer Unternehmerinnenlohn)							18.000
Betriebsergebnis (Verlust); Abweichung von Abbildung 44 auf-grund von Rundungen bei den kalkulatorischen Kosten							**3.467**

Abbildung 65: Deckungsbeitragsrechnung nach Angebotsbereichen mit Er-folgsrechnung für das Jahr ....

Das **Betriebsergebnis** wird bei einer Deckungsbeitragsrechnung nach Angebotsbereichen wie folgt ermittelt:

FORMEL XXXI

Ermittlung
Betriebsergebnis

Ermittlung des **Betriebsergebnisses**

	Ange-botsb. I €	Ange-botsb. II €	Ange-botsb. III €	Ange-botsb. IV €	Ange-botsb. V €	Ange-botsb. VI €	Ge-samt €
Netto- Verk.erl.							
./. Wareneinsatz							
DB I							
DB I in %							
./. so. var. Kost.							
Personalkosten							
Energiekosten							
St./Vers./Abg.							
Betr.- u. Verw.k.							
DB II							
DB II in %							
./. fixe Kosten d. Angebotsber.							
Pacht							
Instandh. / Rep.							
kalk. Ab.							
kalk. Ab. GWG							
Zinsen							
DB III							
DB III in %							
./. Fixkostenblock (kalkulatorischer Unternehmerinnenlohn)							
Betriebsergebnis (Gewinn / Verlust)							

Abbildung 66: Formular zur Deckungsbeitragsrechnung nach Angebotsbereichen mit Erfolgsrechnung für das Jahr ....

Die folgende Abbildung zeigt ein Formular zur Ermittlung des Betriebsergebnisses mit der Deckungsbeitragsrechnung nach Angebotsbereichen für den Abrechnungszeitraum Monat.

	Speisen €	Getr. €	Hand elsw. €	Ke- gelb. €	Ver- anst. €	Au- tom. €	Gesamt €
Netto- Verk.erl.							
./. Wareneinsatz							
DB I							
DB I in %							
./. so. var. Kost.							
Personalkosten							
Energiekosten							
St./Vers./Abg.							
Betr.- u. Verw.k.							
DB II							
DB II in %							
./. fixe Ko. d. Angebotsber.							
Pacht							
Instandh. / Rep.							
kalk. Ab.							
kalk. Ab. GWG							
Zinsen							
DB III							
DB III in %							
./. Fixkostenblock (kalkulatorischer Unternehmerinnenlohn)							
Betriebsergebnis (Gewinn / Verlust)							

Abbildung 67: Formular zur Deckungsbeitragsrechnung nach Angebotsbereichen mit kurzfristiger Erfolgsrechnung für den Monat.....................

Wie kann die Angebotspolitik optimiert werden?

Unter einer optimalen Angebotsgestaltung wird die Ausrichtung des gesamten Angebotes auf die **ertragskräftigsten Bereiche** verstanden, wobei sich die Rangfolge, in der die Angebotsbereiche gefördert werden und damit langfristig angeboten werden, nach der **Höhe der Deckungsbeiträge** richtet.

Angebotsoptimierung

Beispiel

In einem Gastronomiebetrieb wurden folgende Deckungsbeiträge II (Rohertrag – sonstige variable Kosten) ermittelt:

	Speisen	Getränke	Veranstaltungen
Deckungsbeiträge II	68.900	123.400	34.200

Aus diesen Angaben sollen die Angebotsbereiche nach ihrer Ertragskraft geordnet werden.

Die Angebotsgestaltung nach absoluten Deckungsbeiträgen hat die folgende Rangordnung:

1. Rang:	Angebotsbereich „Getränke" mit 123.400 €
2. Rang:	Angebotsbereich „Speisen" mit 68.900 €
3. Rang:	Angebotsbereich „Veranstaltungen" mit 34.200 €

Entsprechend der Logik der Deckungsbeitragsrechnung sind die Absatzmengen der Angebotsbereiche mit den höchsten Deckungsbeiträgen zu erhöhen und damit zu fördern; die ertragsschwächeren Angebotsbereiche werden entweder abgebaut oder verbleiben im Angebot zur Abrundung des Gesamtangebots.

Die Deckungsbeiträge eignen sich zur Festlegung des optimalen Angebots.

Da bei der Festlegung der Rangfolge die Absatzmengen (sind auch nur bedingt vergleichbar) nicht berücksichtigt wurden, besteht Unsicherheit in der Entscheidung. Es könnte ja sein, dass der Deckungsbeitrag des Angebotsbereiches „Speisen" mit einer erheblich geringeren Absatzmenge erzielt wurde als der des Angebotsbereiches „Getränke". Genauere Daten und damit bessere Ergebnisse liefern die **Deckungsbeiträge je Mengeneinheit.**

Wegen der Schwierigkeit, **vergleichbare Mengen** bei der Festlegung des optimalen Angebotes zu berücksichtigen (heterogene Angebotsstruktur), ist es sinnvoll, die **Rangfolge nach Deckungsbeitragsprozentsätzen** festzulegen. Hierbei werden für jeden Angebotsbereich aus den **Deckungsbeiträgen II oder III und den Umsätzen der Angebotsbereiche Prozentzahlen** ermittelt, die die Ertragskraft der Angebotsbereiche vergleichbar machen.

	Speisen	Getränke	Veranstaltung.
Deckungsbeiträge II	68.900	123.400	34.200
Umsatz	124.900	238.400	68.200
Deckungsbeiträge in % des Umsatzes	$\dfrac{68.900 \times 100}{124.900}$ = **55,16 %**	$\dfrac{123.400 \times 100}{238.400}$ = **51,76 %**	$\dfrac{34.200 \times 100}{68.200}$ = **50,15 %**

Die auf einen möglichst hohen Deckungsbeitrag ausgerichtete Angebotspolitik hat nach relativen Deckungsbeiträgen folgende Rangfolge festzulegen:

1. Rang:	Angebotsbereich „Speisen" mit 55,16 %
2. Rang:	Angebotsbereich „Getränke" mit 51,76 %
3. Rang:	Angebotsbereich „Veranstaltungen" mit 50,15 %

Gegenüber der Angebotspolitik nach absoluten Deckungsbeiträgen ergibt sich eine Verschiebung im 1. und 2. Rang.

Maßstab für Entscheidungen der Angebotspolitik sind relative Deckungsbeiträge.

Der relative Deckungsbeitrag wird wie folgt errechnet:

FORMEL XXXII

Berechnung des **relativen Deckungsbeitrages**

$$\text{Relativer Deckungsbeitrag} = \frac{\text{Deckungbeitrag II oder III} \times 100}{\text{Umsatz}}$$

Bei der erfolgreichen **Etablierung** einer **Gaststätte** spielt nicht nur die Optimierung der Angebotspolitik eine wesentliche Rolle, sondern auch, ob es gelingt, im Gesamtangebot (Veranstaltungen, Stil und Darbietung des Hauses und der Innenausstattung, Präsentation durch die Bedienungskräfte etc.) den Bedürfnissen der Zielgruppe bzw. der Zielgruppen zu entsprechen.

Diese Bedürfnisse sind nicht nur durch die reine Sättigung von Hunger oder Durst zu befriedigen, vielmehr spielen **emotionale** und **soziale Erwägungen** eine Rolle. Der Gast hat ein Sendungs- und Kommunikationsbedürfnis, sucht z.B. Neues, Interessantes, Exklusives, möchte mit dem Besuch seinen Lebensstil ausdrücken. Auch der Gast möchte sich durch den Besuch spezieller gastronomischer Betriebe bzw. Veranstaltungen differenzieren. Daher ist der wichtigste Punkt des Gesamtkonzeptes des Betriebes, dass sich die Konzeption des Betriebes deutlich und unverwechselbar an den Bedürfnissen der Zielgruppe orientiert.

Die Bereitschaft für Gaststättenbesuche auch einen entsprechenden Teil des verfügbaren Einkommens auszugeben, ist unter anderem auch von dem Angebot der gastronomischen Betriebe abhängig. Einschränkend muss angemerkt werden, dass der kulturelle und gastronomische Bereich stark auf konjunkturelle Schwankungen reagiert.

Die wirtschaftliche Situation des Gebietes der hier dargestellten Gaststätte lässt einen Bedarf an „bezahlbaren" Angeboten vermuten. Damit wird empfohlen, auch weiterhin ein Gesamtangebot bei nicht allzu exklusiver Preiskalkulation aufrechtzuerhalten.

Berechnung relativer Deckungsbeitrag

Etablierung einer Gaststätte

Gästebedürfnisse

Angebot einer Gaststätte

Angebotspolitik

Eine derartige **Angebotspolitik** schmälert zwar die Gewinnspanne bzw. die Stückdeckungsbeiträge, wirkt aber positiv auf die Gesamtumsatzentwicklung und führt zu einem absolut günstigeren Betriebsergebnis.

Die gute Wettbewerbssituation (einziger Anbieter im Ort) darf nicht darüber hinwegtäuschen, dass das Angebotsprogramm den Wünschen der ortsansässigen Bevölkerung entsprechen muss.

Gästebeobachtung

Neben entsprechender persönlicher Betreuung und einer nicht auf hohe Fluktuation ausgelegten Bewirtung wird dafür eine genaue Beobachtung möglicher Veränderungen bei den Besuchern notwendig. Das Halten einer festgestellten, ausreichend großen Zielgruppe ergibt sich durch die persönlichen Kontakte und den damit erfolgenden Erfahrungsaustausch dann fast von selbst.

Eine ständige **Angebotskontrolle** ist Voraussetzung für eine gästeorientierte und erfolgreiche Angebotsgestaltung.

Förderwürdigkeit der Angebotsbereiche

Ein wichtiges Instrument der Angebotspolitik ist die Deckungsbeitragsrechnung. Im Sinne der Deckungsbeitragsrechnung stellt sich die Frage, welche Angebotsbereiche bzw. Produkte in einem Käufermarkt denn besonders förderungswürdig sind. Unter Förderungswürdigkeit versteht man die Zuteilung von Werbebudgets oder die Durchführung von Verkaufsförderungsmaßnahmen. Aber zunächst müssen die entsprechenden Informationen gewonnen werden. Welche Angebotsbereiche bzw. Produkte aus dem Gesamtangebot sind besonders förderungswürdig?

Entscheidungsregel
Deckungsbeitrags-
rechnung

Mit der Deckungsbeitragsrechnung fällt die Antwort für unseren Beispielsbetrieb einfach aus, und die ,**Förderungswürdigkeit**' ist auch schnell ermittelt. Wenn man sich die Fixkosten in Höhe von monatlich 3.347,22 € (gesamte Fixkosten 40.166,67 € : 12 Monate) als Bleikugel vorstellt, die das Unternehmen von Monat zu Monat mitschleppt und erst durch die Deckungsbeiträge der einzelnen Angebotsbereiche ,verdient' werden müssen, bevor das Unternehmen von der Verlust- in die Gewinnzone wechseln kann, dann sind die Angebotsbereiche aus dem Gesamtangebot förderungswürdig, die helfen, die Gewinnzone schnell zu erreichen. Der Punkt zwischen Verlust- und Gewinnzone wird in der Teilkostenrechnung ,**Break-Even-Point**' (BEP) genannt. Als **Entscheidungsregel** bedeutet das, wie oben dargestellt: Es werden zunächst die Angebotsbereiche nach der Höhe ihrer Deckungsbeiträge II geordnet. Der Angebotsbereich mit dem höchsten absoluten Deckungsbeitrag II ist am förderungswürdigsten, der mit dem zweitgrößten Deckungsbeitrag II nimmt den zweiten Platz ein. Entsprechend folgen die nachrangigen Angebotsbereiche.

Am Beispiel der hier betroffenen Gaststätte soll dies noch mal etwas genauer verdeutlicht werden:

Förderwürdigkeit

Die Reihenfolge der ,**Förderungswürdigkeit**' im Sinne des Marketings ist mit einem Blick auf die Deckungsbeitragsrechnung offensichtlich. Der Angebotsbereich Getränke ist der Kostenträger mit dem höchsten Deckungsbeitrag II in Höhe von 27.228,39 €. Er wird gefolgt von dem Angebotsbereich Handelswaren mit einem Deckungsbeitrag II in Höhe von 5.740,79 €. Danach folgen die Angebotsbereiche Speisen mit 4.693,02 €, Kegelbahn mit 3.191,75 €, Veranstaltungen mit 2.443,70 € und das Schlusslicht bildet der Angebotsbereich Automaten mit einem Deckungsbeitrag II in Höhe von 335,98 €.

Die Inhaberin der Gaststätte muss nach der Logik der Deckungsbeitragsrechnung alles daran setzen, den Angebotsbereich Getränke über Werbung und Verkaufsförderung zu 'pushen'.

Bei Angebotsbereichen mit **einem niedrigen Deckungsbeitrag II** ist zu prüfen, ob sie aus dem Angebot herausgenommen werden sollten. Es ist nur dann betriebswirtschaftlich sinnvoll, sie aus dem Angebot herauszunehmen, wenn sie einen **negativen Deckungsbeitrag II** aufweisen. Aus dem Angebot können sie auch trotz negativem Deckungsbeitrag nicht herausgenommen werden, wenn diese Angebotsbereiche zum **Kernangebot** gehören und die Gäste erwarten, dass sie präsent sind. Ferner sollten sie nicht aus dem Angebot genommen werden, wenn sie im Verbund mit einem anderen Angebotsbereich nachgefragt werden, der einen wesentlich höheren Deckungsbeitrag II aufweist. Im hier betroffenen Fall stellt sich also die Frage nach der Bereinigung von Angebotsbereichen nicht, weil alle Angebotsbereiche einen positiven Deckungsbeitrag II aufweisen.

Angebotsbereinigung

Zusammenfassend sei festgestellt, die Angebotsbereiche mit einem überdurchschnittlichen Deckungsbeitrag II (Getränke und Handelswaren) sollten verstärkt angeboten werden.

In einem zweiten Schritt sollten **die relativen Deckungsbeiträge** ermittelt werden. Nach der Logik der Deckungsbeitragsrechnung sollten die Angebotsbereiche mit den höchsten Deckungsbeiträgen in % (relative Deckungsbeiträge) verstärkt angeboten und durch kommunikative Maßnahmen gefördert werden. Dies sind die Angebotsbereiche Veranstaltungen (76,99 %), Kegelbahn (75,72 %) und Automaten (75,19 %).

Rang der Förderwürdigkeit

Das verstärkte Angebot sollte nicht nur quantitativ sein, sondern vor allem sollte die Kommunikation verbessert werden.

Zusätzlich können die Angebotsbereiche mit einem überdurchschnittlichen Deckungsbeitrag II in % mit Hilfe von Aktionen verstärkt angeboten werden.

Die Deckungsbeitragsrechnung zeigt für den Angebotsbereich Speisen einen negativen Deckungsbeitrag III in Höhe von 3.422,91 €. Dieser Angebotsbereich trägt zwar zur Deckung der Fixkosten 4.693,02 € bei, aber er erwirtschaftet nicht vollständig die ihm zugeordneten Fixkosten. Ein vollständiger Abbau dieses Angebotsbereiches würde rechnerisch bedeuten, dass sich das Betriebsergebnis um 4.693,02 € verschlechtern würde.

Der **Betriebserfolg** weist ein geringes positives Ergebnis aus. Dieser geringe positive Erfolg kann bei Veränderungen der Umwelt (beispielsweise Nachfrage- oder Kostenveränderungen) zu einer ernsthaften Bedrohung für das Gesamtunternehmen werden. Zur Verbesserung des Betriebsergebnisses sind durchgreifende Maßnahmen zur Kostensenkung und / oder Erlössteigerung des Angebotsbereiches Speisen dringend notwendig.

Maßnahmen zur Verbesserung des Betriebsergebnisses

Auffallend ist der hohe Wareneinsatz im Angebotsbereich Speisen. Es ist zu prüfen, ob und inwieweit Verbrauchs- bzw. Kostensenkungen bei wirtschaftlichem Verhalten zu erzielen sind.

Neben Kosteneinsparungen besteht die Notwendigkeit zur Durchführung von Maßnahmen zur Erhöhung der durchschnittlichen Erlöse im Angebotsbereich Speisen.

Die Prämissen für eine solche Zielerreichung könnten neben der Betonung der Qualität der Speisen die besondere Servicefreundlichkeit sein.

Es ergibt auf Dauer betriebswirtschaftlich keinen Sinn, wie bisher sowohl eine kostenintensive high-quality-Strategie bei hohem Servicestandard zu fahren und gleichzeitig unter den Preisangeboten der niedrigsten Anbieter in den umliegenden Ortschaften bleiben zu wollen oder zu müssen.

Preismanagement

Voraussetzung zur Erzielung eines angemessenen Gewinns ist ein **effektives Preismanagement**. Es muss also der „richtige" Preis auf Basis einer detaillierten Gäste- und Marktkenntnis gefunden werden. Die Wirkungen von Preiserhöhungen auf dem Umsatz sind den Gastronomen weitgehend unbekannt. Daher wird empfohlen, wenige unterschiedliche Preiserhöhungen auf verschiedene Speisen und Getränke zu testen. Geeignet erscheinen Speisen und Getränke, bei denen nur eine geringe **Preistransparenz** bei den Gästen existiert.

Nach den Preiserhöhungen ist das Bestellverhalten der Gäste zu analysieren und mit Hilfe der Verhaltensanalyse die Wirkungen der Preiserhöhungen in Abhängigkeit der Gästemerkmale zu prognostizieren. Daraus sind die gästegruppenspezifischen Preiserhöhungen abzuleiten.

Zielkosten

Von den abgeleiteten **erzielbaren Marktpreisen** für die einzelnen Angebote subtrahieren Sie die gewünschte **Gewinnmarge**. Jetzt haben Sie die so genannten **Zielkosten**, die nicht höher sein sollten als Ihre ermittelten Kosten für diese Angebote. Ergibt sich eine negative Differenz, haben Sie zwei Möglichkeiten, diese Differenz zu beseitigen: Kostensenkungsmaßnahmen oder (nicht für den Gast wahrnehmbare) Änderung des Angebots. Eine Änderung des Angebots einer Speise könnte beispielsweise darin bestehen, preiswertere Rohstoffe zur Herstellung der Speise zu verwenden. Jedoch ist darauf zu achten, dass eine für den Gast wahrnehmbare **Qualitätsverschlechterung** nicht damit verbunden ist. Denn Gäste reagieren auf wahrnehmbare Qualitätsverschlechterungen häufig mit einem Nichtbesuch der gastronomischen Einrichtung.

Es wird weiter empfohlen, **Fehl- und Nichtverkaufslisten** zu führen. Auf die Fehlverkaufsliste sind alle Artikel bzw. Leistungen aufzunehmen, die grundsätzlich angeboten werden, aber zum Zeitpunkt der Nachfrage durch den Gast nicht vorrätig waren. Auf die Nichtverkaufsliste sind alle Artikel bzw. Leistungen aufzunehmen, die im bestehenden Angebotsprogramm nicht geführt werden, aber von Gästen nachgefragt werden. $\qquad$ Fehlverkaufsliste

Diese Listen ermöglichen es, kurzfristig eine sinnvolle Erweiterung bzw. Vertiefung des Angebots vorzunehmen.

Die Führung von Fehl- und Nichtverkaufslisten wird dringend empfohlen, weil aus Erfahrungen im Gastronomiebereich bekannt ist, dass Gäste, die wiederholt eine gewünschte Leistung bei einem bestimmten Gastronomiebetrieb nicht kaufen können, die Bindung zu einer bestimmten Gaststätte aufgeben und nur noch sehr schwer zurück gewonnen werden können.

Aufgaben

1. Erläutern Sie den Begriff „stufenweise Fixkostendeckung".

2. Warum ist es grundsätzlich vorteilhaft, einen Angebotsbereich nicht abzubauen, wenn er einen positiven Deckungsbeitrag erzielt?

3. Was versteht man unter „Angebotsgestaltung nach relativen Deckungsbeiträgen"?

4. Welche Maßnahmen können zur „optimalen" Gestaltung des Angebotes beitragen?

5. In einem Gaststättenbetrieb wird der Erfolg für zwei Angebotsbereiche I und II nach der Deckungsbeitragsrechnung ermittelt. Folgende Erlös- und Kostensituation liegt vor:

	Angebotsbereich I		Angebotsbereich II		
	Ange-bot 1	Ange-bot 2	Ange-bot 3	Ange-bot 4	Ange-bot 5
Umsatzerlöse	19.500	52.800	64.700	23.500	17.800
Wareneinsatz	8.400	25.600	29.800	10.800	11.300
var. Handlungskosten	3.100	7.500	4.900	6.300	2.600
angebotsbereichsfixe Kosten	19.400		24.800		
angebotsfixe Kosten	12.800				

a) Berechnen Sie den Rohertrag und den Deckungsbeitrag I für jedes Angebot und insgesamt.

b) Berechnen Sie die Deckungsbeiträge II und III.

c) Geben Sie die Rangordnung der Angebote sowie der Angebotsbereiche nach absoluten und relativen Deckungsbeiträgen an.

d) Machen Sie einen Vorschlag zur Verbesserung des Betriebserfolges und begründen Sie diesen.

6. Eine Gaststätte hat mit Hilfe der Vollkostenrechnung für den Monat November in den drei Angebotsbereichen Speisen, Getränke und Veranstaltungen folgende Erlöse und Kosten festgestellt:

	Speisen	Getränke	Veranstaltungen	insgesamt
Umsatzerlöse	28.800	34.600	12.200	75.600
Wareneinsatz	12.400	11.300	4.500	28.200
Handlungskosten	14.800	8.900	3.500	27.200

Mit Hilfe einer Kostenanalyse ist festgestellt worden, dass 20 % der Handlungskosten variable Gemeinkosten sind. Die restlichen Gemeinkosten sind unternehmensfixe Kosten.

a) Ermitteln Sie den Deckungsbeitrag für jeden Angebotsbereich und insgesamt.

b) Berechnen Sie das Betriebsergebnis.

c) Geben Sie die Rangfolge der Angebotsbereiche für eine optimale Angebotsgestaltung nach relativen Deckungsbeiträgen an.

7. In einem Restaurant mit drei Angebotsbereichen I, II und III wurden für den Monat Mai folgende Erlöse und Kosten ermittelt:

Wareneinsatz:	Angebotsbereich I	12.600
	Angebotsbereich II	9.700
	Angebotsbereich III	28.300
Umsatzerlöse:	Angebotsbereich I	19.900
	Angebotsbereich II	26.800
	Angebotsbereich III	75.200

Die Handlungskosten betrugen im Monat Mai insgesamt 57.000 €. Sie verteilen sich gemäß der durchgeführten Kostenstellenrechnung wie folgt auf die einzelnen Angebotsbereiche:

	Angebotsbereich I	Angebotsbereich II	Angebotsbereich III
Handlungskosten	5.600	13.800	37.600

25 % der Handlungskosten der jeweiligen Angebotsbereiche sind variable Handlungskosten. 30 % der Handlungskosten der jeweiligen Angebotsbereiche sind angebotsbereichsfixe Kosten. Der Rest der Handlungskosten ist unternehmensfix.

a) Ermitteln Sie die Roherträge, die Deckungsbeiträge I und II für jeden Angebotsbereich und insgesamt sowie das Betriebsergebnis.

b) Berechnen Sie die relativen Deckungsbeiträge für jeden Angebotsbereich und geben Sie die Rangfolge für die optimale Angebotsgestaltung an.

8. Zur Untersuchung der Kosten- und Ertragssituation ist aus drei Angebotsbereichen je ein Angebot repräsentativ ausgewählt worden. Für diese Angebote wurden folgende Daten ermittelt:

	Angebot A	Angebot B	Angebot C
Wareneinsatz je Stück	36,00	46,50	26,00
variable Handlungsk. je Stück	21,00	26,00	12,00
Nettoverkaufspreis je Stück	63,00	75,00	42,00
angebotsbereichsfixe Kosten	4.200,00	2.400,00	1.840,00
unternehmensfixe Kosten	4.100,00		

a) Ermitteln Sie den Rohertrag und Deckungsbeitrag I für jedes Angebot.

b) Wie viel Stück müssen von jedem Angebot verkauft werden, damit die angebotsbereichsfixen Kosten durch die Deckungsbeiträge gedeckt werden.

c) Von dem Angebot A können monatlich 1.250 Stück und von dem Angebot C 1.480 Stück verkauft werden. Wie viel Stück müssen von dem Angebot B verkauft werden, damit auch die unternehmensfixen Kosten gedeckt werden und noch ein Gewinn in Höhe von 10.000 € erzielt wird?

9. Ein Hotel führt das Hotelrestaurant als selbständiges Profitcenter mit den Angebotsbereichen „Speisen" und „Getränke". Für den abgelaufenen Monat liegen aus der Buchhaltung und der Kostenrechnung folgende Daten vor:

	Angebotsbereich Speisen	Angebotsbereich Getränke
Nettoumsatzerlöse	43.000	26.000
Wareneinsatz	15.400	12.900
variable Handlungskosten	6.800	6.200
angebotsbereichsfixe Kosten	2.900	2.300
profitcenterfixe Kosten	12.500	

a) Ermitteln Sie die Roherträge sowie die Deckungsbeiträge I und II für jeden Angebotsbereich und insgesamt.

b) Wegen des nicht zufrieden stellenden Verkaufs der Getränke sollen die profitcenterfixen Kosten in voller Höhe durch die Deckungsbeiträge des Angebotsbereiches „Speisen" gedeckt und die Angebotspreise für Getränke so weit gesenkt werden, dass die Umsatzerlöse gerade noch zur Deckung der angebotsbereichsfixen Kosten ausreichen. Um wie viel Prozent könnten die Preise gesenkt werden?

c) Zur Steigerung des Absatzes sollen die Angebotspreise für Getränke so weit gesenkt werden, dass die Umsatzerlöse nur noch die variablen Einzel- und Gemeinkosten decken. Wie viel Prozent beträgt in diesem Fall die Preissenkung?

5.2   Zielkostenrechnung (Target Costing)

Worum handelt es sich bei der Zielkostenrechnung (Target Costing)?

Perspektive der
Zielkostenrechnung

Bei der traditionellen Zuschlagskalkulation wird davon ausgegangen, dass Sie den Preis Ihrer Produkte an den Selbstkosten ausrichten müssen: Die **Zielkostenrechnung** bricht mit diesem Prinzip. Sie geht von einer anderen Perspektive aus. Die entscheidende Frage lautet: Was darf ein Produkt kosten?

Preisfindung am Markt

Mit dieser **Maxime** wird deutlich, dass Sie sich bei der **Preisfindung am Markt** orientieren müssen und das heißt, die Gäste, Lieferanten und Konkurrenten bestimmen den Preis.

Die Zielkostenrechnung wurde ursprünglich in den 70er Jahren des vorigen Jahrhunderts in Japan entwickelt und ist seit den 90er Jahren auch in Deutschland weit verbreitet. Dies ist besonders bedingt durch die Verschärfung des internationalen Wettbewerbs und einen hohen Innovations- und Preisdruck.

Strategieentwicklung

Die Zielkostenrechnung ist in die Gesamtplanung eines Unternehmens zu integrieren. Der Ausgangspunkt für die Kostenbetrachtung ist die folgende Frage: Welche **Strategie** verfolgen wir? Ein bereits in den 80er Jahren des vorigen Jahrhunderts entwickelter Ansatz geht davon aus, dass Unternehmen grundsätzlich die Wahl zwischen zwei Alternativen haben:

1. Kostenführer am Markt werden,

2. Positionierung und Abgrenzung von Wettbewerbern durch besondere Qualität (Differenzierung).

Angenommen Sie sind in einem gegebenen Markt tätig und haben die zwei oben genannten Möglichkeiten:

1. Sie bieten neue und junge Produkte zu einem relativ niedrigen Preis an und bringen sie schnell auf den Markt. Erst hinterher versuchen Sie am Ausbau eines Qualitätsimages zu arbeiten und den wahrgenommenen Produktwert zu steigern. Dies ist eine typische Vorgehensweise von vielen Unternehmen, z.B. in der Unterhaltungselektronik. Diese „typische" Strategie wird zunehmend verfolgt, nicht zuletzt aus dem offensichtlichen Grund einer Kostenreduzierung.

   Kostenführerschaft

2. Sie bauen gezielt ein Produkt auf, dass im Bewusstsein der Kunden einen hohen Produktwert hat und das sich über die hohe Qualität vom Wettbewerb differenziert. Damit sind in der Regel hohe Produktkosten verbunden, die Sie erst in einer späteren Phase zu verringern versuchen. Durch diese Strategie haben Sie zwar zunächst einen Vorteil vor den Konkurrenten, allerdings kann es gefährlich werden, wenn Sie versuchen, die Qualität zu wahren. Die Konkurrenz im Markt mag längst zu billigeren Preisen anbieten und der eigene Markt „bricht" weg.

   Differenzierung

Die Wahl einer **Strategiealternative** hat für das Konzept der Zielkostenrechnung unmittelbare Konsequenzen:

Konsequenzen der Strategie

1. Egal, welche Strategie Sie verfolgen: Kosten sind immer wichtig, allerdings mit unterschiedlicher Prioritätensetzung.

2. Dort wo der Wettbewerb besonders intensiv ist, erwerben Sie am besten die Kompetenz für ein erfolgreiches Kostenmanagement. Hier geht es um beides: Qualität und Kosten.

3. Es ist leichter, von niedrigen Produktkosten auszugehen und ein Qualitätsimage aufzubauen als umgekehrt!

Es kann gefährlich sein, einer **qualitätsorientierten Strategie** zu folgen, wenn die „Kostenfrage" zu sehr in den Hintergrund gestellt wird, denn was sich am Markt absetzten lässt, ist wesentlich durch den Preis (und seine Relation zum Produkt) bestimmt.

Gefahr einer Qualitätsstrategie

Der entgegengesetzte Ansatz einer **Kostenführerschaft** betont schon sehr viel direkter, dass Sie Kosten in den Mittelpunkt Ihrer Betrachtung stellen müssen. Von hier ist es nicht weit zum unmittelbaren Ansatzpunkt der Zielkostenrechnung – der Orientierung der Kosten am Marktpreis.

Kostenführerschaft

Die Kosten, die für Sie relevant sind, sind die Zielkosten, die Sie am Markt erzielen können. Sie stellen eine Art Klammer um das Unternehmen dar und richten dadurch die gesamte Kostenplanung auf die **Markterfordernisse** aus. Es erfolgt eine strikte **Gästeorientierung** nicht nur mit qualitativen Zielkrite-

Zielkosten

rien, sondern mit Hilfe konkret fassbarer Steuerungskriterien, eben mit Zielkosten.

Merkmale der
Zielkostenrechnung

Die wesentlichen **Merkmale** der **Zielkostenrechnung** können wie folgt zusammengefasst werden:

1. Strikte Marktorientierung durch die Herleitung marktorientierter Zielkosten
   für alle Produkte und Leistungen. Dabei größtmögliche Berücksichtigung
   von Gästewünschen.

2. Kostenbeeinflussung in frühen Phasen der Produkt- bzw. Leistungsentwicklung.

3. Ermittlung der „zulässigen" Kosten durch wettbewerbsorientierte rück-
   wärtsgerichtete Kalkulation unter Ansatz der gewünschten Gewinnmarge.

4. Ermittlung der Selbstkosten durch vorwärts gerichtete Kalkulation auf der
   Grundlage bisheriger oder geschätzter Standardkosten.

5. Gegenüberstellung der zulässigen Kosten und der Selbstkosten und Set-
   zung der Zielkosten für das Gesamtprodukt, Komponenten, Teile und
   weitere Leistungen. Beseitigung der Differenzen zwischen zulässigen Kosten und Selbstkosten.

6. Endgültige Festlegung der Zielkosten und Ableitung der neuen Standardkosten.

Ziele der
Zielkostenrechnung

Die **Kernidee** der **Zielkostenrechnung** ist relativ einfach, die Umsetzung im
Detail allerdings häufig kompliziert. Das liegt unter anderem daran, dass die
Zielkostenrechnung alle Stufen des **Produkt- bzw. Leistungslebenszyklus**
durchzieht – von der Entwicklung über die Produktion und Vermarktung bis
hin zur Aussonderung eines Produktes oder einer Leistung. Die Zielkosten
haben dabei in allen Phasen eine hohe Verbindlichkeit und wirken in alle betrieblichen Funktionsbereiche hinein. Obwohl die Zielkostenrechnung das
klare Ziel hat, Kosten in einer frühen Phase der Entstehung zu verringern, und
das auch zunächst jedem einsichtig erscheint, ist es in vielen Unternehmen
noch kein selbstverständlich gelebtes Leitmotiv.

> **Die entscheidende Frage der Zielkostenrechnung ist: Was darf ein
> Produkt kosten? Die strikte Marktorientierung erfordert eine wett-
> bewerbsorientierte rückwärtsgerichtete Kalkulation. Ausgehend von
> dem wettbewerbsfähigen Marktpreis werden die Zielkosten ermittelt
> und die Selbstkosten den Zielkosten schrittweise angenähert.**

Wie Sie die Zielkostenrechnung schrittweise durchführen

Die folgende Abbildung zeigt den Ablauf des Target Costing.

Ablauf der Zielkostenrechnung

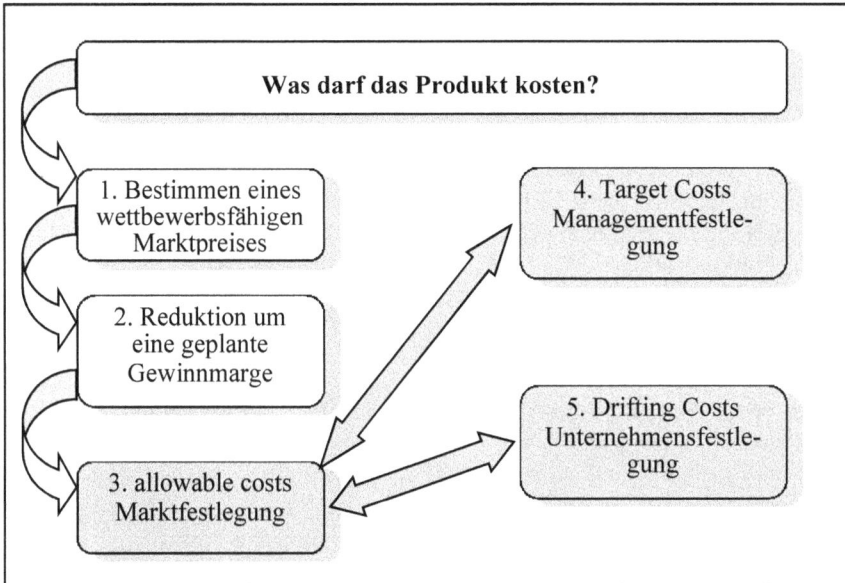

Abbildung 68: Ablauf des Target Costing

Gewinnung von Marktdaten und Ermittlung von Zielkosten

Die Bestimmung der Kosten beginnt im Markt bei Ihren Gästen. Ohne zu wissen, wie viel Gäste für Ihre Leistung zu zahlen bereit sind, können Sie keine Zielkosten ermitteln. Doch wie kommen Sie zu diesen Kosten?

Der erste Schritt des marktorientierten Zielkostenmanagements besteht im Sammeln, Analysieren und Aufbereiten von Daten über ein Produkt bzw. eine Leistung und dessen/deren Entstehung sowie über Konkurrenten und deren Marktverhalten. Zur Informationsbeschaffung können Sie dabei alle traditionellen **Instrumente** der **Marktforschung** nutzen:

Instrumente der Marktforschung

- Paneluntersuchungen

- Portfolioanalysen

- Aktive Kundenbesuche

- Gästebefragungen

- Planung- und Auswertung von Messebesuchen

- Marktstudien

- Produkttests

- Interne und externe Datenbanken

- Degustationen

- Wettbewerbsanalysen

- ...

Aufbereitung der Marktforschungsdaten

Damit Sie die ermittelten Daten für die Zielkostenrechnung verwenden können, müssen Sie diese **Daten** weiter **verdichten**. Sie sollten beispielsweise eine Prognose bezüglich der absetzbaren Stückzahlen erstellen und Szenarien für unterschiedliche zu erwartende **Marktentwicklungen**. Sie haben fünf Möglichkeiten der **Zielkostenbestimmung**. Je nach Verfahren, dass Sie verwenden, ergeben sich andere Anforderungen an Qualität und Aufbereitung der Daten.

„Market into Company"-Methode

Die erste Möglichkeit besteht in der so genannten **„Market into Company"-Methode**. Es handelt sich hier um die Reinform der Zielkostenrechnung und es wird darunter verstanden, dass die Zielkosten direkt aus den am Markt erzielbaren Preisen und der Gewinnplanung ermittelt werden. Es handelt sich hier um die **„vom Markt erlaubten Kosten"** (allowable costs).

„Out of Competitor"-Methode

Die zweite Möglichkeit stellt die **„Out of Competitor"-Methode** dar. Hier werden die Zielkosten aus den **Kosten** der **Konkurrenz** abgeleitet. Diese Form der Zielkostenableitung eignet sich nur, wenn ein relativ detaillierter Nachvollzug von Kostenstrukturen des Konkurrenzprodukts möglich ist.

„Out of Company"-Methode

Die dritte Möglichkeit ist die **„Out of Company"-Methode**, bei der die Zielkosten aus **konstruktions- und fertigungstechnischen Faktoren** in Abhängigkeit vorhandener Fähigkeiten und Fertigkeiten abgeleitet werden Eine solche Vorgehensweise bietet sich an, wenn Sie ein technik-dominiertes Unternehmen haben, was für gastronomische Betriebe nicht zutrifft. Von Zielkostenrechnung kann aber nur gesprochen werden, wenn die Technologie sofort preis- und kostenseitig auf den Markt ausgerichtet wird.

„Into and Out of Company"-Methode

Die vierte Möglichkeit ist die **„Into and Out of Company"-Methode**. Diese Form darf eigentlich nur noch ganz am Rande zur Zielkostenrechnung gezählt werden, da hier bereits der strikte Marktbezug aufgeweicht ist. Die Methode eignet sich eigentlich nur, wenn das gesamte Umfeld stabil und ruhig ist; dies ist aber gerade nicht die Voraussetzung unter der Sie sich mit der Zielkostenrechnung beschäftigen.

„Out of Standard Costs"-Methode

Die letzte Möglichkeit ist die **„Out of Standard Costs"-Methode**. Hier werden die Zielkosten aufgrund vorhandener Fähigkeiten, vorhandener Er-

fahrungen und vorhandener Produktionsmöglichkeiten durch Senkungsab-
schläge aus den eigenen **Standardkosten** abgeleitet.

In der nachfolgenden Abbildung sind die Verfahren der Zielkostenbestimmung
übersichtlich dargestellt.

Verfahren der
Zielkostenbestimmung

Arten der Zielkostenbestimmung	Ableitung aus	Marktorientierung	Einsatz für innovative Produkte	Einsatz für Standardprodukte
Market into Company	erzielbaren Marktpreisen	sichergestellt	empfehlenswert	möglich
Out of Company	konstruktions- u. fertigungstechnischen Faktoren	möglich	möglich	möglich
Into and Out of Company	Marktpreisen und technischen Faktoren	möglich	möglich	möglich
Out of Competitor	Kosten der Konkurrenz	sichergestellt	nicht möglich	empfehlenswert
Out of Standard Costs	eigene Standardkosten	möglich	möglich	möglich

Abbildung 69: Verfahren der Zielkostenbestimmung

**Da Sie nicht wissen, welchen Preis ihre Gäste und potenziellen Gäste
bereit sind, für ihre angebotenen Leistungen zu zahlen, müssen Sie Informationen mit den Instrumenten der Marktforschung sammeln,
aufbereiten und auswerten. Mit Hilfe der Daten haben Sie fünf
Möglichkeiten der Zielkostenbestimmung: Market into Company,
Out of Company, Into and Out of Company, Out of Competitor und
Out of Standard Costs. Die erste Methode ist die Reinform der Zielkostenbestimmung und ermittelt die „vom Markt erlaubten Kosten".**

Wie Sie Ihre Zielkosten realisieren

Nachdem Sie mit Hilfe einer dieser Methoden den am Markt erzielbaren Preis
für Ihr Produkt bzw. Ihre Leistung festgelegt haben, ziehen Sie von den geplanten Umsätzen den geplanten Gewinn ab. Der Restbetrag - die **erlaubten
Kosten** (allowable costs) – stellt die Kostenobergrenze dar, von der die Standardkosten der Leistung abgezogen werden. Dieser Zusammenhang ist in der
folgenden Abbildung dargestellt:

erlaubte Kosten

Marktpreis	/	Gewinn	=	vom Markt er-laubte Zielkosten

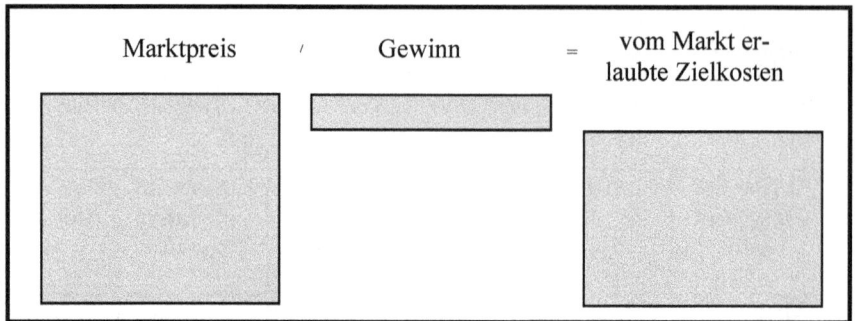

Abbildung 70:Ermittlung der erlaubten Kosten

Da die vom Markt erlaubten Kosten häufig unter den bisherigen Standardkosten für die Entwicklung und Leistungserstellung liegen, wird der Bedarf an **Kostenreduktionen** frühzeitig offen gelegt. Deren Realisierung gelingt umso besser, je früher die Zielvorgaben in die Leistungsentwicklung eingehen.

Festlegung von target costs

Der vierte und fünfte Schritt besteht in der Gegenüberstellung von allowable costs und drifting costs (Standardkosten) und der Festlegung der **target costs** für ein Produkt/Dienstleistung. Ein unmittelbarer Handlungsbedarf besteht für Sie in der Angleichung der drifting costs an die allowable costs. Erst wenn Sie durch Aufdeckung und Realisierung von **Kosteneinsparungspotenzialen** die allowable costs und drifting costs in Übereinstimmung gebracht haben, können Sie in der nächsten Phase versuchen, die marktfähigen allowable costs an die festgesetzten target costs anzunähern.

> **Vom erzielbaren Markpreis der gastronomischen Leistung wird der geplante Gewinn abgezogen. Das Ergebnis sind die erlaubten Kosten (allowable costs), die als Kostenobergrenze interpretiert und den Standardkosten (drifting costs) gegenübergestellt werden. Dadurch wird der Bedarf der Kostensenkung sichtbar. Ziel ist es, die driftimg costs den allowable costs anzugleichen. Nicht immer ist es möglich, durch konkrete Kostenreduzierung die drifting costs den allowable costs anzugleichen. Dann sind von der Unternehmensleitung target costs als absolute Kostenobergrenze festzusetzen.**

Kostenspaltung

Da die summarische Bestimmung der auftauchenden Differenz für die systematische Analyse von Kostensenkungspotenzialen nicht hilfreich ist, wird die **Kostenspaltung** angewandt, indem das Produkt in seine Komponenten und Kostenanteile unterteilt wird.

Zielkostenspaltung

Die **Zielkostenspaltung** stellt einen Zwischenschritt zwischen der Ermittlung und der Gestaltung von Kosten dar. Da die Zielkostenrechnung direkt an einem Produkt bzw. einer Dienstleistung mit seinen vielen Eigenschaften ansetzt, ist es nicht hilfreich, alle Kosten von Beginn dem Produkt bzw. der

Dienstleistung zuzurechnen und von dort aus beeinflussen zu wollen. Sinn-
vollerweise nehmen Sie eine **Zielkostenspaltung** vor. Dies bedeutet, dass Sie
eine Aufspaltung von globalen, produktbezogenen Zielkosten in Zielkosten für
einzelne Produktmerkmale, -komponenten, produktnahe und produktferne
Prozesse durchführen. Ebenfalls können Sie vorübergehend nicht beeinflussba-
re Kostenblöcke abspalten.

In der folgenden Abbildung werden die Kernfragen der Zielkostenspaltung
dargestellt:

Kernfragen der
Zielkostenspaltung

Menu von Kernfragen der Zielkos-tenspaltung	... für einzelne ...
• Wie viel ist der Gast bereit, dafür zu zahlen? • Zu welchem Kostenniveau wird der beste Wettbewerber in der La-ge sein, anzubieten? • Welches Kostenniveau hat eine mögliche Vorbildfunktion? • Welches Kostenniveau hat das eigene Vorgängerprodukt bzw. Vorgängerdienstleistung?	• Produkt- bzw. Dienstleistungs-merkmale und -funktionen • Produkt- bzw. Dienstleistungs-komponenten und -teile • Material und produktnahe Prozes-se (intern und Zulieferer) • produktferne Prozesse

Abbildung 71: Kernfragen der Zielkostenspaltung

Der methodische Schritt der **Zielkostenabspaltung** ist nicht ganz einfach, weil
Sie normalerweise nicht unmittelbar relevante Kosteninformationen für einzelne Produkt- bzw. Dienstleistungsbestandteile zur Verfügung haben. Es
existieren zwei Methoden der Zielkostenspaltung: **Hauptkomponenten-** und
Funktionsmethode.

Wie Sie Zielkosten nach der Hauptkomponentenmethode spalten

Bei der **Hauptkomponentenmethode** übertragen Sie die Produkt- bzw.
Dienstleistungszielkosten auf einzelne **Komponenten der Leistung**, indem
Sie eine bisher bewährte Struktur zugrunde legen. Es werden bisherige Kos-
tenstrukturrelationen zwischen einzelnen Prozessen einfach fortgeschrieben.
Ein Problem besteht allerdings bei dieser Methode darin, dass sich Kostenra-
tionalisierungspotenziale in den einzelnen Prozessen ganz unterschiedlich
entwickeln können und eine einfache Fortschreibung dafür blind macht. Dennoch können die in der Tabelle dargestellten Gewichtungsfaktoren und

Hauptkomponenten-
methode

Zielkosten zumindest eine Idee vermitteln, wie mangels Kenntnis anderer Verfahren bei der Zielkostenspaltung vorgegangen werden kann.

Durch die **Zielkostenspaltung** in Zielkosten für einzelne Produktkomponenten können Sie sehr viel genauer **Rationalisierungspotentiale** ermitteln. Die Spaltung der Zielkosten auf Komponenten eignet sich insbesondere im industriellen Bereich. Die Produktkomponenten der gastronomischen Leistungen haben keinen direkten Einfluss auf die Kaufentscheidung der Gäste. Vielmehr sind die Eigenschaften der Dienstleistung kaufentscheidend im Gastgewerbe. Eine genaue Kenntnis der Gästewünsche ist daher zur Ermittlung der relativen Wichtigkeit der Eigenschaften der Leistung erforderlich.

Neben der Hauptkomponentenmethode gibt es einen zweiten Ansatz, die so genannte „**Funktionsmethode**" der Zielkostenspaltung, die noch direkter an der ursprünglichen Zielsetzung der Marktorientierung liegt.

Wie Sie Zielkosten nach der Funktionsmethode spalten

Einen marktorientierteren Weg der Zielkostenspaltung verfolgt die **Funktionsmethode**. Ihr Ausgangspunkt ist die Frage, was der aktuelle oder potenzielle Gast als **Leistungseigenschaft** einer Leistung definiert. Es können dies z.B. folgende Eigenschaften sein: Produktqualität, Service, Kommunikation, Erlebnis, etc. Diesen Eigenschaften stellen Sie bestimmte Kostenanteile (ermittelt z.B. als Prozesskostensätze) sowie den Kundennutzen des Produktes (ermittelt z.B. durch Umfragen) in einer **Zielkosten-Kontrollmatrix** gegenüber. Beide Werte können Sie in einem so genannten **Zielkosten-Kontrolldiagramm** darstellen, der relative Kostenanteil auf der Vertikalen und der Kundennutzen als Teilgewichtung auf der Horizontalen. Wenn Sie jetzt im Diagramm eine 45%-Diagonale zeichnen, so repräsentiert diese eine Ideallinie, der ein ausgewogenes Verhältnis von Kundennutzen und Kostenverursachung entspricht. Teilen Sie den gewichteten Kundennutzen durch den Kostenanteil, so erhalten Sie einen Zielkostenindex für jede Komponente des Produktes, dessen Abweichung vom Idealwert 1 anzeigt, ob relativ zum Kundennutzen zu hohe Kosten für die Komponenten eingesetzt werden bzw. der mit den Kosten erzeugte Kundennutzen unbefriedigend niedrig ist. Hier können Sie dann gezielt Maßnahmen zur Kundennutzensteigerung oder Kostensenkung ergreifen.

Die Abbildung zeigt eine mögliche Zielkosten-Kontrollmatrix: Zielkosten-Kontrollmatrix

Komponente	Kostenanteil % von 100	Kundennutzen % von 100	Zielkosten-index	Schluss-folgerung
Produktqualität	30	23	0,77	zu teuer
Service	10	17	1,70	zu billig
Kommunikation	40	34	0,85	zu teuer
Erlebnis	20	26	1,30	zu billig
Alle	100	100	–	

Abbildung 72: Zielkosten-Kontrollmatrix

Die Zielkosten-Kontrollmatrix kann in einem so genannten Zielkosten-   Zielkosten-
Kontrolldiagramm grafisch dargestellt werden.   Kotrolldiagramm

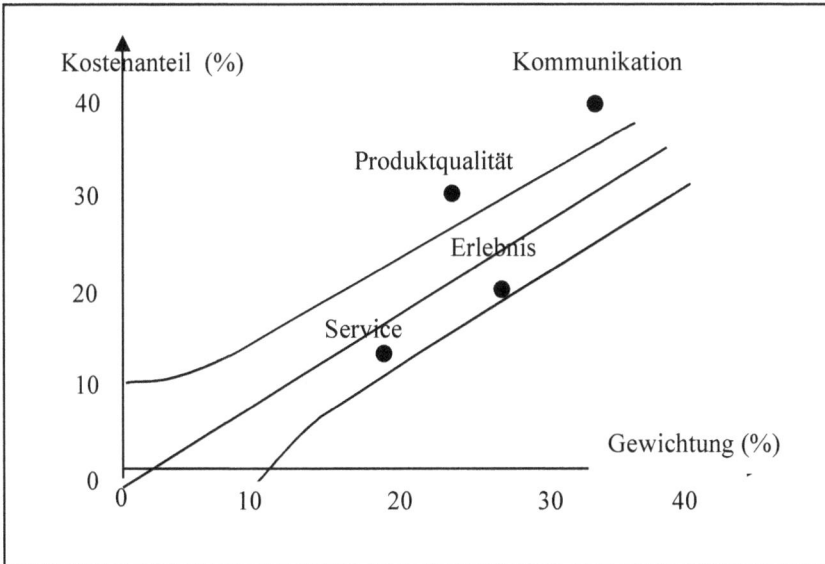

Aus dem **Kostendiagramm** können Sie eine **Zielkostenzone** ermitteln. Diese   Zielkostenzone
Zone lässt sich je nach Unternehmen individuell gestalten und bezeichnet die
Zone, innerhalb derer Sie nicht unbedingt handeln müssen; hier haben Sie also
ein akzeptables Verhältnis von Kostenanteil und Kundennutzen. Erst außerhalb

dieser Zone besteht für Sie ein unmittelbarer Handlungsbedarf. Die Zielkostenzone beinhaltet einen Toleranzbereich, d.h. eine Abweichung von der 45-Grad-Linie um beispielsweise 10 %. Derartige Berechnungen sind mittlerweile auch über EDV möglich.

Eine summarische Analyse der Kostensenkungspotenziale ist nicht Erfolg versprechend. Daher ist eine Aufspaltung der Kosten in Produktkomponenten bzw. Eigenschaften der Dienstleistung sinnvoll. Es werden in der Praxis zwei Methoden der Zielkostenspaltung angewendet: Hauptkomponenten- und Funktionsmethode. Bei der Hauptkomponentenmethode werden die Zielkosten basierend auf den bisherigen Kosten auf die einzelnen Komponenten des Produktes bzw. der Dienstleistung aufgespalten und den jeweiligen Gästenutzen gegenübergestellt. Diese Methode ist für gastronomische Unternehmen nicht geeignet, weil Eigenschaften der Dienstleistung im Gastgewerbe kaufentscheidend sind. Bei der Funktionsmethode werden Leistungseigenschaften definiert, z.B. Produktqualität, Service, Kommunikation, Erlebnis, etc. Den Leistungseigenschaften werden in einer Zielkosten-Kontrollmatrix Kostenanteile und Kundennutzen zugeordnet. Die Werte können in einem Zielkosten-Kontrolldiagramm dargestellt werden. Basierend auf den Werten des Zielkostenindexes können gezielte Maßnahmen zur Kundennutzensteigerung und/oder Kostensenkung durchgeführt werden.

Aufgaben

1. Wie lautet die entscheidende Frage der Zielkostenrechnung?

2. Welche beiden Strategien können Sie als Unternehmer grundsätzlich verfolgen?

3. Welche Konsequenzen hat die Verfolgung der beiden Strategien für Ihr Kostenmanagement?

4. Durch welche Merkmale ist die Zielkostenrechnung gekennzeichnet?

5. Welches Hauptziel wird mit der Zielkostenrechnung verfolgt?

6. In welchen Schritten realisieren Sie Zielkosten für Ihre Leistung?

7. Welche Instrumente können Sie zur Gewinnung von Daten zur Ermittlung Ihrer Zielkosten verwenden?

8. Warum ist es zum Aufdecken von Kosteneinsparungspotenzialen sinnvoll, eine Leistung in seine Eigenschaften und Kostenanteile aufzuspalten?

9. Was sind die Kernfragen der Zielkostenspaltung?

10. Wie spalten Sie Zielkosten nach der Hauptkomponentenmethode?

11. Wie spalten Sie Zielkosten nach der Funktionsmethode?

12. Stellen Sie die verschiedenen Methoden der Zielkostenbestimmung in der folgenden Tabelle dar:

Arten der Ziel-kosten-bestimmung	Ableitung aus	Marktorien-tierung	Einsatz für innovative Produkte	Einsatz für Standard-produkte
Market into Company				
Out of Company				
Into and Out of Company				
Out of Competi-tor				
Out of Standard Costs				

13. Die marktfähigen Preise für drei verschiedene Arten von Betriebsfeiern wurden auf dem Veranstaltungsmarkt durch die Out-of Competitor-Methode bestimmt. Da es sich um innovative Produkte handelt, kann diese Methode angewendet werden. Die so bestimmten wettbewerbsfähigen Marktpreise liegen für „vergleichbare" Produkte ohne Getränke und Speisen bei 18,00 €/Person (***), 8,00 € (**) und 7,50 € (*) einschließlich 19 % Umsatzsteuer. Es werden eine Bonusgewährung von 5 % und eine Skontigewährung in Höhe von 2 % des Nettolistenpreises vermutet. Der geplante Gewinn beträgt 10 % vom Nettolistenpreis ohne Bonus und Skonto. Dieser wird vom Nettolistenpreis ohne Bonus und Skonto abgezogen. Das Ergebnis sind die erlaubten Kosten (allowable costs) für die „vergleichbaren" Produkte der Mitbewerber. Ihnen werden sowohl die drifting costs (Standardkosten) als auch die target costs (Zielkosten) gegenübergestellt.

In einer ersten Kostensenkungsphase geht es darum, die eigenen Selbstkosten (Standardkosten = drifting costs) den erlaubten Kosten, die aus den Preisen der Mitbewerber entwickelt wurden, anzunähern.

a) Ermitteln Sie mit Hilfe der angegeben Daten in der nachfolgenden Tabelle die erlaubten Kosten sowie das Einsparvolumen für die drei Leistungen.

Target Costing	***	**	*
Wettbewerbsfähiger Preis	18,00	8,00	7,50
./. Umsatzsteueranteil			
vermuteter Nettolistenpreis			
./. vermuteter Bonus			
Nettoliste ohne Bonus			
./. vermuteter Skonto			
Nettoliste ohne Skonto			
vermuteter Nettolistenpreis ohne Bonus und Skonto			
target profit/geplanter Gewinn			
allowable costs/erlaubte Kosten			
drifting costs	13,03	6,13	5,68
Einsparvolumen je Produkt			
target costs/Zielkosten je Produkt	12,00	5,00	4,60

b) Machen Sie einen Vorschlag, der zur Erreichung des Einsparvolumens beitragen könnte.

14. In der zweiten Kostensenkungsphase versuchen Sie, die erreichten erlaubten Kosten an die Zielvorgabe (target costs = Zielkosten) anzunähern. Dementsprechend können Sie das minimale und das maximale Einsparvolumen je Produkt bestimmen. Das minimale Einsparvolumen ergibt sich aus der Differenz der drifting cots und den erlaubten Kosten; das maximale Einsparvolumen aus der Differenz der drifting costs und den Zielkosten.

Ermitteln Sie mit Hilfe der oben ermittelten Werte in der folgenden Tabelle das minimale und maximale Einsparvolumen.

Target Costing	***	**	*
Wettbewerbsfähiger Preis	18,00	8,00	7,50
./. Umsatzsteueranteil			
vermuteter Nettolistenpreis			
./. vermuteter Bonus			
Nettoliste ohne Bonus			
./. vermuteter Skonto			
Nettoliste ohne Skonto			
vermuteter Nettolistenpreis ohne Bonus und Skonto			
target profit/geplanter Gewinn			
allowable costs/erlaubte Kosten			
drifting costs	13,03	6,13	5,68
Einsparvolumen je Produkt			
target costs/Zielkosten je Produkt	12,00	5,00	4,60
minimales Einsparvolumen je Produkt			
maximales Einsparvolumen je Produkt			

5.3 Worum handelt es sich bei der Prozesskostenrechnung?

In den letzten drei Jahrzehnten war die wirtschaftliche Entwicklung durch eine besondere Dynamik geprägt. Als Hauptursachen für diese Entwicklung werden einerseits die **Globalisierung** der Märkte und andererseits die rasche **technologische Entwicklung** betrachtet. In den meisten Branchen kann die allgemeine Situation wie folgt charakterisiert werden:

Ursachen der Entwicklungsdynamik

- Überkapazitäten in der Produktion,

- Sättigung bzw. geringes Wachstum auf der Nachfrageseite,

- Zunehmende Differenzierung der Kundenwünsche,

- Internationalisierung des Wettbewerbs,

- Angleichung von Qualität und Knowhow (hohe Qualitätsstandards als Norm).

Diese Rahmenbedingungen werden für den drastischen **Anstieg** der **Gemeinkosten** verantwortlich gemacht. Das Verhältnis der Einzel- zu den Gemeinkosten ist von Branche zu Branche und von Betrieb zu Betrieb sehr unterschiedlich, aber in allen Branchen haben die Gemeinkosten im Verhältnis zu den Einzelkosten in den letzten drei Jahrzehnten deutlich zugenommen.

Verhältnis Einzel- zu Gemeinkosten

Durch den zunehmenden Anteil der Gemeinkosten kann mit den bestehenden Kostenrechnungssystemen der für betriebswirtschaftliche Entscheidungen notwendige **Informationsbedarf** nur unzureichend abgedeckt werden. Um dennoch die dringend notwendige **Kostentransparenz** für betriebswirtschaftliche Entscheidungen zu erlangen, begann man nach neuen Wegen der Kostenrechnung zu suchen.

zunehmender Informationsbedarf

Ein Ziel jeder Kostenrechnung ist die **verursachungsgerechte Zurechnung** von Kosten auf die Kostenträger. Mit der **Prozesskostenrechnung** wurde ein Kostenrechnungsinstrument geschaffen, das bemüht ist, die mangelhafte Zurechnung der Gemeinkosten des indirekten Leistungsbereiches zu verbessern.

Verursachungsgerechtigkeit

Im Rahmen der Prozesskostenrechnung wird deshalb versucht, die Verrechnung der Kosten der **indirekten Leistungsbereiche** nach deren Inanspruchnahme betrieblicher Ressourcen auf die Kostenträger weiter zu verrechnen. Statt pauschaler Zuschläge bilden **Prozesse** die Grundlage der **Zurechnung von Kosten**. Dabei wird von der wertmäßigen Verrechnung über Umlagen von Kostenstellen und der Berechnung von Zuschlagsätzen abgesehen. Anstatt dessen werden Prozesse identifiziert, deren Durchführung quantifiziert und mit Tarifen bewertet. Das Ziel ist eine verursachungsgerechtere Zurechnung der Gemeinkosten auf die Kostenträger.

Zurechnung von Kosten auf Prozesse

Die Globalisierung und die rasche technologische Entwicklung haben zu einem drastischen Anstieg der Gemeinkosten in den Unternehmen geführt. Mit Hilfe der Prozesskostenrechnung wird versucht, die Zurechnung der Gemeinkosten auf die Kostenträger zu verbessern. Bei der Prozesskostenrechnung werden den identifizierten Prozessen nach deren Inanspruchnahme betrieblicher Ressourcen Kosten zugerechnet. Die Prozesse werden mit Tarifen bewertet und gemäß der Inanspruchnahme den Kostenträgern zugerechnet.

Welche Ziele werden mit der Prozesskostenrechnung verfolgt?

Hauptziele der
Prozesskostenrechnung

Die **Hauptzielsetzungen** der Prozesskostenrechnung betreffen:

- eine verursachungsgerechtere Gemeinkostenverrechnung;

- eine Optimierung der Prozesse;

- Einführung eines permanenten Gemeinkostenmanagements und Unterstützung strategischer Fragestellungen.

Rechnungsziele der
Prozesskostenrechnung

Als **Rechnungsziele** werden genannt:

- die Abbildung des indirekten Leistungsbereichs, d.h. der Leistungsbereiche außerhalb der „Produktion";

- die Bereitstellung von Kosteninformationen für die langfristige Produkt- und Programmplanung und

- die Bereitstellung von Kosteninformationen für die Kontrolle der Wirtschaftlichkeit im indirekten Leistungsbereich.

Durch die Berücksichtigung der Abhängigkeiten zwischen einzelnen Abteilungen eines Unternehmens (beruhend auf den bestehenden Formen der Arbeitsteilung) soll insgesamt eine Ergebnisverbesserung ermöglicht werden.

In welchen Unternehmensbereichen können Sie die Prozesskostenrechnung einsetzen?

In Unternehmen, die bereits eine sehr **differenzierte Gemeinkostenverrechnung** betreiben und ein relativ **homogenes** (gleichartiges) **Produktprogramm** anbieten, wird die Prozesskostenrechnung kaum neue Erkenntnisse bringen. Des Weiteren werden im Fertigungsbereich häufig schon andere aussagekräftige Verfahren eingesetzt (z.B. Maschinenstundensatzrechnung, Plankostenrechnung), wodurch der Aufwand zur Einführung einer Prozesskostenrechnung häufig als zu hoch eingeschätzt wird. Die Prozesskostenrechnung ist häufig geeignet, das bisher im Einsatz befindliche Kostenrechnungssystem zu ergänzen.

Bereiche der Prozesskostenrechnung

Für folgende **Tätigkeitsbereiche** ist die Prozesskostenrechnung besonders geeignet:

Tätigkeitsbereiche der Prozesskostenrechnung

- unmittelbar die Leistungserstellung unterstützende indirekte Aktivitäten, z.B. Logistik,

- unmittelbar der Leistungserstellung dienende Aktivitäten repetitiver (wiederholender) Art, z.B. Einkauf.

Wie wird eine Prozesskostenrechnung ein- und durchgeführt?

Die Prozesskostenrechnung erscheint als besonders geeignetes **Instrument** zur **Prozessbewertung**, da die Besonderheit darin liegt, dass die Verrechnung von Kosten nicht über Kostenstellen und die dort traditionell wertmäßig ermittelbaren Bezugsgrößen erfolgt, sondern über abgegrenzte Prozesse und deren mengenmäßige Wiederholungen. Damit stellt sie eine Modifikation der Vollkostenrechnung dar, die **Prozesse** als **Bewertungsobjekt** verwendet.

Prozessbewertung

Die Prozesskostenrechnung hat eine **organisatorische Sichtweise**. Es wird die horizontale Sichtweise des Unternehmens betont, um der durch den **Taylorismus** bedingten Zerschneidung der Abläufe in der Praxis entgegenzutreten.

horizontale Sichtweise

Hauptanliegen der **Prozesskostenrechnung** ist es, Kosteneinflussgrößen zur Analyse des wachsenden Gemeinkostenblocks bzw. zur effizienten Analyse des Gemeinkostenbereichs zu ermitteln.

Hauptziel der Prozesskostenrechnung

Eine **Prozesskostenrechnung** vollzieht sich in folgenden **Schritten**:

Einführung der Prozesskostenrechnung

1. Definition des Untersuchungsbereichs und Festlegung der Zielsetzung

2. Bildung von Hypothesen über Hauptprozesse und Cost Driver

3. Tätigkeitsanalyse zur Teilprozessermittlung

4. Kapazitäts- und Kostenzuordnung (Prozesskostenstellenrechnung)

5. Hauptprozessverdichtung und Prozesskostenplanung

Zielformulierung

Schritt 1: Definition des Untersuchungsbereichs und Festlegung der Zielsetzung

Zunächst werden die **Untersuchungsbereiche** nach bestimmten Kriterien festgelegt. Für diese werden **operationale Ziele** formuliert. Ein allgemeines Ziel besteht darin, Informationen über die Einflussgrößen zu ermitteln, die die Kosten wesentlich bestimmen. Speziellere Zielsetzungen könnten z.B. darin liegen, Informationen über die Kosten, die die Aufnahme einer zusätzlichen Leistung verursachen würde, zu gewinnen, um darauf aufbauend Leistungsentscheidungen treffen zu können.

Kosteneinflussfaktoren

Schritt 2: Bildung von Hypothesen über Hauptprozesse und Cost Driver

Nach der Festlegung des Untersuchungsbereichs und der Zielsetzungen werden Hypothesen über Hauptprozesse und Cost Driver (= Kosteneinflussfaktoren) auf Unternehmensebene gebildet.

Kosteneinflussfaktoren der Prozesskostenrechnung (= Cost Driver) sind sowohl **Messgrößen** für die **Ressourceninanspruchnahme** als auch Messgrößen für den **Output**. Der auch verwendete Begriff „Kostenantriebskraft" soll betonen, dass die Anzahl der zur Leistungserstellung notwendigen Prozesse das Volumen der entstehenden Gemeinkosten vorantreibt. Wird ein Prozess also zweimal durchgeführt (gemessen am Cost driver), ist auch von einer Verdopplung der entstehenden Kosten auszugehen.

Begriffe der Prozesskostenrechnung

Die folgende Tabelle gibt einen zusammenfassenden Überblick über die zentralen **Begriffe** der **Prozesskostenrechnung**.

Prozess	Eine auf die Erbringung eines Leistungsoutputs gerichtete Kette von Aktivitäten.
Hauptprozess	Eine Kette homogener Aktivitäten, die demselben Kosteneinflussfaktor unterliegen.
Teilprozess	Eine Kette homogener, unmittelbar aufeinander folgender Aktivitäten innerhalb einer Kostenstelle, die einem oder mehreren Hauptprozessen zugeordnet werden kann.
Kosteneinflussfaktor (cost driver)	Instrument zur Messung der Anzahl der Hauptprozessdurchführungen und Messgröße für die Ressourceninanspruchnahme von Aktivitäten.
Maßgröße	Instrument zur Messung der Anzahl der Teilprozessdurchführungen in der Kostenstelle.

Abbildung 74: Begriffe der Prozesskostenrechnung

Schritt 3: Tätigkeitsanalyse zur Teilprozessermittlung

Die **Tätigkeitsanalyse** ermittelt **Teilprozesse** innerhalb der vorgegebenen Kostenstellen und ist in ihrem methodischen Vorgehen mit der **vertikalen Prozessanalyse** vergleichbar. Ausgangspunkt der Tätigkeitsanalyse sollten die Hauptprozesse und die damit verbundene Frage bilden, welche Tätigkeiten für diese erbracht werden.

Tätigkeitsanalyse

Sind **Teilprozesse** identifiziert, folgt eine Untersuchung hinsichtlich ihrer Abhängigkeit von dem in der Kostenstelle zu erbringenden Leistungsvolumen. Verhalten sie sich mengenvariabel zum Leistungsvolumen, so spricht man von **„leistungsmengeninduzierten" (lmi) Prozessen**, verhalten sie sich mengenfix, so werden sie als **„leistungsmengenneutrale" (lmn) Prozesse** gekennzeichnet. Ein typisches Beispiel für einen leistungsmengenneutralen Prozess ist das Leiten einer Abteilung.

lmi- und lmn-Prozesse

Für lmi-Prozesse müssen anschließend geeignete **Maßgrößen** (= aktivitätsorientierte Bezugsgrößen) gefunden werden. Das Ausmaß der Maßgrößen bestimmt die Kosten der Aktivitäten innerhalb eines Zeitraumes. **Maßgrößen** sollten folgende **Anforderungen** erfüllen:

Maßgrößen

- einfache Ableitbarkeit aus den verfügbaren Informationsquellen, d.h. sie müssen quantifizierbar und wirtschaftlich erfassbar sein,

- Proportionalität zur Beanspruchung der Ressourcen,

- Durchschaubarkeit und Verständlichkeit.

Schritt 4: Kapazitäts- und Kostenzuordnung
(Prozesskostenstellenrechnung)

Prozesskostenstellen

Wurden für alle **leistungsmengeninduzierten Teilprozesse** geeignete **Bezugsgrößen** gefunden, d.h. besteht ein proportionaler Zusammenhang zwischen der Bezugsgrößenmenge und dem Ressourcenverbrauch eines Prozesses, folgt die Festlegung der **Planprozessmenge** für diese Teilprozesse.

Auf der Basis der **Planprozessmengen** können die erforderlichen Kapazitäten und die **Prozesskosten** geplant werden. Ein wesentliches Problem ist dabei die Bestimmung der für die Prozessbewältigung sinnvollen Kapazitätsobergrenze.

Schritt 5: Hauptprozessverdichtung und Prozesskostenplanung

Hauptprozessverdichtung

Alle lmi-Teilprozesse aus den Kostenstellen des Untersuchungsbereichs werden in einem letzten Schritt zu wenigen **Hauptprozessen verdichtet**. Die **Zuordnung der Teilprozesse auf die Hauptprozesse** erfolgt im Verhältnis der beanspruchten Teilprozessmengen einer Kostenstelle durch den Hauptprozess. Ausschlaggebend für die Zuordnung ist die sachliche Zusammengehörigkeit eines Teilprozesses zu einem oder mehreren Hauptprozessen. Hierbei wird auf Ergebnisse der **Tätigkeitsanalyse** (in der die Hypothesen über die möglichen Hauptprozesse bestätigt oder abgelehnt wurden) zurückgegriffen. Ein Teilprozess kann dabei auch in verschiedene Hauptprozesse anteilig eingehen. Hauptprozesse setzen sich demzufolge aus Teilprozessen mit unterschiedlichen **Prozessbezugsgrößen** zusammen.

Beispiel einer Prozesskostenkalkulation

Prozesskostenkalkulation

> Die Abbildung zeigt ein Rechenbeispiel für den Teilprozess „Lieferantenauswahl", für den bei der Kostenplanung auf Budgetwerte zurückgegriffen wurde. Prozesskostensätze werden durch einfache Division der lmi-Prozesskosten bzw. Gesamtprozesskosten (hier = Budget) durch die Menge der entsprechenden Maßgrößen ermittelt. Der Prozesskostensatz stellt die durchschnittlichen Kosten für die einmalige Durchführung eines Prozesses dar.

Prozess	Prozess-charak-teristika	Cost Driver	Plan-menge Monat	Budget €/Monat	Prozess-kostensatz €	Umlage €	Gesamtpro-zess-kostensatz €/Monat
neue Liefe-ranten suchen	lmi	Anzahl neuer poten-zieller Lieferanten	10	1.000	1.000 : 10 = 100	1.250	100 + 1.250 = 1.350
Anfragen schreiben	lmi	Anzahl Anfragen	50	5.000	5.000 : 50 = 100	1.250	100 + 1.250 = 1.350
primärer Angebots-vergleich	lmi	Anzahl Angebote	100	2.000	2.000 : 100 = 20	1.250	20 + 1.250 = 1.270
sekundärer Angebots-vergleich	lmi	Anzahl Bestellungen	100	3.000	3.000 : 100 = 30	1.250	30 + 1.250 = 1.280
Sonstiges	lmn	./.	./.	5.000	./.	./.	./.

vereinfachte Umlage 1:1:1:1

Abbildung 75: Prozesskostenkalkulation

Der Ausweis von **Prozessperiodenkosten** ist ausreichend, wenn lediglich **Transparenz** über die Kosten betrieblicher Prozesse innerhalb bestimmter Zeiträume geschaffen werden soll. Sollen Vergleiche zwischen Prozesskosten verschiedener Bereiche oder Betriebsteile vorgenommen werden, ermittelt man **Prozesskostensätze**.

Prozessperiodenkosten

Die Bildung von **Prozesskostensätzen** erfordert häufig grobe Vereinfachungen (z.B. die, dass jeder Angebotsvergleich die gleiche Komplexität aufweist), da sonst der Planungs- und Wartungsaufwand für das Abrechnungssystem als zu hoch eingeschätzt wird. Daneben wird nicht berücksichtigt, dass der Schwierigkeitsgrad von Prozessen und insbesondere die Ressourceninanspruchnahme der hier abgegrenzten Prozesse deutlich variieren kann, so dass **einheitliche Prozesskostensätze** kaum zu bilden sind. Hieran zeigt sich nochmals die Bedeutung der Einschränkung des Anwendungsbereichs der Prozesskostenrechnung auf sich **wiederholende** (repetitive), **strukturierte Abläufe**.

Prozesskostensätze

Hauptziel der Prozesskostenrechnung ist, die Kosteneinflussgrößen der Gemeinkosten zu identifizieren, zu analysieren und zu steuern sowie die verursachungsgerechte Verrechnung der Gemeinkosten auf die sie in Anspruch nehmenden Kostenträger. Geeignet ist die Prozesskostenrechnung insbesondere für Prozesse repetitiver Art, z.B. Einkauf, Vertrieb. Eine Einführung der Prozesskostenrechnung kann in folgenden Schritten durchgeführt werden: 1. Definition des Unter-

suchungsbereichs und Festlegung der Zielsetzung, 2. Bildung von Hypothesen über Hauptprozesse und Cost Driver, 3. Tätigkeitsanalyse zur Teilprozessermittlung, 4. Kapazitäts- und Kostenzuordnung (Prozesskostenstellenrechnung) und 6. Hauptprozessverdichtung und Prozesskostenplanung.

Welche Effekte hat die Kalkulation von Prozesskosten?

Effekte der
Prozesskostenkalkulation

Die **Effekte** der **Prozesskostenkalkulation** werden deutlich, wenn die Prozesskalkulation der üblichen Zuschlagskalkulation gegenübergestellt wird. An einem modellhaften Kalkulationsbeispiel werden die Effekte der Prozesskostenkalkulation dargestellt.

Modellannahmen:

Modellannahmen

Leistung A benötigt nur Rohstoff 1 und Leistung B die Rohstoffe 2 bis 6 (also 5 verschiedene Rohstoffe). Die Fertigungsgemeinkosten wurden mit Zeiten ermittelt und sind in den Fertigungskosten enthalten. Die Rohstoffe werden über mehrere Lieferanten beschafft. Beide Leistungen werden jeweils einmal hergestellt. Die Materialgemeinkosten ergeben sich nur aus der Beschaffung und Lagerung von Rohstoffen. Aus Vereinfachungsgründen wurden Verwaltungsgemeinkosten, Fertigungsgemeinkosten und weitere Zuschläge vernachlässigt. Die Vertriebsgemeinkosten resultieren aus dem Außendienst und der Auftragsabwicklung, wobei durch den Außendienst jeweils ein Auftrag für Leistung A und Leistung B ausgelöst wurde.

Für die Zuschlagskalkulation wurden die Materialgemeinkosten mit 10% der Materialeinzelkosten und die Vertriebsgemeinkosten mit 12 % der Herstellkosten auf die Leistungen weiter verrechnet. Die Materialprozesskosten betragen pro Vorgang „Beschaffung Rohstoff" 5,– Euro, und beinhalten die Teilprozesse „Rohstoff disponieren„, Rohstoff annehmen", „Rohstoff einlagern". Die Vertriebsprozesskosten setzen sich aus den Teilprozessen „Kunde besuchen", „Auftrag auslösen", Ware kommissionieren", „Ware versandfertig machen" zusammen und betragen 60,– Euro.

Produktkalkulation mittels Zuschlagskalkulation   Zuschlagskalkulation

	Leistung A:	Leistung B:
Materialeinzelkosten		
Rohstoff 1	100	
Rohstoff 2		10
Rohstoff 3		30
Rohstoff 4		5
Rohstoff 5		25
Rohstoff 6		10
$\sum$ Materialeinzelkosten	100	80
Materialgemeinkosten 10 %	10	8
Materialkosten	**110**	**88**
Fertigungskosten	80	90
Herstellkosten	**190**	**178**
Vertriebsgemeinkosten 12 %	23	21
Selbstkosten	**213**	**199**

Produktkalkulation mittels Prozesskostenrechnung   Prozesskostenkalkulation

	Leistung A:	Leistung B:
Materialeinzelkosten		
Rohstoff 1	100	
Rohstoff 2		10
Rohstoff 3		30
Rohstoff 4		5
Rohstoff 5		25
Rohstoff 6		10
$\sum$ Materialeinzelkosten	100	80
Materialprozesskosten	5	25
Materialkosten	**105**	**105**
Fertigungskosten	80	90
Herstellkosten	**185**	**195**
Vertriebsprozesskosten	60	60
Selbstkosten	**245**	**255**

Allokationseffekt

In der folgenden Tabelle wird die **Zuschlagskalkulation** der **Prozesskostenkalkulation** gegenübergestellt:

	Leistung A:	Leistung B:
Zuschlagskalkulation	213	199
prozessorientierte Kalkulation	245	255
Differenz	**32**	**56**

Die **Verzerrung der Gemeinkosten** bei der Zurechnung auf den Kostenträger wird deutlich, wenn beide Kalkulationsverfahren gegenübergestellt werden. Dieser Effekt wird als **Allokationseffekt** bezeichnet. Die Differenz stellt das **Ausmaß des Allokationseffektes** dar. Dieser zeigt, dass sich die Gemeinkosten typischerweise nicht proportional zur Zuschlagsbasis verhalten. Im Beispiel der Zuschlagskalkulation sind bei Leistung A höhere Materialgemeinkosten ausgewiesen, als im Beispiel der Prozesskostenkalkulation. Der mit 10 € veranschlagte Materialgemeinkostenanteil in der Zuschlagskalkulation resultiert aus dem Zuschlagssatz von 10 %, dem gegenüber werden in der Prozesskostenkalkulation nur 5 € für Materialgemeinkosten verrechnet. Für die Herstellung von Leistung A wird nur ein Beschaffungsvorgang benötigt und somit der Hauptprozess „Beschaffung Rohstoff" nur einmal durchlaufen, wogegen bei Leistung B fünf Beschaffungsprozesse verrechnet werden. Bei der Zuschlagskalkulation sind die ermittelten Selbstkosten für Leistung A höher als bei Leistung B, bei der Prozesskostenkalkulation ist es umgekehrt.

Komplexitätseffekt

Der **Komplexitätseffekt** beschreibt die **Produktvielfalt** in ihren Ausprägungsvarianten und der damit verbundenen **Produktkomplexität**. Bei der Herstellung von komplexeren Produkten entsteht gegenüber Standardprodukten ein höherer Bedarf an Gemeinkosten verursachenden Aktivitäten, wie z.B. Materialdisposition, Arbeitsvorbereitung oder Qualitätssicherung. Das Beispiel zeigt, dass Leistung A nur einen Rohstoff, dagegen Leistung B 5 Rohstoffe benötigt und somit komplexer ist. Somit kann unterstellt werden, dass Leistung B eine höhere Prozessinanspruchnahme aufweist, z.B. in der Beschaffung der Rohstoffe. Die Prozesskostenkalkulation trägt dem Umstand der **komplexeren Leistung** Rechnung. In der Zuschlagskalkulation kann die höhere Inanspruchnahme von Prozessen nicht abgebildet werden.

Insofern werden Produkte mit hoher Komplexität mit zu wenigen Gemeinkosten und im Gegenzug weniger komplexe Produkte mit zu hohen Gemeinkosten kalkuliert.

Der **Degressionseffekt** wird deutlich, wenn man betrachtet, dass verschiedene Leistungen in unterschiedlichen Mengen erstellt und abgesetzt werden. Dabei wird unterstellt, dass größere Auftragsmengen bestimmte Prozesse unterproportional beanspruchen. Während bei der traditionellen Zuschlagskalkulation die Gemeinkosten prozentual über einen Zuschlagssatz verrechnet werden, sind bei der Prozesskostenrechnung nur die individuell in Anspruch genommenen Prozesse relevant. Das bedeutet, bei der **Zuschlagskalkulation** sind die **Selbstkosten pro Stück konstant**. Kleinere Aufträge oder Losgrößen werden mit zu wenig Gemeinkosten belastet und größere Aufträge mit zu hohen Gemeinkosten. Die Prozesskosten pro Stück bei Abwicklungs-, Materialbeschaffungs- oder Fertigungsprozessen verringern sich jedoch bei größeren Produktionsmengen. Der Aufwand für die Abwicklung eines Kundenauftrages, z.B. Auftragsannahme, ist in der Regel immer gleich hoch, egal ob es sich um eine größere oder kleinere Bestellmenge handelt.

Mit den Daten von Leistung A aus dem obigen Beispiel wird in nachstehender Tabelle der Degressionseffekt nochmals in Zahlen verdeutlicht, wobei hier nur die Vertriebsgemeinkosten betrachtet werden. Es werden wieder 60,– € Vertriebsprozesskosten veranschlagt, unabhängig, ob die Größe des Auftrages 1 oder 20 Stück enthält.

Stück pro Auftrag	Zuschlagskalkulation Zuschlagssatz VGK = 12 %			Prozessorientierte Kalkulation Vertriebsprozesskosten 60,-		
	HK	VGK	Stückkosten	HK	VPK	Stückkosten
1	190	23	213	190	60	250
10	1.900	230	2.130	1.900	60	1.960
15	2.850	345	3.195	2.850	60	2.910
20	3.800	460	4.260	3.800	60	3.860

Bei der relativ geringen Auftragsmenge von einem Stück werden dem Produkt – im Vergleich zur Prozesskostenkalkulation – 37 € zu wenig und bei der relativ großen Auftragsmenge von 20 Stück dem Produkt 400 € zu viel belastet.

Je **unterschiedlicher** die **Ausprägungsvarianten** und **Produktdiversifikationen** in einem Unternehmen sind, desto deutlicher wird die **Kostenverzerrung** zwischen herkömmlicher Zuschlagskalkulation und Prozesskostenkalkulation.

Kostenverzerrung

Besonders deutlich wird dieser Unterschied, wenn folgende **Situationen** in einem Unternehmen gegeben sind:

- viele oder wenige Rohstoffe

- Standardprodukte oder Spezialprodukte (z.B. Auftragsfertigung)

- geringe oder hohe Fertigungstiefe

- Großserien-, oder Kleinserienproduktion

- wechselnder oder stabiler Kundenkreis

- erklärungsbedürftige oder weniger erklärungsbedürftige Produkte

Jedoch lassen sich nicht die gesamten Gemeinkosten verursachungsgerecht mittels der Prozesskostenrechnung auf die Kostenträger weiter verrechnen, sondern nur die Gemeinkosten, die durch **repetitive** (wiederholende) **Tätigkeiten** verursacht werden.

Grenzen der
Prozesskostenrechnung

Bei bestimmten Tätigkeiten muss die Prozesskostenrechnung dem gleichen Vorwurf standhalten wie die Zuschlagskalkulation, dass sich die leistungsmengenunabhängigen Prozesse nicht plausibel auf die Kostenträger verrechnen lassen. Es handelt sich um Tätigkeiten wie „Abteilung leiten", „Umsätze planen" oder sich nicht ständig wiederholenden Tätigkeiten. Je höher der Anteil der leistungsmengenunabhängigen Prozesse ist, desto größer sind auch bei der Prozesskostenrechnung die Verfälschungen bei der Verrechnung von Gemeinkosten.

Die Prozesskostenkalkulation hat gegenüber der Zuschlagskalkulation drei Effekte: den Allokationseffekt, den Komplexitätseffekt und den Degressionseffekt. Der Allokationseffekt bezeichnet die Verzerrung der Gemeinkosten bei der Zurechnung auf die Kostenträger, da sich die Gemeinkosten in der Regel nicht proportional zu der Zuschlagsbasis verhalten. Bei großer Produktvielfalt und hoher Produktkomplexität tritt bei der Prozesskostenkalkulation ein Komplexitätseffekt gegenüber der Zuschlagskalkulation auf. Komplexe Produkte verursachen höhere Gemeinkosten als einfache Standardprodukte. Diesem Umstand trägt die Prozesskostenkalkulation Rechnung. Hingegen kann die Zuschlagskalkulation die unterschiedliche Inanspruchnahme von Prozessen nicht abbilden. Der Degressionseffekt wird bei unterschiedlichen Produktionsmengen deutlich. Kleinere Mengen werden bei der Zuschlagskalkulation mit zu wenig Gemeinkosten belastet und größere Mengen mit zu hohen Gemeinkosten. Bei der Prozesskostenrechnung werden hingegen nur die individuell in Anspruch genommenen Prozesse auf die Kostenträger verrechnet.

Aufgaben

1. Unter welchen Bedingungen kann ein Prozesskostenmanagement sinnvoll durchgeführt werden?

2. Welche Ziele können mit der Prozesskostenrechnung erreicht werden?

3. Für welche Unternehmensbereiche ist die Prozesskostenrechnung besonders gut geeignet?

4. In welchen Schritten wird die Prozesskostenrechnung ein- und durchgeführt?

5. Was verstehen Sie unter einem Kosteneinflussfaktor (cost driver)?

6. Was verstehen Sie unter einer Maßgröße?

7. Was ist unter leistungsmengeninduzierten (lmi) Prozessen zu verstehen?

8. Wie verhalten sich leistungsmengenneutrale (lmn) Prozesse im Hinblick auf das Leistungsvolumen?

9. Welche Anforderungen sollten Maßgrößen erfüllen?

10. Was wird unter dem Allokationseffekt bei der Prozesskostenkalkulation im Vergleich zur traditionellen Zuschlagskalkulation verstanden?

11. Wodurch entsteht der Allokationseffekt?

12. Was verstehen Sie unter dem Komplexitätseffekt?

13. Wodurch entsteht der Komplexitätseffekt?

14. Was verstehen Sie unter dem Degressionseffekt?

15. Worauf ist der Degressionseffekt zurückzuführen?

16. Unter welchen Bedingungen lassen sich die Gemeinkosten mittels der Prozesskostenkalkulation verursachungsgerechter als mittels der Zuschlagskalkulation auf die Kostenträger weiter verrechnen?

17. Der Messe- und Event-Catering „Das Paradies" bietet seinen Kunden zwei verschiedene Gerichte an: das hochwertige Gericht **Exotica** und das günstigere Gericht **Rindergulasch**.

Für die abgelaufene Planungsperiode liegen folgende Daten vor:

	Exotica	Rindergulasch
Produktions- und Absatzmenge	20.000	20.000
Verkaufspreis je Gericht	20,00 €	12,00 €
Materialeinzelkosten	70.000,00 €	50.000 €
Fertigungseinzelkosten	170.000,00 €	80.000,00 €
Ø Auftragsgröße	100	500
Anzahl der Kochvorgänge pro Gericht	20	2

Bisher wurde mit der Deckungsbeitragsrechnung kalkuliert. Folgende Gemeinkosten wurden ermittelt:

variable Materialgemeinkosten	60.000,00 €
variable Fertigungsgemeinkosten	100.000,00 €
fixe Materialgemeinkosten	10.000,00 €
fixe Fertigungsgemeinkosten	60.000,00 €

a) Bestimmen Sie die Deckungsbeiträge beider Produkte sowie den Gesamtdeckungsbeitrag!

b) Über einen zusätzlichen kurzfristigen Auftrag von 100 Gerichten Exotica soll entschieden werden. Soll der Zusatzauftrag angenommen werden?

Die Firma „Das Paradies" plant die Umstellung von der Deckungsbeitragsrechnung auf die Prozesskostenrechnung. Die Gerichteherstellung wurde in folgende Haupt- und Teilprozesse zerlegt und die Teilprozesse den Kostenstellen Magazin und Küche zugeordnet:

Kostenstelle Magazin		
Hauptprozess	Teilprozess	Kostentreiber
Auftragsabwicklung	Bestellung	Zahl der Aufträge
	Eingangslogistik	Zahl der Aufträge

Kostenstelle Küche		
Hauptprozess	Teilprozess	Kostentreiber
Kochen	Auftragssteuerung	Anzahl der Kochprozesse
	Kochen	Anzahl der Kochprozesse

In der Kostenstelle Magazin entfallen 20 % der Zeit auf die Bestellung und 60 % der Zeit auf die Eingangslogistik.

In der Kostenstelle Küche werden 20 % der Zeit auf die Auftragssteuerung verwendet und 60 % der Zeit auf das eigentliche Kochen. Die restliche Zeit wird jeweils auf so genannte leistungsmengenneutrale Tätigkeiten verwendet.

Im Rahmen der geplanten Prozesskostenrechnung erfolgt die Zurechnung aller Gemeinkosten der beiden Kostenstellen auf die jeweiligen Teilprozesse gemäß der jeweiligen Zeitbeanspruchung der Mitarbeiter in den Kostenstellen.

Die leistungsmengenneutralen (lmn) Kosten sind den Teilprozessen im gleichen Verhältnis wie die leistungsmengeninduzierten (lmi) Kosten zuzurechnen.

c) Bestimmen Sie die Gesamtprozesskostensätze (lmi + lmn) der Teil- und Hauptprozesse sowie die Prozesskosten für Exotica und Rindergulasch und berechnen Sie unter Verwendung dieser Daten den „Deckungsbeitrag" des Zusatzauftrages von 100 Gerichten Exotica. Sollte der Auftrag angenommen werden?

6 Kennziffern und Vorschläge zur Warenwirtschaft

Die **Warenwirtschaft** soll sicherstellen, dass

Aufgaben der Warenwirtschaft

- die richtigen Waren

- zum richtigen Zeitpunkt

- zu marktgerechten Preisen

- in den richtigen Mengen

- an den richtigen Orten

- bei geringen Kosten

zum Verkauf bereitstehen. Dies sicherzustellen ist vor allem eine **Organisations-, Steuerungs- und Kontrollaufgabe**. Wo immer dies nicht gelingt, fallen **vermeidbare Kosten** bzw. entgangener Gewinn an.

Zur optimalen **Organisation**, **Steuerung** und **Kontrolle** der Warenwirtschaft sind möglichst genaue Informationen über den gesamten Weg jeder einzelnen Ware notwendig.

Organisation, Steuerung, Kontrolle der Warenwirtschaft

Die notwendigen Informationen können mit Hilfe von handerstellten Belegen oder mit Hilfe eines EDV-gestützten Warenwirtschaftssystems beschafft werden.

Informationsgewinnung

Wir empfehlen der Inhaberin der hier betroffenen Gaststätte, sich auf wenige **aussagekräftige Kennziffern** zu beschränken, die quartalsweise zu erstellen und auszuwerten sind. Die Einführung eines EDV-gestützten Warenwirtschaftssystems würde bei der hier gegebenen Größe des Unternehmens zu betriebswirtschaftlich nicht vertretbaren Kosten führen.

Kennziffern

Es wird empfohlen, folgende **Kennziffern** zu erstellen:

- Umsatz je Gast,

- Umsatz je beschäftigte Person in €,

- Umsatz je Sitzplatz in €,

- Sitzplatzumschlag,

- Betriebshandelsspanne in %.

- Anteil der Gesamtkosten am Umsatz in %.

Kennziffernvergleich

Diese **Kennziffern** sind fortlaufend mit Hilfe eines **Zeitvergleichs** zu analysieren und soweit erhältlich, mit den **Durchschnittsergebnissen** ähnlicher Betriebe zu vergleichen.

Bei Auftreten negativer **Abweichungen** sind die Ursachen dieser Abweichungen zu erkunden und entsprechende Maßnahmen einzuleiten.

6.1   Kennziffern und Vorschläge zur Erhöhung des Umsatzes

Umsatz je Gast in €

Umsatz je Gast in €

FORMEL XXXIII

$$\text{Umsatz je Gast} = \frac{\text{Umsatz Speisen und Getränke/Jahr}}{\text{Anzahl der Gäste}}$$

Diese Kennziffer gibt Aufschluss darüber, inwieweit das **Angebot attraktiv** ist.

Betriebs- und Zeitvergleich

Als Anhaltspunkte können **Kennziffern** aus **Betriebsvergleichen** dienen. Umsatzbezogene Betriebs-Kennziffern aus dem Gastronomiebereich werden fortlaufend ermittelt. Zusätzlich wird empfohlen, einen **Zeitvergleich** in den folgenden Jahren durchzuführen.

Mögliche Maßnahmen zur Verbesserung

Mögliche **Maßnahmen** zur Erhöhung des Umsatzes je Gast sind:

- Motivation der Mitarbeiter/innen durch Prämien

- Schulungen der Mitarbeiter/innen

- Steigerung der Attraktivität des Angebots durch Sonderangebote und Spezialisierung

Zum Beispiel können komplementäre Leistungen preiswert angeboten sowie **Sonderangebote** aus dem Leistungsspektrum („Langsamdreher") gemacht werden.

Die Gefahr des Imageaufbaus als **„Billiganbieter"** ist hier weniger zu befürchten, ggf. könnte dem durch einen sparsamen Einsatz des Instruments entgegengewirkt werden, d.h. Sonderaktionen werden nicht häufiger als z.B. viermal pro Jahr durchgeführt. In der Gastronomie sind bei hartem Wettbewerb aber auch permanente Aktionen üblich. Vorläufig fortdauernd können die oben erwähnten werbewirksamen Aktionen erfolgen.

Neben dem Bestreben zielgruppengeeignetes Personal einzusetzen muss das Ziel auch sein, die Gäste an den Betrieb zusätzlich durch einen guten Kontakt zum Personal zu binden. Hierzu ist es notwendig, dass das Personal **wirksames Bedienen** erlernt. In diesem Zusammenhang sei auf das Schulungsangebot der Fachverbände hingewiesen. | Gästebindung

Als genereller Nebeneffekt bei Schulungsmaßnahmen ist die nicht unerhebliche **Motivationssteigerung** des Personals bekannt.

Bemühungen des erhöhten Umsatzes können auch durch **Personalwettbewerbe** und **Incentivsysteme** gefördert werden. Bei größeren Organisationen sind die Aufwendungen für Incentives oft wesentlich geringer als die dadurch erreichten Umsatzvorteile. | Incentivsysteme

Umsatz je beschäftigte Person in € | Umsatz je beschäftigte Person in €

FORMEL XXXIV

$$\text{Umsatz je beschäftigte Person} = \frac{\text{Umsatz Speisen und Getränke/Jahr}}{\text{Anzahl der Mitarbeiter}}$$

Bei der Ermittlung der Anzahl der Mitarbeiter müssen Teilzeit- und Aushilfskräfte sowie Auszubildende auf volle Kräfte umgerechnet werden. Ebenso müssen Mitarbeiter, die erst im Laufe des Jahres eintreten, auf volle Kräfte umgerechnet werden. | Umrechnung Jahresvollzeitkräfte

Die Kennzahl **„Umsatz je beschäftigte Person"** ist hauptsächlich ein Maßstab für die **Leistung der Mitarbeiter**.

Als Globalgröße und wichtigster Maßstab für die Leistung der Mitarbeiter, für die Kapazitätsauslastung und für die Leistung des Gesamtbetriebes dient diese Kennzahl als **Planungs- und Kontrollkennzahl**. Häufig sind zu hohe Kosten die Ursache einer unzureichenden Kapazitätsauslastung. Beispielsweise können überhöhte Personalkosten neben einer überdurchschnittlichen Bezahlung ihre Ursache auch in einer zu niedrigen Leistung haben. Mit Hilfe der Kennzahl „Umsatz je beschäftigte Person" lassen sich evtl. die Ursachen loka- | Kontrollkennziffer für Mitarbeiterleistung lisieren und konkrete Ansatzmöglichkeiten für praktische **Maßnahmen** zur **Personalkostenentlastung** aufzeigen.

Mögliche Maßnahmen zur Erhöhung dieser Kennziffer sind:

Verbesserungs-
möglichkeiten

- Ermittlung der Beschäftigten, die unter dem Durchschnitt liegen, hinsichtlich der Anzahl der Gäste oder des Umsatzes (evtl. Schulung);

- Abbau von Ganztagskräften, verstärkter Einsatz von Teilzeitkräften in den Spitzenzeiten.

Umsatz je Sitzplatz in €

Umsatz je Sitzplatz in €   **FORMEL XXXV**

$$\text{Umsatz je Sitzplatz} = \frac{\text{Umsatz Speisen und Getränke/Jahr}}{\text{Anzahl der Sitzplätze}}$$

Diese Kennzahl zeigt, wie wirtschaftlich der Produktionsfaktor "Raum" im Gastgewerbe eingesetzt wird.

Verbesserungs-
möglichkeiten

Der Umsatz je Sitzplatz betrug 20.. rd. 2.364 € (52 Sitzplätze) ohne Berücksichtigung von Handelswaren. Bei vergleichbaren Betrieben lag diese Kennziffer bei rd. 3.800 €. Diese Kennziffer ist zu verbessern durch eine **Steigerung** der **Attraktivität des Angebotes**, insbesondere durch die Ausweitung von besonders rentablen Leistungen.

6.2   Kennziffern und Vorschläge zur Verbesserung des Betriebsergebnisses

Sitzplatzumschlag   **Sitzplatzumschlag**

FORMEL XXXVI

$$\text{Sitzplatzumschlag} = \frac{\text{durchschnittlicheGästezahl/Tag}}{\text{Anzahl der Sitzplätze}}$$

Aussage der Kennziffer
Sitzpaltzumschlag

Die **Sitzplatzumschlagshäufigkeit** wird errechnet, indem die durchschnittliche Gästezahl pro Tag geteilt wird durch die Anzahl der Sitzplätze. Die Sitzplatzumschlagshäufigkeit gibt an, wie häufig die Sitzplätze durchschnittlich pro Tag belegt sind. Zur Erhöhung der Sitzplatzumschlagshäufigkeit sind Maßnahmen zu ergreifen, um unnötiger Kapitalbindung entgegen zu wirken. Darüber hinaus verursacht eine zu geringe Sitzplatzumschlagshäufigkeit Raumkosten, Personalkosten und Zinsverlust.

Mögliche Maßnahmen sind:

Verbesserungs-
möglichkeiten

- Steigerung der Attraktivität des Leistungsangebots,

- Renner- / Penner-Liste (Schnell-/Langsamdreher-Liste) führen.

Die **Renner- / Penner-Liste** enthält speziell die Leistungen, die sehr oft oder sehr wenig nachgefragt werden. „Langsamdreher" sind alle Leistungen, die z.B. weniger als fünfmal pro Jahr nachgefragt werden. Nach Erkennen der „Langsamdreher" sollten Maßnahmen ergriffen werden, die diese beseitigen.

Renner- / Penner-Liste

Mögliche Maßnahmen sind:

Mögliche Maßnahmen zur
Verbesserung

- Leistungen nicht mehr anbieten bzw. Produktlimitation,

- Preisherabsetzung: Sonderangebote,

- Werbung / Verkaufsförderung.

Betriebshandelsspanne in %

FORMEL XXXVI

Betriebshandelsspanne

$$\text{Betriebshandelsspanne} = \frac{(\text{Umsatzerlöse netto - Wareneinsatz}) \times 100}{\text{Umsatzerlöse netto}}$$

Die **Betriebshandelsspanne** wird errechnet, indem von den Umsatzerlösen (ohne Umsatzsteuer) der Wareneinsatz (ohne Vorsteuer) subtrahiert wird. Das Ergebnis wird durch die Umsatzerlöse (ohne Umsatzsteuer) dividiert und mit 100 multipliziert. Die Handelsspanne geht immer vom Verkaufspreis aus und beinhaltet die prozentuale Spanne zwischen Verkaufspreis und Einstandspreis. Hier ist der Verkaufspreis die Basis, die rechnerisch gleich 100 % gesetzt wird.

Berechnung
Betriebshandelsspanne

Diese Kennziffer spiegelt den **Warenrohertrag** wider, mit dem die **Handlungskosten** und der **Gewinn** gedeckt werden müssen.

Wenn die Betriebshandelsspanne sinkt, muss geprüft werden, ob die Einstandspreise zu hoch sind, d.h. es muss versucht werden, niedrigere Einstandspreise zu erzielen. Gleichzeitig ist zu prüfen, ob die Verkaufspreise ohne negative Auswirkungen hinsichtlich des Umsatzes erhöht werden können.

Verbesserungs-
möglichkeiten

Anteil der Gesamtkosten am Umsatz in %

FORMEL XXXVII

Anteil der Gesamtkosten
am Umsatz

$$\text{Gesamtkosten in \% vom Umsatz} = \frac{\text{Gesamtkosten/Jahr} \times 100}{\text{Umsatz/Jahr}}$$

Die absolute Höhe der Kosten in € sagt noch nicht viel darüber aus, ob die Kosten im vertretbaren Rahmen liegen oder nicht. Es fehlt die Bezugsgröße.

Angemessenheit der
Kosten

Gastronomische Betriebe finden diese Bezugsgröße in der betrieblichen Leistung, die durch den Umsatz ausgedrückt wird. Sowohl die Gesamtkosten als auch die einzelnen Kostenarten in Prozenten vom Umsatz berechnet, ergeben eine bewert- und vergleichbare Größe als **Beurteilungsgrundlage** für die **Angemessenheit** und Vertretbarkeit der Kosten.

Interpretation der
Kennziffer

Die laut Gewinn- und Verlustrechnung per 31.12.20.. und durch eigene Berechnungen ermittelten Gesamtkosten in Prozent vom Umsatz betrugen rd. 97,43 %. Dieses schlechte Ergebnis ist vor allem auf die sehr niedrige Kapazitätsauslastung, den sehr niedrigen Umsatz je Sitzplatz in € und den niedrigen Umsatz je Gast zurückzuführen.

Es sollte versucht werden, den Umsatz im Verhältnis zu den Gesamtkosten künftig überproportional zu steigern, um ein langfristig tragfähiges Betriebsergebnis zu erzielen.

Eine Ausnahme bilden die Werbekosten. Sie können gesteigert werden, sollten dann jedoch auf 3 % der Gesamtkosten begrenzt werden, da die Wettbewerbssituation zurzeit eine weitere Erhöhung nicht erforderlich macht.

Von dieser Seite wird vermutet, dass die bestehende Werbung nicht ausreichend ist, das Angebot den potenziellen Gästen auch außerhalb der Ortschaft bekannt zu machen. Ziel sollte also sein, einen zusätzlichen Etat für Werbung und Aktionen einzusetzen. Damit können bestimmte Leistungen im Abverkauf gefördert und Gäste stärker an den Betrieb gebunden (Umsatz / Gast) sowie neue Gäste gewonnen werden.

Aufgaben

1. Welche Aufgaben hat das Warenwirtschaftssystem in der Gastronomie?

2. Welche betriebswirtschaftlichen Folgen treten ein, wenn die Warenwirtschaft in einem gastronomischen Betrieb nicht optimal organisiert und gesteuert wird?

3. Ein Restaurant hat im abgelaufenen Jahr Umsatzerlöse aus Speisen und Getränke in Höhe von 428.000 € erzielt. In diesem Zeitraum wurden 19.620 Gäste bewirtet.

   a) Ermitteln Sie den Umsatz je Gast.

   b) Erläutern Sie drei mögliche Maßnahmen zur Erhöhung des „Umsatzes je Gast".

4. Die Gaststätte „Zum wilden Eber" hat mit 3,6 Mitarbeitern einschließlich der mitarbeitenden Inhaberin im abgelaufenen Jahr einen Nettoumsatz von 285.720 € erwirtschaftet.

   a) Wie hoch war der „Umsatz je beschäftigte Person"?

b) Was sagt die Kennziffer „Umsatz je beschäftigte Person" aus?

c) Erläutern Sie zwei Maßnahmen zur Erhöhung der Kennziffer „Umsatz je beschäftigte Person".

5. Das Teehaus „Nordwind" hat eine Sitzplatzkapazität von 98 Sitzplätzen. Im abgelaufenen Jahr wurden Umsatzerlöse aus Speisen und Getränke in Höhe von 263.400 € erzielt.

a) Wie hoch war der „Umsatz je Sitzplatz"?

b) Worüber gibt die Kenziffer „Umsatz je Sitzplatz" Auskunft?

c) Machen Sie einen Vorschlag zur Erhöhung des „Umsatzes je Sitzplatz" (mit Begründung).

6. Das Kaffeehaus „Seeblick" hat eine Kapazität von 124 Sitzplätzen. Im abgelaufenen Wirtschaftsjahr wurden 102.672 Gäste bei 360 Öffnungstagen bewirtet.

a) Wie hoch war die Sitzplatzumschlagshäufigkeit im abgelaufenen Wirtschaftsjahr?

b) Erläutern Sie eine mögliche Maßnahme zur Erhöhung der Sitzplatzumschlagshäufigkeit.

7. Frau Carola Mayer, Inhaberin des Restaurants „Nordwind", ist hoch erfreut. Im letzten Jahr hat sich die Betriebshandelsspanne um 2,4 % von 30,2 % auf 32,6 % erhöht.

a) Warum ist Frau Carola Mayer hoch erfreut?

b) Welche Einflussfaktoren könnten die Betriebshandelsspanne erhöht haben?

8. Der Inhaber des Lokals „Zur Mühle" hat aus der Buchhaltung folgende Zahlen erhalten:

	Berichtsjahr	Vorjahr
Umsatz netto	894.000 €	897.000 €
Wareneinsatz	478.400 €	412.300 €

Sie werden beauftragt, die Daten auszuwerten.

a) Wie hoch war die Betriebshandelsspanne im Berichtsjahr und im Vorjahr?

b) Um wie viel Prozent hat sich die Betriebshandelsspanne verändert?

c) Erläutern Sie einen Vorschlag zur Erhöhung der Betriebshandelsspanne.

9. Die Buchhalterin Gudrun Krause erläutert dem Inhaber des Restaurants „Zur Schwalbe" die Ergebnisse des letzten Wirtschaftsjahres. Sie sagt: „ Die Gesamtkosten haben sich im letzten Wirtschaftsjahr überproportional zu dem Umsatz erhöht. Damit verschlechtert sich das Betriebsergebnis des Unternehmens. Wir müssen darauf achten, dass zukünftig die Gesamtkosten des Unternehmens unterproportional zu den Umsatzerlösen steigen."

Nehmen Sie zu den Aussagen der Buchhalterin Stellung.

10. Sie haben aus der Buchhaltung und Kostenrechnung folgende Daten erhalten:

	Berichtsjahr	Vorjahr
Öffnungstage	360	359
Anzahl Gäste pro Jahr	48.200	49.300
Sitzplätze	148	148
Beschäftigte (Vollzeit)	5,6	5,3
Umsatz netto	1.430.000 €	1.321.450 €
Wareneinsatz	528.900 €	518.300 €
Gesamtkosten	1.218.500 €	1.098.500 €

a) Berechnen Sie für das Berichtsjahr und Vorjahr folgende Kennzahlen:

- Betriebshandelsspanne in %,

- Gesamtkosten in % vom Umsatz,

- Umsatz je Gast,

- Umsatz je beschäftigte Person in €,

- Umsatz je Sitzplatz in €,

- Sitzplatzumschlag.

b) Ermitteln Sie die Veränderungen der Kennzahlen absolut und relativ (in Prozent).

c) Beurteilen Sie die Entwicklung des Unternehmens (mit Begründung).

d) Erläutern Sie vier mögliche Maßnahmen zur Verbesserung des Betriebsergebnisses.

7 Wie Sie Ihre Gewinnschwelle berechnen

Bei der Einschätzung der Wirkungen betrieblicher Entscheidungen auf die künftige Gewinnsituation hilft die **Gewinnschwellenanalyse, Break-Even-Analyse** genannt, weiter. Die Break-Even-Analyse bietet ein einfaches Instrumentarium zur Bewältigung von **Entscheidungssituationen**.

Gewinnschwellenanalyse

In „kleinen" und „mittleren" Betrieben der Gastronomie wird die Break-Even-Analyse kaum angewendet, obwohl sie zu den ältesten Methoden der **Erfolgsanalyse** gehört. Offenbar fehlen vielen Gastronomen die betriebswirtschaftlichen Kenntnisse und vor allem die Zeit zur fachgerechten Anwendung dieser Technik.

Der Gastronom darf sich nicht von Gewinnen oder Verlusten überraschen lassen. Er muss Kosten, Umsatz, Preise und Gewinn kontrollieren und für die Zukunft planen. Hierbei hilft die **Break-Even-Analyse** zumindest zur groben Abschätzung der Auswirkungen von **Datenänderungen** (z.B. Personalkostenerhöhung, Pachterhöhung, Umsatzrückgang) auf die Gewinnsituation. Mit Hilfe der Break-Even-Analyse können folgende Fragen beantwortet werden.

Fragestellungen der Break-Even-Analyse

- Wie wirkt sich eine Umsatzerhöhung oder Umsatzminderung auf den Gewinn aus?

- Bei welcher Umsatzhöhe wird die Gewinnschwelle (Gesamtkosten = Umsatz) erreicht?

- Wie wirkt sich eine Umsatzstrukturveränderung (sales mix) auf den Gewinn aus?

- Welche Umsatzerhöhung ist notwendig, um einen geplanten Gewinn zu erreichen?

- Wie wirkt sich eine Kostenänderung auf den zukünftigen Gewinn aus?

- Welche Umsatzerhöhung ist notwendig, um eine Kostenerhöhung auszugleichen?

7.1   Grundbegriffe der Gewinnschwellenrechnung

Die **Gewinnschwellenrechnung** ist eine Rechnung, bei der Kosten, Umsatz und Gewinn zueinander ins Verhältnis gesetzt werden.

Kostenspaltung in fixe und variable Bestandteile

Zur Ermittlung der Umsatzhöhe bzw. Ausbringungsmenge, bei der der Gewinn gleich Null ist, ist es notwendig, die Kosten in fixe und variable Bestandteile zu zerlegen. Gerade diese **Kostenaufteilung** bereitet in der Gastronomie wegen der Umsatzzusammensetzung (Umsatzmix) oftmals Probleme.

Verhalten der Kosten

Die **fixen Kosten** fallen unabhängig von der Leistungserbringung an. Sie ergeben sich aus der **Bereitstellung einer bestimmten Kapazität**. Die **variablen Kosten** sind Kosten, die sich mit der **Leistungsmenge** verändern. Normalerweise steigen (sinken) die variablen Kosten bei einer Erhöhung (Einschränkung) der Leistungsmenge.

Entsprechend dem gastgewerblichen Kontenrahmen betrachten wir die **anlagebedingten Kosten** als fix (Kapazitätsvorhaltung). Die **betriebsbedingten Kosten** werden weitgehend von dem veränderlichen Umsatz bestimmt. Daher werden die betriebsbedingten Kosten als **variable Kosten** (veränderliche Kosten) behandelt.

limitationale Produktionsfunktion

Bei der Bestimmung des **Break-Even-Point** (Gewinnschwelle) ist es notwendig zu wissen, in welchem Verhältnis sich die variablen Kosten zu einer Änderung der Leistungsmenge (Umsatzleistung) verändern. Das Verhältnis der variablen Kosten zur Leistungsmenge (Umsatzleistung) wird durch die **Produktionsfunktion** bestimmt. Die Gespräche mit der Inhaberin der Gaststätte haben ergeben, dass eine annähernd **limitationale Produktionsfunktion** vorliegt.

lineare Kostenfunktion

D.h., die Produktionselemente (Material, menschliche Arbeit) können nur in einem ganz bestimmten Verhältnis zueinander kombiniert werden. So erfordert beispielsweise die Verdoppelung der Umsatzleistung eine annähernde Verdoppelung der menschlichen Arbeit und des Materialeinsatzes. Daraus folgt, dass eine annähernd **lineare Kostenfunktion** hinsichtlich der **variablen Kosten** vorhanden ist.

Gewinn- und Verlustzone

Der **Break-Even-Point** (Gewinnschwelle) zeigt das **Umsatzvolumen**, das ausreicht, die Gesamtkosten (fixe und variable Kosten) abzudecken. Hier beginnt die **Gewinn- bzw. Verlustzone** bei steigendem bzw. fallendem Umsatz.

In der folgenden Abbildung wird der Zusammenhang zwischen Kosten, Erlös und Gewinn/Verlust grafisch veranschaulicht.

Kosten/Erlös

Erlös (Umsatz)

Break-Even-Point
Gewinnschwelle

Gewinn

Verlust

Gesamtkosten

Fixkosten

Menge (m)

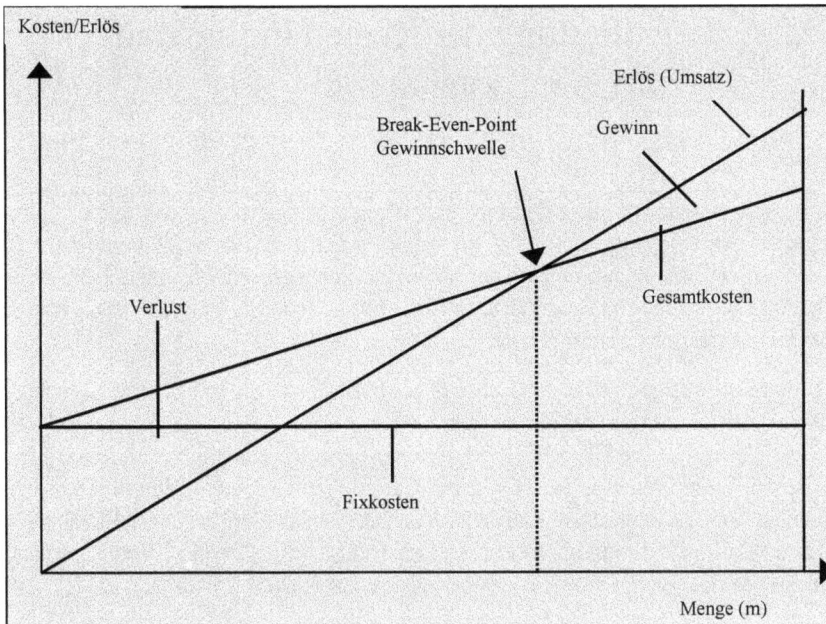

Abbildung 76: Break-Even-Point - Gewinnschwelle

Aus obiger Abbildung können Sie ersehen:

Aussagen der Gewinnschwellen-rechnung

- bis zu welchem Umsatz das Unternehmen Verlust macht, d.h. ab welchem Umsatz die fixen Kosten nicht mehr durch den Umsatz gedeckt werden,

- bei welchem Umsatz das Unternehmen weder Gewinn noch Verlust macht (Break-Even-Point),

- ab welchem Umsatz das Unternehmen Gewinne erzielen kann und

- bei welchem Umsatz wird das Unternehmensziel erreicht.

Aufgaben

1. Welche Fragen können Sie mit der Break-Even-Analyse beantworten?

2. Welchen Sachverhalt drückt die Gewinnschwelle aus?

3. Was versteht man unter einer limitationalen Produktionsfunktion?

4. Was folgt aus einer limitationalen Produktionsfunktion hinsichtlich der Kostenfunktion?

7.2 Aufteilung der Kosten in fixe und variable Bestandteile

Beispiel

Die angefallenen Kosten des hier betroffenen Betriebes wurden der Gewinn- und Verlustrechnung per 31.12.20.. entnommen und den anlagebedingten (fixen) sowie betriebsbedingten (variablen) Kosten zugeordnet. Zusätzlich wurde kalkulatorischer Unternehmerlohn angesetzt. Abschreibungen und Zinsen wurden kalkulatorisch ermittelt.

Die Kostenansätze beziehen sich auf den Zeitraum Januar bis Dezember 20... Eine Vor- und Nachverteilung der Kosten wurde nicht vorgenommen, weil dazu jeder einzelne Kostenbeleg auf seine periodengemäße Verursachung hin überprüft werden müsste. Kostenbelege, die andere oder mehrere Abrechnungsperioden betreffen, müssten dann vor- und/oder nachverteilt werden. Dies würde die Genauigkeit der Kostenartenrechnung zwar erhöhen, ist aber aufgrund des hohen zeitlichen Aufwandes nicht wirtschaftlich.

Die Aufteilung der Kosten in fixe und variable Bestandteile basiert auf der Zuordnung der Kosten in anlagebedingte und betriebsbedingte Kosten.

Kosten-gr.-Nr.	Kostengruppe	fix (anlagebedingt)	variabel (betriebsbedingt)
04	Wareneinsatz Gesamt		53.653,36 €
05	Personalkosten		14.371,15 €
06	Energiekosten		5.153,89 €
07	Steuern / Vers. / Abgaben		3.116,08 €
08	Betriebs- u. Verwaltungsk.		14.756,29 €
05	kalk. Unternehmerlohn	18.000,00 €	
09	Pacht	14.400,00 €	
10	Instandhaltung / Reparatur	1.945,50 €	
11	kalk. Abschreibungen	2.086,00 €	
12	kalk. Ab. Geringwertige Wirtschaftsgüter (GWG)	399,00 €	
13	kalk. Zinsen	3.336,00 €	
Σ		**40.166,50 €**	**91.050,77 €**

Abbildung 77: Aufteilung der Kosten in fixe und variable Bestandteile

7.3   Wie Sie Ihre Gewinnschwelle errechnen

Rechnerisch lässt sich der **Break-Even-Punkt** nach **Mengeneinheiten** (Break-Even-Menge), **Geldeinheiten** (Break-Even-Umsatz) oder in **Prozent** vom erzielten Deckungsbeitrag (Break-Even-Point in %) ermitteln.

Wie wird die Break-Even-Menge errechnet?

Die **Break-Even-Menge** bezeichnet die Anzahl eines Produktes/einer Dienstleistung, die gerade ausreicht, die Fixkosten des Unternehmens zu decken. Sie benötigen so viel Gesamtdeckungsbeitrag (DB), dass der Fixkostenblock gedeckt ist.

Break-Even-Menge

Die **Absatzmenge**, die Sie benötigen, damit Ihr Unternehmen eine ‚schwarze Null‘ schreibt, wird wie folgt berechnet:

Berechnung der Break-Even-Menge

FORMEL XXXVIII

Berechnung der **Break-Even-Menge**

$$Break-Even-Menge = \frac{gesamte\ Fixkosten}{Stückdeckungsbeitrag}$$

Beispiel

Der Spezialitätenhersteller „Gourmet" produziert und verkauft ein Produkt. Die gesamten Fixkosten betrugen im Abrechnungszeitraum 312.055 €. Es wurden für den Abrechnungszeitraum folgende Daten ermittelt:

Verkaufspreis	12,54 €
- variable Stückkosten	7,00 €
= Stückdeckungsbeitrag	5,54 €

Entsprechend der Berechnungsformel ergibt sich:

$$Break-Even-Menge = \frac{312.055}{5,54} = 56.327,61\ Stück$$

Um die Gewinnschwelle zu erreichen, müsste der Spezialitätenhersteller „Gourmet" also mindestens 56.328 Stück produzieren und verkaufen.

Die **Voraussetzung** zur Berechnung der Break-Even-Menge, dass ein gastronomisches Unternehmen lediglich **ein Produkt** (Leistung) herstellt und verkauft, ist in der Praxis nicht gegeben. Daher kann der Gastronom in der

Voraussetzung der Berechnung

Regel lediglich den Break-Even-Umsatz und den Break-Even-Point in Prozent ermitteln.

Wie Sie den Break-Even-Umsatz errechnen

Break-Even-Umsatz

Die **Gewinnschwelle** erreichen Sie bei **Deckung der Gesamtkosten** durch die Betriebsleistung (Umsatzerlöse), d.h. Sie müssen Betriebsleistungen (Umsatzerlöse) erbringen, die den Gesamtkosten in ihrer Höhe entsprechen. In diesem Fall ist Ihr Gewinn / Verlust gleich 0 €. Der **Break-Even-Umsatz** bezeichnet also den Umsatz, der gerade ausreicht, um neben den variablen Kosten die Fixkosten zu decken.

Sie berechnen Ihren Break-Even-Umsatz wie folgt:

FORMEL XXXIX

Berechnung des **Break-Even-Umsatzes (BEU)**

$$\text{Break} - \text{Even} - \text{Umsatz} = \frac{\text{gesamte Fixkosten x }100}{\text{DB in \% des Umsatzes}}$$

Bei der Ermittlung des Break-Even-Umsatzes stellen Sie den Deckungsbeitrag in Prozent (%) vom Umsatz und die fixen Kosten in € dar.

Beispiel

> Ein Gastronom hatte in der abgelaufenen Abrechnungsperiode Fixkosten in Höhe von 309.619 €. Der Deckungsbeitrag betrug in dieser Periode 366.431 €. In der Periode wurden Umsatzerlöse in Höhe von 1.077.738 € erzielt.
>
> Zunächst ist der Deckungsbeitrag in % zu errechnen. Der Deckungsbeitrag in % wird wie folgt ermittelt:
>
> 1.077.738 € Umsatz   = 100 %
> 366.431 € Deckungsbeitrag = X %

$$X = \frac{366.431 \text{ EURO x }100}{1.077.738 \text{ EURO}} = 34{,}0\,\%$$

> Der Deckungsbeitrag, ausgedrückt in % vom Umsatz, beträgt 34,0 %. Jetzt multiplizieren Sie die gesamten Fixkosten mit 100 und dividieren das Ergebnis durch den Deckungsbeitrag in % des Umsatzes.
>
> Entsprechend der Berechnungsformel ergibt sich:

$$X = \frac{309.619 \text{ EURO x }100}{34{,}0} = 910.644{,}11 \text{ EURO}$$

Die Gewinnschwelle wird bei einer Umsatzleistung von rd. 910.644 € erreicht. Zur vorangestellten Rechnung sei relativierend angemerkt, dass die kalkulatorischen Zinsen und der kalkulatorische Unternehmerlohn nur zu einem geringen Teil ausgabewirksam sind.

Durch die kalkulatorischen Kosten wird die Liquidität zunächst nur teilweise berührt. Der Ansatz ist jedoch notwendig, damit die gesamten Kosten des Gastronomiebetriebes über die Umsatzerlöse finanziert werden können. Insofern wäre eine **cash-flow-Betrachtung** bei Gewinnschwellenrechnungen nicht zulässig bzw. kaufmännisch gefährlich.

Wie Sie den Break-Even-Point (BEP) in % errechnen

Break-Even-Point in %

Der **Break-Even-Point in %** gibt Ihnen an, bei wie viel % des erzielten Deckungsbeitrages Ihre fixen Kosten vollständig gedeckt sind.

Sie ermitteln den Break-Even-Point in % wie folgt:

FORMEL XXXX

Berechnung des **Break-Even-Point in % (BEP)**

Berechnung Break-Even-Point

$$\text{Break} - \text{Even} - \text{Point in \%} = \frac{\text{gesamte Fixkosten x 100 \%}}{\text{DB in €}}$$

Beispiel

Ausgehend von den Daten aus dem obigen Beispiel „Berechnung des Break-Even-Umsatzes" wird der Break-Even-Point in % ermittelt. Es geht also darum zu ermitteln, bei wie viel % des erzielten Deckungsbeitrages die gesamten fixen Kosten gedeckt sind.

Entsprechend der Berechnungsformel ergibt sich:

$$\text{Break - Even - Point in \%} = \frac{309.619 \text{ € x 100 \%}}{366.431} = 84,5 \text{ \%}$$

Der Break-Even-Point in % liegt bei dem Beispiel bei rd. 84,5 %, d.h. die fixen Kosten werden bei 84,5 % des erzielten Deckungsbeitrages vollständig gedeckt. Damit ist der Break-Even-Point auf einem relativ sicheren Niveau. Geringe Umsatzrückgänge würden das Unternehmen in seiner Existenz nicht gefährden.

Aufgaben

1. Was sagt die Break-Even-Menge aus?

2. Wie wird die Break-Even-Menge berechnet?

3. Was sagt der Break-Even-Umsatz aus?

4. Wie wird der Break-Even-Umsatz ermittelt?

5. Was sagt der Break-Even-Point in % aus?

6. Wie wird der Break-Even-Point in % ermittelt?

7. Ein Spezialitätenrestaurant bietet ein Menü an. Es wurden für den Abrechnungszeitraum folgende Daten ermittelt:

Absatzmenge	5.000 Stück
variable Stückkosten	10,50 €
Stückerlös	17,80 €
gesamte Fixkosten	24.564,60 €

   a) Ermitteln Sie den Break-Even-Umsatz.

   b) Wie verändert sich der Break-Even-Umsatz, wenn sich die Erlössituation verschlechtert und nur noch 16,50 €/Stück erzielt werden können?

   c) Wo würde der Break-Even-Umsatz liegen, wenn durch den Einsatz eines neuen Gerätes die fixen Kosten um 10.000 € ansteigen und die variablen Kosten um 3 € pro Stück fallen würden?

8. Ein Pizzabäcker produziert und verkauft eine Sorte Pizza. Es wurden für den Abrechnungszeitraum folgende Daten ermittelt:

Absatzmenge	22.500 Stück
variable Stückkosten	8,25 €
Stückerlös	12,40 €
gesamte Fixkosten	87.321,40 €

   Ermitteln Sie den Break-Even-Point in %.

9. Die Kosten- und Leistungsrechnung des Restaurants „Bella" weist folgende Zahlen aus:

Rechnungs-periode	Umsatz	Gesamt-kosten	variable Kosten	fixe Kosten
Oktober	800.000	700.000	500.000	200.000
November	960.000	800.000	600.000	200.000

a) Ermitteln Sie den Betriebserfolg für die Monate Oktober und November.

b) Bestimmen Sie rechnerisch und grafisch den Break-Even-Umsatz.

c) Ermitteln Sie den Break-Even-Point in %.

d) Im Dezember erhöhen sich die variablen Kosten auf 720.000 €. Umsatzerlöse und fixe Kosten verändern sich nicht gegenüber dem Monat November. Welche Auswirkung hat die Erhöhung der variablen Kosten auf den Break-Even-Umsatz?

e) Eine geplante Erweiterungsinvestition verursacht zusätzlich fixe Kosten in Höhe von 40.000 € pro Monat. Wie hoch muss der Umsatz sein, um das Betriebsergebnis des Monats November zu halten.

8 Kostenkontrolle

Prinzipiell kann die Entwicklung der Vollkosten sowie der Teilkosten kontrolliert werden. In der Gastronomie ist es üblich, wenn überhaupt, eine systematische Kontrolle der Vollkosten durchzuführen. Dies liegt sicherlich darin begründet, dass die Daten aus der Finanzbuchhaltung ohne größere Probleme Informationen auf Vollkostenbasis liefern.

Die Kontrolle der Vollkosten sowie der Teilkosten kann auf vier verschiedene Arten durchgeführt werden:

1. Zeitvergleich

2. Betriebsvergleich

3. Soll-Ist-Vergleich

4. Benchmarking

Beim innerbetrieblichen **Zeitvergleich** werden die Ist-Kosten einer Abrechnungsperiode mit einer früheren Periode verglichen. Der in der Praxis weit verbreitete **Zeitvergleich** führt zur Aufdeckung von Abweichungen, deren Ursachen aus der Systematik der Kostenrechnung **nicht** zu erkennen sind. Trotzdem wird der Zeitvergleich als zusätzliches Instrument der Kostenkontrolle empfohlen, denn es dürfte bei größeren Abweichungen sicherlich gelingen, die Ursachen aufzudecken und damit unter Umständen Unwirtschaftlichkeiten zu erkennen.

Beim **Betriebsvergleich** (zwischenbetrieblicher Vergleich) werden Ist-Kosten des eigenen Betriebes mit denen eines anderen Betriebes oder mit Durchschnittswerten der Branche (z.B. Personalkosten pro € Betriebsleistung) verglichen. Der **Betriebsvergleich** ist skeptisch zu beurteilen, denn eine Vergleichbarkeit zwischen mehreren Betrieben ist in der Regel nicht gegeben. Zudem fehlt auch hier wie beim **Zeitvergleich** der Maßstab der Wirtschaftlichkeit. Man kann lediglich feststellen, ob der eigene Betrieb besser oder schlechter liegt als der Vergleichsbetrieb oder der Durchschnitt. Wir empfehlen, den **Betriebsvergleich** lediglich zusätzlich durchzuführen, wodurch unter Umständen die Ursachen von erheblichen Abweichungen vom Durchschnitt aufgedeckt werden können.

Erst beim **Soll-Ist-Vergleich** werden die Ist-Kosten mit Soll-Kosten verglichen, die aufgrund ihres Vorgabecharakters als Maßstab der Wirtschaftlichkeit geeignet sind. Der Soll-Ist-Vergleich setzt voraus, dass Kosten vorgegeben werden, die bei wirtschaftlichem Verhalten zu erwarten sind. Dazu muss auf Erfahrungen der Vergangenheit zurückgegriffen werden.

Benchmarking

Das **Benchmarking** geht über den Soll-Ist-Vergleich hinaus. Es vergleicht beispielsweise nicht nur Ist-Kosten mit Soll-Kosten, sondern analysiert in einem strukturierten Lernprozess unter Zugrundelegung von Bezugswerten Ergebnisse oder Prozesse. Der Benchmarking-Prozess umfasst die Umsetzung von Veränderungsmaßnahmen.

Eine Kostenkontrolle kann mit Hilfe eines innerbetrieblichen Kostenvergleichs, eines Betriebsvergleichs, eines Soll-Ist-Vergleichs und eines Benchmarking durchgeführt werden. Beim Zeitvergleich werden die Ist-Kosten der Abrechnungsperiode mit den Ist-Kosten einer früheren Abrechnungsperiode verglichen. Einen Maßstab zur Beurteilung der Wirtschaftlichkeit der entstandenen Kosten bietet der Zeitvergleich nicht. Im Betriebsvergleich werden eigene Ist-Kosten mit den Ist-Kosten anderer Betriebe oder mit Durchschnittswerten der Branche verglichen. Auch beim Betriebsvergleich fehlen Maßstäbe zur Beurteilung der Wirtschaftlichkeit der angefallenen Ist-Kosten. Im Soll-Ist-Vergleich werden die angefallenen Ist-Kosten mit den vorgegebenen und geplanten Kosten (Soll-Kosten) verglichen. Aufgrund des Vorgabecharakters der Soll-Kosten existiert hier ein Maßstab zur Beurteilung der Wirtschaftlichkeit der Ist-Kosten. Das Benchmarking geht über den Soll-Ist-Vergleich hinaus. Hier werden die Abweichungen der eigenen Kosten in Beziehung zum Benchmark in einem strukturierten Prozess analysiert, Veränderungsmaßnahmen erarbeitet und umgesetzt.

8.1   Benchmarking

Begriff des Benchmarking

Benchmarking kann als **strukturierter Prozess des Lernens** aus der Praxis derjenigen (Interner oder Externer) verstanden werden, die als **Führer** (Beste) anerkannt sind. Anders als beim Betriebsvergleich können im Rahmen von Benchmarking auch einzelne **Arbeitsprozesse** überbetrieblich verglichen werden, wie z.B. der Ablauf eines Auftrages, die Abwicklung der Auslieferung von Waren. Auch wird die in **Betriebsvergleichen** übliche Anonymität der Teilnehmer aufgehoben.

Ziel des Benchmarking

Es ist das **Ziel** des **Benchmarking**, diejenigen Prozesselemente im eigenen Unternehmen einzuführen, die für einen **Leistungs- oder Kostenvorsprung** verantwortlich sind und zu einer Verbesserung der internen und/oder externen **Kundenzufriedenheit** beitragen. Damit führt das Benchmarking Elemente der **Konkurrenzanalyse**, der **Wertanalyse** sowie der **strategischen Erfolgsforschung** zusammen.

Benchmarking ist ein strukturiertes Lernen von den Besten aus der Praxis. Ziel ist es, Elemente im eigenen Unternehmen einzuführen, die einen Kosten-und/oder Leistungsvorsprung ermöglichen.

Wie wird ein Benchmarking durchgeführt?

Externes Benchmarking berücksichtigt als Vergleichsmaßstab den **Branchenführer** oder einen direkten Wettbewerber, während das **funktionale Benchmarking** allgemein **Prozesse** vergleicht, unabhängig davon, ob sie auf eine bestimmte Branche oder Betriebsgröße zugeschnitten sind.

(Externes) Benchmarking vollzieht sich in folgenden Phasen:

Schritte des externen Benchmarking

1. Bestimmung des Benchmarking-Gegenstandes,

2. Bildung eines Benchmarking-Teams,

3. Identifikation von Benchmarking-Partner(n),

4. Sammeln und analysieren von Informationen,

5. Umsetzung.

Durch die Integration der **Umsetzungsphase** in den **Benchmarking-Prozess** geht das Benchmarking über einen reinen Kennzahlenvergleich hinaus.

Der **Benchmarking-Gegenstand** ergibt sich häufig aus einer **Stärken- und Schwächenanalyse** und besteht beispielsweise aus Leistungslücken und Defiziten gegenüber den Wettbewerbern.

Benchmarking-Gegenstand

Bei dem **Benchmarking-Team** sollte es sich um ein speziell gruppiertes Projektteam handeln, das durch **externe Berater** unterstützt werden kann. Um ein breites Wissens- und Erfahrungsspektrum zu nutzen, sollte das Team **multifunktionell** besetzt sein und je nach Untersuchungsgegenstand Prozessbeteiligte aus allen Hierarchieebenen umfassen.

Benchmarking-Team

Benchmarking-Partner zu finden und diese zu einer Zusammenarbeit zu gewinnen, stellt eine der problematischsten Aufgaben des Benchmarking dar. Das **externe Benchmarking** innerhalb einer Branche setzt voraus, dass der „Beste" dieser Branche ermittelt wird. Dazu muss zunächst festgelegt werden, welche Erfolgsmaßstäbe herangezogen werden können. In der praktischen Anwendung finden eher quantitative Erfolgsindikatoren wie Erlöse, Gewinn, ROI (Return On Investment) oder Wachstumsraten der vergangenen Jahre Berücksichtigung, da dazu veröffentlichtes Datenmaterial vorliegt und eine Vergleichbarkeit eher gegeben ist.

Benchmarking-Partner

Deutlich schwieriger ist die Suche nach **funktionalen Benchmarking-Partnern**. Da spezielle (Kern-)Prozesse Benchmarking-Gegenstand sind, un-

externe Benchmarking-Partner

abhängig von Branche, Größe und Struktur der Unternehmen, weitet sich der Kreis potenzieller Partner auf alle Unternehmen weltweit aus, die diesen Prozess ebenfalls abwickeln bzw. ein gleiches Prozessergebnis erzielen. So können Handelsunternehmen als Prozessspezialisten für Beschaffung gute Benchmarking-Partner für Industrieunternehmen sein, die den Beschaffungsablauf verbessern möchten.

Die Anzahl der potenziellen Partner sowie die Probleme, Daten im Vorfeld zu erhalten, um eine erste Einschätzung der Unternehmen vornehmen zu können, machen spätestens hier meist die Einschaltung von **externen Prozessspezialisten** erforderlich.

Die Chance, **Benchmarking-Partner** zu gewinnen, ist von der Sensibilität des Themas abhängig. Je wettbewerbsrelevanter das Thema eingeschätzt wird, desto geringer ist die Bereitschaft, eventuelle **Wettbewerbsvorteile** preiszugeben. Aus diesem Grunde kann es einfacher sein, Benchmarking-Partner für ein funktionales Benchmarking zu gewinnen, da in anderen Branchen ein Prozess weniger als Schlüsselprozess eingestuft werden könnte. Auch lässt eine solche Wahl eher **Quantensprünge** in Bezug auf die Prozessverbesserungsmöglichkeiten zu, da vollständig andere Wege betrachtet werden. Die Chance, Anregungen für Prozessverbesserungen – keine Kopien – zu erhalten, ist damit hoch.

Gewinnung von
Benchmarking-
Partnern

Grundsätzlich stellt sich die Frage, wie ein „**Bester**" eines Prozesses zu einem Benchmarking zu bewegen ist. Selbst wenn man sich darauf beschränken sollte, lediglich „Bessere" zur Zusammenarbeit zu gewinnen, so besteht auch noch im Verlauf eines Projektes immer die Gefahr, dass der unter Effizienzgesichtspunkten am weitesten fortgeschrittene Partner aus dem Projekt aussteigt, da für ihn die Zusammenarbeit keinen weiteren Nutzen bringt. Um zu verhindern, dass man den Träger der „best practice" verliert, sollten dem Partner zusätzliche Nutzen, z.B. durch Sonderbetreuungen durch Unternehmensberater, geboten werden.

Trotz der Probleme des Benchmarking ist es insgesamt ein Erfolg versprechender Ansatz, Prozesse bewerten und anschließend auf dieser Informationsbasis auch verbessern und damit Kosten senken zu können.

Benchmarks

Inhaltlich können Benchmarks sehr unterschiedlich sein. Es werden in der Praxis sowohl monetäre als auch nicht-monetäre Benchmarks verwendet.

Monetäre Kennzahlen	Nicht-monetäre Kennzahlen
• Prozesskosten	• Lagerumschlagshäufigkeit
• Umsatzrentabilität	• Kapitalumschlagshäufigkeit
• Gesamtkapitalrentabilität	• Durchlaufzeiten
• Cash Flow	• Anzahl Reklamationen
• Umsatz je Beschäftigten	• Anzahl Produktionsfehler
• Rohgewinn je Beschäftigten	• Beschaffungszeit

Abbildung 78: monetäre und nicht-monetäre Benchmarks

In einem externen Benchmarking-Prozess wird zunächst der Benchmarking-Gegenstand festgelegt. Ist der Benchmarking-Gegenstand zum Beispiel mit Hilfe einer Stärken- und Schwächenanalyse abgegrenzt worden, dann ist entsprechend dem Benchmarking-Gegenstand ein Benchmarking-Team zusammenzustellen. Nun steht die schwierige Aufgabe an, einen geeigneten Benchmarking-Partner zu finden. Es stellt sich die Frage, wie kann ein „Bester" zu einem Benchmarking bewegt werden. Dem Benchmarking-Partner muss ein zusätzlicher Nutzen geboten werden. Nach der Gewinnung eines geeigneten Benchmarking-Partners werden Informationen gesammelt und analysiert und Verbesserungsvorschläge erarbeitet und bewertet. In einem letzten Schritt wird der begründet ausgewählte Verbesserungsvorschlag umgesetzt.

Arten des Benchmarking

Benchmarking kann nach verschiedenen Merkmalen unterschieden werden, beispielsweise nach:

Benchmarking-Arten

- **Benchmarking-Objekt**: Prozess- oder Produkt-Benchmarking

- **Zeithorizont**: strategisches, taktisches und operatives Benchmarking

- **Zielsetzung**: Qualitäts- und Kostenbenchmarking

Die Unterscheidung nach dem Vergleichspartner ist in der Praxis weit verbreitet. Es wird unterschieden in:

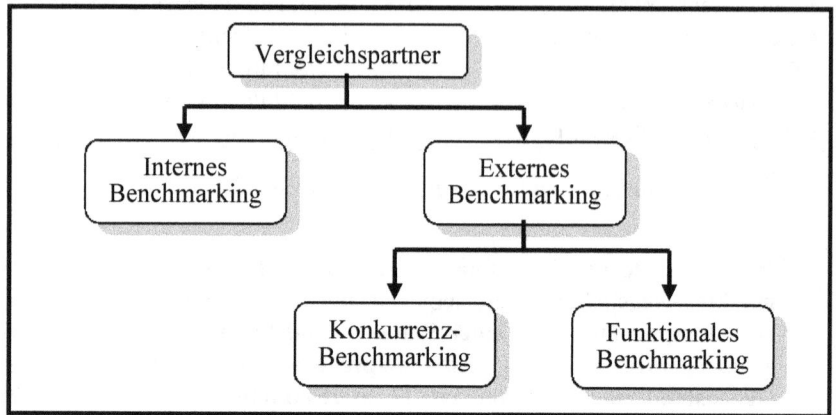

Abbildung 79: Benchmarking-Arten nach Vergleichspartner

internes
Benchmarking

Die Benchmarking-Objekte verschiedener Geschäftsbereiche eines Unternehmens werden beim **internen Benchmarking** miteinander verglichen. Damit kann aufgedeckt werden, dass es innerhalb einer Organisation trotz gleicher Arbeitsanweisungen und Richtlinien Unterschiede in den Arbeitsprozessen und Ergebnissen gibt. In einem Bereich der Organisation können bestehende Arbeitsprozesse effizienter als in einem anderen Bereich ausgeführt werden. Aufgrund der Transparenz der Leistungsunterschiede wird es möglich, den **Leistungsstandard** der gesamten Organisation anzuheben.

externes
Benchmarking

Prozesse, Arbeitsabläufe oder andere Benchmarking-Objekte des eigenen Unternehmens werden beim **externen Benchmarking** mit denen anderer Unternehmen verglichen. Es wird hierbei unterschieden, ob es sich bei den fremden Unternehmen um direkte Konkurrenten oder branchenfremde Unternehmen handelt. Handelt es sich um einen direkten Konkurrenten, dann spricht man von **Konkurrenz-Benchmarking**, im Fall eines branchenfremden Unternehmens von **funktionalem Benchmarking**.

Konkurrenz-
Benchmarking

Das **Konkurrenz-Benchmarking** nimmt eine Sonderstellung ein, weil das eigene Unternehmen in Beziehung zu einem Wettbewerber gesetzt wird. Dadurch ist es möglich, die **relative Marktposition** des eigenen Unternehmens im Vergleich zu einem Wettbewerber zu ermitteln und somit Transparenz über die eigene Stellung am Markt zu erhalten. Der Lernerfolg aus dem Konkurrenz-Benchmarking ist in vielen Fällen nicht optimal, weil die Konkurrenten in der Regel in vielen Bereichen keine Bestleistungen erbringen. Dessen ungeachtet ist das **Konkurrenz-Benchmarking** ein wichtiges Instrument zur Ermittlung der **Positionierung** des eigenen Unternehmens.

Ein Ziel des Benchmarking sollte sein, von den „**Weltbesten**" zu lernen. Es kann für Sie nicht Ziel sein, so gut wie die Konkurrenten zu sein, sondern Ihr Ziel ist, besser zu sein als die Konkurrenten. Das ist aber nicht genug; Ihr Ziel sollte sein, „Weltbester" zu werden. Zur Erreichung dieses Zieles eignet sich besonders das **funktionale Benchmarking**. Es vergleicht die eigenen Abläufe mit denen branchenfremder Unternehmen. Dadurch kann es ermöglicht werden, **Leistungssprünge** zu erreichen, die mit Konkurrenz-Benchmarking oder internem Benchmarking nicht zu erzielen sind. Leistungssprünge sind besonders durch die Übertragung überlegener Vorgehensweisen bzw. Prozesse von branchenfremden Unternehmen auf das eigene Unternehmen zu erwarten. So kann ein Anlagenbauer beispielsweise von einem Logistikspezialisten lernen, wie Beschaffungsprozesse einfacher, effizienter und kostengünstiger gestaltet werden können. Der Zwang zum Durchdenken der eigenen Prozesse und die Offenheit für eine andere und bessere Prozessorganisation sind für das **funktionale Benchmarking** kennzeichnend.

funktionales Benchmarking

Die **Benchmarking-Arten** können wie folgt bewertet werden:

Bewertung der Benchmarking-Arten

Art	Vorteile	Nachteile
Internes Benchmarking	• schnelle und einfache Datenerfassung • geringe Kosten • erhöhte Akzeptanz durch Einbindung der Mitarbeiter • Minimierung von Missverständnissen durch einheitlichen Sprachgebrauch	• Behinderung des Benchmarking-Prozesses aufgrund der Konkurrenz zwischen den Unternehmensbereichen • Gefahr der Betriebsblindheit
Konkurrenz-Benchmarking	• vergleichbare Prozesse und Produkte • Vergleich zu den Konkurrenten • Relevanz der Informationen für das eigene Unternehmen	• häufig fehlende Vergleichspartner • große Probleme bei der Informationsbeschaffung • Branchenblindheit
Funktionales Benchmarking	• hohes Potenzial, neue Lösungen zu finden • große Leistungssprünge sind möglich • offener Informationsaustausch, da kein Konkurrenzverhältnis besteht	• Probleme bei der Anpassung an das eigene Unternehmen • hoher Zeitaufwand • Vergleichbarkeit der Prozesse und Produkte häufig nicht vorhanden

Abbildung 80: Bewertung von Benchmarking-Arten

Wie Sie ein Cost Benchmarking durchführen

Cost Benchmarking

Eine spezielle Form des Benchmarking zur Senkung des Kostenniveaus ist das **Cost Benchmarking**. Aus dem Vergleich mit anderen Unternehmen oder anderen Unternehmensbereichen sollen beim Cost Benchmarking Informationen gewonnen werden, die dazu beitragen, die Kostenstruktur zu verbessern und das Kostenniveau zu senken. Ausgangspunkt des Cost Benchmarking bildet die Bestimmung der relativen Kostenposition des eigenen Unternehmens. In einem weiteren Schritt sind die Kostenunterschiede und deren Ursachen zu analysieren. Aus dieser Analyse der Kostenunterschiede und deren Ursachen werden die **Kostenantriebskräfte** erkennbar. In einem letzten Schritt sind dann die Kostenantriebskräfte so zu beeinflussen, dass die angestrebte Veränderung der Kostenstruktur und des Kostenniveaus erreicht werden.

Cost Benchmarking
und Prozesskosten-
rechnung

Cost Benchmarking und **Prozesskostenrechnung** sind zwei sich ergänzende Instrumente des **Kostenmanagements**. Gerade in den indirekten Bereichen – dem Einsatzgebiet der Prozesskostenrechnung – verspricht Cost Benchmarking hohe **Kostensenkungspotenziale**, weil

- ein Konkurrenz-Benchmarking in diesen Bereichen eher Aussicht auf Erfolg hat als in den direkten Bereichen. Dies liegt darin begründet, dass das Konfliktpotenzial mit Konkurrenten in den indirekten Bereichen deutlich geringer ist.

- ein Cost Benchmarking als funktionales Benchmarking in einem branchenübergreifenden Vergleich am ehesten möglich ist.

Der Cost Benchmarking-Prozess wird an einem Beispiel im Zusammenhang mit der Prozesskostenrechnung aufgezeigt.

Beispiel Cost
Benchmarking

Beispiel: Wie wird ein Cost Benchmarking durchgeführt?

Das Unternehmen X hat als Cost Benchmarking-Partner das Unternehmen Y gewonnen. Es wurden als Benchmarking-Objekt die Kosten des Prozesses

Veranstaltungsauftrag abwickeln

gemeinsam ausgewählt.

Folgende Subprozesse gehören zu dem Prozess „Veranstaltungsauftrag abwickeln":

Auftrag terminieren
Material disponieren
Arbeit verteilen und Arbeitspapiere bereitstellen
Arbeitsfortschritt überwachen

Für beide Unternehmen wurden die Kosten des Prozesses „Veranstaltungsauftrag abwickeln" sowie seiner Subprozesse auf Basis von Kostenanalysen mit Hilfe der Prozesskostenrechnung ermittelt:

Benchmarking-Objekt	Unternehmen X	Unternehmen Y	Differenz X / Y
Prozess: „Veranstaltungsauftrag abwickeln	38,70 €	33,90 €	4,80 €
Subprozess: „Auftrag terminieren"	7,90 €	7,60 €	0,30 €
Subprozess: „Material disponieren"	16,80 €	12,70 €	4,10 €
Subprozess: „Arbeit verteilen und Arbeitspapiere überwachen"	8,60 €	8,20 €	0,40 €
Subprozess: „ Arbeitsfortschritt überwachen"	5,40 €	5,40 €	0,00 €

Es fällt sofort ins Auge, dass die Kosten des Subprozesses „Material disponieren" bei dem Unternehmen Y deutlich geringer sind als bei dem Unternehmen X. Bei Unternehmen Y sind die Kosten für diesen Subprozess um 4,10 € bzw. um rd. 24,4 % niedriger als bei Unternehmen X. Bei der Analyse der Kostenabweichung zeigt sich, dass das Unternehmen Y ein Zentrallager hat. Hingegen hat das Unternehmen X dezentrale Läger. Daher sind umfangreiche Dispositions- und Logistikprozesse erforderlich. Das Unternehmen X setzt sich folgende Kostensenkungsziele:

- Die Kosten des Subprozesses sollen kurzfristig von 16,80 € auf 15,70 € gesenkt werden. Erreicht werden soll dies über eine Optimierung der bestehenden Läger und der Logistikprozesse.

- Die Kosten des Subprozesses sollen langfristig auf 11,70 € gesenkt werden. Erreicht werden soll dies durch den Bau eines zentralen Lagers.

Das ehrgeizige **langfristige Kostenziel**, die eigenen Kosten unter die Kosten des Konkurrenzunternehmens zu senken, resultiert aus der Philosophie des Benchmarking. Es geht beim Benchmarking nicht darum, so gut wie der Beste zu werden, sondern der Beste zu werden.

Ziele des Cost Benchmarking

Es geht beim **Cost Benchmarking** nicht darum, „Erfolgskonzepte" anderer Unternehmen zu kopieren, sondern vielmehr darum, Prozesse von Unternehmen, die auf einem bestimmten Teilgebiet führend sind,

- kennen zu lernen,

- mit den eigenen Prozessen zu vergleichen,

- die Bestimmungsfaktoren der kostengünstigeren Prozesse zu erkennen,

- diese kostengünstig neu zu kombinieren,

- an die Bedingungen des eigenen Unternehmens anzupassen und

- zu implementieren.

8.2 Kostenkontrolle mit der Deckungsbeitragsrechnung

Die **Kostenkontrolle** mit der Deckungsbeitragsrechnung (Teilkostenrechnung) bietet für den Gastronomiebetrieb eine einfache Möglichkeit, die Entwicklung der für den Gastronom relevanten betriebsbedingten (variablen) Kosten in Relation zu den Erlösen zu kontrollieren und bei unerwünschten Entwicklungen ggf. Maßnahmen zur Gegensteuerung zu ergreifen.

Ermittlung der
Deckungsbeiträge

Zunächst ermittelt man den im vergangenen Jahr erzielten **Ist-Deckungsbeitrag** als Basiswert. Des Weiteren sind die Ist-Deckungsbeiträge für die einzelnen Monate absolut als auch relativ, d.h. in Beziehung zu dem Gesamtdeckungsbeitrag des Jahres, zu ermitteln. Notwendig ist die Ermittlung der Anteile der einzelnen Monatsdeckungsbeiträge am Gesamtdeckungsbeitrag deshalb, weil hierdurch der Einfluss der saisonalen Schwankungen auf die Realisierung von Deckungsbeiträgen erkennbar wird. Des Weiteren wird hierdurch ermöglicht, die voraussichtlich in der Planungsperiode monatlich zu erzielenden Deckungsbeiträge genauer abschätzen zu können. Zudem unterstützen kurze Planungszeiträume die Einflussfaktoren von Abweichungen zwischen Soll- und Ist-Deckungsbeiträgen zu erkennen.

Planung Soll-
Deckungsbeiträge

Für die Planung der **Soll-Deckungsbeiträge** müssen die betriebsbedingten (variablen) Kosten und Erlöse für die Planungsperiode abgeschätzt und auf die einzelnen Monate der Planungsperiode verteilt werden. Aus diesen Daten lassen sich dann die Soll-Deckungsbeiträge, die als Differenz zwischen den geplanten Umsatzerlösen und den geplanten variablen Kosten einen Rückschluss auf die Angemessenheit der Entwicklung der variablen Kosten zulassen, für die einzelnen Monate prozentual als auch absolut errechnen.

Vorgehensweise der
Kostenkontrolle

Ausgehend von den Ist-Deckungsbeiträgen der einzelnen Monate des Vorjahres werden in einem ersten Schritt die Soll-Deckungsbeiträge für die einzelnen Monate prozentual geplant und in die unten stehende Tabelle eingetragen. Die Monats-Deckungsbeiträge werden bei einer entsprechenden Programmierung der Tabelle automatisch absolut und kumuliert ausgewiesen. Im Laufe des Planungsjahres werden die monatlichen Ist-Deckungsbeiträge ermittelt und in die Tabelle eingetragen. Die kumulierten Deckungsbeiträge sowie die Ist/Soll-Abweichungen werden errechnet und ausgewiesen. Grundlage der Kontrolle der variablen Kosten ist die ausgewiesene Ist/Soll-Abweichung.

Beispiel

Das folgende Beispiel zeigt exemplarisch die Kostenkontrolle mit Hilfe der Deckungsbeitragsrechnung, wobei aus den Abweichungen der Ist-Deckungsbeiträge von den Soll-Deckungsbeiträgen Rückschlüsse auf die Entwicklung der variablen Kosten gezogen werden können.

Monat	DB-Soll	DB-Soll	DB-Soll kumuliert	DB-Ist	DB-Ist kumuliert	Abweichung Ist/Soll
	%	€	€	€	€	%
Januar	6,00	3.000	3.000	3.800	3.800	26,67
Februar	6,00	3.000	6.000	3.200	7.000	16,67
März	8,00	4.000	10.000	4.300	11.300	13,00
April	8,00	4.000	14.000	4.200	15.500	10,71
Mai	9,00	4.500	18.500	5.000	20.500	10,81
Juni	9,00	4.500	23.000	4.800	25.300	10,00
Juli	6,00	3.000	26.000	3.600	28.900	11,15
August	8,00	4.000	30.000	4.900	33.800	12,67
September	9,00	4.500	34.500	5.100	38.900	12,75
Oktober	9,00	4.500	39.000	4.800	43.700	12,05
November	10,00	5.000	44.000	6.000	49.700	12,95
Dezember	12,00	6.000	50.000	6.800	56.500	13,00
Summe	**100,00**	**50.000**	**50.000**	**56.500**	**56.500**	**13,00**

Abbildung 81: Kostenkontrolle mit der Deckungsbeitragsrechnung

Im hier vorliegenden Beispiel kann eine insgesamt positive Entwicklung der Deckungsbeiträge und damit auch der variablen Kosten in den einzelnen Monaten des Berichtsjahres festgestellt werden. In keinem einzigen Monat weicht der Ist-Deckungsbeitrag von dem Soll-Deckungsbeitrag negativ ab. Kumuliert übersteigt der Ist-Deckungsbeitrag den Soll-Deckungsbeitrag um 13,00 %. Damit ergibt sich für den Gastronomiebetrieb auf den ersten Blick kein Handlungsbedarf zur Senkung der variablen Kosten. Es ist jedoch im hier vorliegenden Fall (positive Abweichungen) betriebswirtschaftlich sinnvoll, die Gründe der positiven Abweichungen zu analysieren.

Gründe der positiven Abweichungen können ungeplante Erhöhungen der Umsatzerlöse, ungeplante Erhöhung der Arbeitsintensität, ungeplante Erhöhung der Ist-Arbeitsstunden oder aber ungeplante Senkungen der variablen Kosten sein. Konkret heißt dies, dass die Planung der Soll-Größen auf fehlerhaften Annahmen beruhte. Daher ist es sinnvoll, - auch bei positiven Abweichungen - die den Planungen zugrunde liegenden Annahmen fortlaufend auf ihre Richtigkeit zu prüfen und ggf. den veränderten Bedingungen anzupassen. Ziel des Gastronomiebetriebes sollte es sein, die Plangrößen derart zu gestalten, dass sie unter Effizienzbedingungen triftig sind.

Monat	DB-Soll	DB-Soll	DB-Soll kumuliert	DB-Ist	DB-Ist kumuliert	Abweichung Ist/Soll
	%	€	€	€	€	%
Januar						
Februar						
März						
April						
Mai						
Juni						
Juli						
August						
September						
Oktober						
November						
Dezember						
Summe						

Abbildung 82: Formular zur Kostenkontrolle mit der Deckungsbeitragsrechnung

8.3 Kontrolle der Entwicklung der Vollkosten

Die **Kontrolle der Vollkosten** ist analog der Kontrolle der Teilkosten durchzuführen. Da die Vollkosten gegliedert nach Kostenarten ermittelt werden, ist es sinnvoll, die Kostenentwicklung nach Kostenarten bzw. Kostengruppen zu kontrollieren, um die Ursachen der Ist-/Soll-Abweichungen besser analysieren zu können.

Kontrolle der Vollkosten

Kostengruppe	Jahr 20..		monatlich kumuliert				Soll-Korrektur	
	Soll	Total	Soll	Ist	Abweichungen		Neu-Soll	Total
	€	%	€	€	€	%	€	%
01 Wareneinsatz Küche								
02 Wareneinsatz Getränke								
03 Wareneinsatz Handelswaren								
05 Personalkosten								
06 Energiekosten								
07 Steuern, Vers., Abgaben								
08 Betriebs- u. Verwaltungskosten								
09 Miete / Pacht / Leasing								
10 Instandhaltung / Reparatur								
11 Abschreibungen								
12 Geringwertige Wirtschaftsgüter								
13 Zinsen								
Gesamt		**100**						

Abbildung 83: Kostenentwicklung nach Kostengruppen für den Monat.....

Aufgaben

1. Unterscheiden Sie vier Arten der Kostenkontrolle.

2. Welche Nachteile haben der Zeitvergleich und der Betriebsvergleich gegenüber einem Soll-Ist-Vergleich?

3. In welchen Schritten wird die Kostenkontrolle mit der Deckungsbeitragsrechnung durchgeführt?

4. Warum ist es sinnvoll, die Kostenkontrolle monatlich durchzuführen?

5. Wie ermitteln Sie die monatlichen Soll-Deckungsbeiträge?

6. Warum sollten Sie auch positive Ist-/Soll-Abweichungen analysieren?

7. Welche Gründe können für positive Ist-/Soll-Abweichungen vorliegen?

8. Welche Bedingung müssen Plangrößen erfüllen?

9. Was ist unter Benchmarking zu verstehen?

10. Welches Ziel ist mit der Durchführung eines Benchmarking verbunden?

11. In welchen Schritten wird ein Benchmarking durchgeführt?

12. Welche Probleme können bei der Suche nach einem Benchmarking-Partner auftreten?

13. Worin unterscheidet sich das interne Benchmarking von dem externen Benchmarking?

14. Welche Vor- und Nachteile sind mit der Durchführung eines internen Benchmarking verbunden?

15. Welche Vor- und Nachteile können bei einem funktionalen Benchmarking auftreten?

16. Welche Vor- und Nachteile können mit einem Konkurrenz-Benchmarking verbunden sein?

17. Welche Ziele können mit einem Cost Benchmarking erreicht werden?

18. Der Gastronom Max Neumann plant für das kommende Wirtschaftsjahr folgende Deckungsbeiträge:

Monat	DB-Soll
	%
Januar	6
Februar	7
März	7
April	5
Mai	9
Juni	10
Juli	8
August	7
September	9
Oktober	10
November	8
Dezember	14
Summe	100

Der geplante Gesamtdeckungsbeitrag beträgt für das Planjahr 200.000 €. Realisiert wurden im Planjahr folgende Deckungsbeiträge:

Monat	DB-Ist
	€
Januar	10.200
Februar	10.500
März	12.800
April	11.600
Mai	16.700
Juni	22.900
Juli	19.100
August	17.300
September	21.600
Oktober	19.700
November	18.300
Dezember	24.600
Summe	205.300

Ermitteln Sie folgende Daten: DB-Soll in €, DB-Soll kumuliert, DB-Ist kumuliert und die Ist-/Soll-Abweichungen.

8.4   Welche Möglichkeiten der prozessorientierten Kostensenkung haben Sie?

Die folgende Abbildung gibt einen Überblick über die Möglichkeiten der prozessorientierten Kostensenkung:

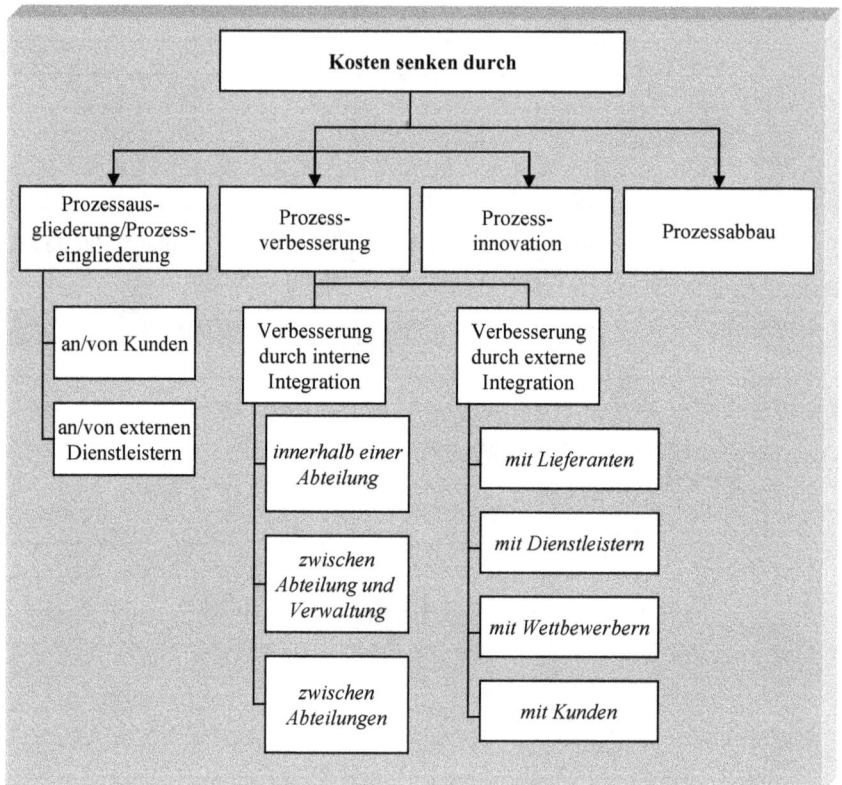

Abbildung 84: Möglichkeiten der prozessorientierten Kostensenkung

Wie können Sie Kosten durch Prozessabbau beeinflussen?

Die Entscheidung, einen **Prozess abzubauen**, ergibt sich aus seiner Einstufung als **nicht anforderungsgerecht**, d.h. der Prozess ist der Bewertung zufolge nicht geeignet, zur betrieblichen Zielerreichung einen Beitrag zu leisten. Dabei sind die Fälle unterscheidbar, *(Anforderungsgerechtigkeit)*

- dass ein Prozess grundsätzlich **keinen Nutzen** im Hinblick auf die Zielerreichung erwirtschaftet oder

- dieser **Nutzen** trotz wirtschaftlicher Prozesserstellung dauerhaft **kleiner** ist als die dadurch **entstehenden Kosten**.

Instrumente, die Sie nutzen können, die **Anforderungsgerechtigkeit** zu beurteilen, sind insbesondere die **controllingorientierten Verfahren** und hier speziell die **Gemeinkosten-Wertanalyse** (inklusive der Nutzwertanalyse). Dadurch, dass der Nutzen erbrachter Leistungsprozesse in einem betriebsinternen **Bewertungsprozess** ermittelt wird, bieten controllingorientierte Verfahren vornehmlich Hilfestellungen bei der Analyse von Abbaumöglichkeiten interner Prozesse. **Qualitätskennzahlen** und das **Benchmarking** können als zusätzliche Instrumente für die Beurteilung nach außen gerichteter Prozesse herangezogen werden, da sie auch die Nutzenerwartungen der Kunden mit in die Bewertung einbeziehen. *(Beurteilung der Anforderungsgerechtigkeit)*

Kostenbeeinflussung durch Eingliederung und Ausgliederung von Prozessen

Allgemeine Voraussetzungen

Unter einer **Prozessausgliederung** wird die bewusste Entscheidung eines Unternehmens verstanden, ehemals in ihren Leistungsbereich fallende Prozesse gezielt aus dem internen Leistungsprogramm auf Externe zu verlagern. Eine **Prozesseingliederung** ist demzufolge die bewusste Entscheidung eines Unternehmens, ehemals außerhalb des betrieblichen Leistungsbereichs liegende Prozesse in das eigene Leistungsprogramm aufzunehmen. *(Prozessaus-/ -eingliederung)*

Die vollkommene Ausgliederung und die totale Eigenerstellung von Prozessen sind lediglich als Pole zu verstehen, zwischen denen eine Reihe von Abstufungen denkbar ist, wie z.B. **Prozesskooperationen**. Hier wird nur der Fall unterstellt, dass beide Partner rechtlich und wirtschaftlich selbständig operieren können und nur die beiden Extrementscheidungen zur Disposition stehen.

Ihre Entscheidung zur **Prozessausgliederung** bzw. **Prozesseingliederung** ist gleichzusetzen mit der Entscheidung über **Anzahl, Art und Intensität** der *(Leistungstiefe)* selbst zu erstellenden **Leistungsprozesse** Ihres Unternehmens. Sie stehen dabei vor dem Entscheidungsproblem der **„optimalen" Leistungstiefe**. Sie sollten versuchen, für jeden Aufgabenbereich das bestmögliche Verhältnis zwischen den intern zu beherrschenden und zu verantwortenden Eigenaktivitäten einerseits und den von Externen zu erfüllenden Leistungsprozessen andererseits. Es geht also um den jeweils **effizientesten Integrationsgrad** zwischen Ihrem Unternehmen und Ihren Marktpartnern.

Das Entscheidungsproblem besteht für Sie darin, diejenigen Prozesse auszuwählen, die Sie selber übernehmen sollten und diejenigen zu identifizieren, die sinnvoll ausgegliedert werden könnten bzw. weiterhin außerhalb Ihres eigenen Unternehmens erbracht werden sollen. Das vorrangige Ziel der Prozessaus- und -eingliederung besteht zunächst aus einzelbetrieblicher Sicht darin, die **absoluten** oder **relativen Kosten** der eigenen **Leistungserstellung** zu senken.

Eine Vorauswahl aus Kostengesichtspunkten aus- oder auch einzugliedernder Prozesse können Sie durch eine **Vorstrukturierung** der **Prozesse** entsprechend ihrer **Prozesseigenschaften** durchführen.

Prozesseigenschaften

Die folgende Tabelle zeigt im Hinblick auf die Auslagerungsfähigkeit wichtige **Prozesseigenschaften**. Diese Eigenschaften können Sie ebenfalls nutzen, um Entscheidungen zur Eingliederung von bisher fremderstellten Prozessen ins Unternehmen zu treffen.

vorrangige Eigenschaften		
Spezifität	niedrige Spezifität	hohe Spezifität
strategische Bedeutung	geringe strategische Bedeutung	große strategische Bedeutung
unterstützende Eigenschaften		
Unsicherheiten	niedrige Unsicherheit	hohe Unsicherheit
Häufigkeit	geringe Häufigkeit	große Häufigkeit
Konsequenzen für das Kostenmanagement	Prozess eher auslagern	Prozess eher selber durchführen (halten oder eingliedern)

Abbildung 85: Prozesseigenschaften

Spezifität

Im Hinblick auf die **Spezifität** eines Prozesses gilt tendenziell, dass mit **abnehmender Spezifität** die Möglichkeiten einer **Prozessauslagerung** steigen oder umgekehrt eine **zunehmende Spezifität** die Notwendigkeit zur **Eigenerstellung** anwachsen lässt. Dieses ist damit erklärbar, dass die Spezifität eines Prozesses die Intensität der Verhandlungs- und Abstimmungsprozesse zwischen dem Unternehmen und den potenziellen Prozessübernahmepartnern bestimmt, deren Kosten unter Umständen eine Auslagerung nicht mehr wirtschaftlich machen. Darüber hinaus ist die Erstellung unternehmensspezifischer Leistungen für Marktpartner meist uninteressant, da keine weiteren Nachfrager auf dem Markt für die Leistungen gefunden werden können. Inwieweit ein Prozess spezifisch ist, ist jeweils am konkreten Einzelfall zu prüfen. Der Prozess der Dokumentation von Gästedaten kann im Unternehmen beispielsweise ein Prozess hoher Spezifität sein, wenn das Unternehmen eine unternehmensindividuelle Gästedatendokumentation anstrebt. In diesem Fall bietet sich eher die Übernahme der Gästedatendokumentation durch das eigene Personal an. Übernimmt ein Unternehmen dagegen ein standardisiertes Gästedatendokumentationssystem ist die Datendokumentation von eher geringer Spezifität und kann damit problemloser ausgelagert werden.

Eine **niedrige strategische Bedeutung** eines Prozesses erhöht die Chancen, diesen Prozess vorteilhaft aus dem Unternehmen **auszulagern**. Mit strategisch bedeutsamen Prozessen gelingt einem Unternehmen dagegen die Abhebung von den Konkurrenten. Sie sind für eine Auslagerung kaum noch geeignet, da ein Unternehmen solange wie möglich versuchen wird, mit diesen Prozessen Wettbewerbsvorteile zu halten. *(strategische Bedeutung)*

Das Kriterium der **strategischen Bedeutung** ist insgesamt höher zu bewerten als das der **Spezifität**. Auch bei Prozessen hoher Spezifität, jedoch geringer strategischer Bedeutung, wie z.B. einer einmaligen Leistung, ist eine Auslagerung sinnvoll, da die zur Eigenerstellung erforderliche Ressourcen selten wirtschaftlich einsetzbar sein dürften.

Niedrige Unsicherheiten eines Prozesses deuten auf einen **stabilen Prozessablauf** hin, der als wesentliche Erleichterung für die Entscheidung zur Auslagerung angesehen werden kann. Die Dokumentation von Gästedaten in einem standardisierten Programm ist z.B. geringen Unsicherheiten unterworfen. Ist ein Prozess dagegen im Ablauf vielen unvorhergesehenen Änderungen unterworfen, sinken die Chancen, ihn sinnvoll aus dem Leistungserstellungsprozess auszugliedern, da die dann zu stellenden Anforderungen an den Prozesspartner kaum noch hinreichend spezifiziert werden können. Ähnliches gilt für die Auslagerung von Prozessen, die viele Schnittstellen im Unternehmen durchlaufen und dadurch bedingt eine enge Verzahnung zu anderen Leistungsprozessen aufweisen. Die durch eine Auslagerung erwachsenden Abstimmungsprobleme dürften als zu hoch für eine Prozessauslagerung einzuschätzen sein. Hier sei beispielhaft die betriebsindividuelle Dokumentation von Gästedaten genannt. *(Unsicherheit)*

Die **Häufigkeit** eines Prozesses ist unmittelbar auch für die Wirtschaftlichkeit einer Eigenübernahme verantwortlich. Erst ab einer bestimmten Häufigkeit ist der Aufbau eigener Kapazitäten lohnenswert, da eine Auslastung gewährleistet werden kann. Daraus ergibt sich, dass mit steigender Unternehmensgröße auch die Möglichkeiten, Prozesse selbst zu übernehmen, zunehmen. Andererseits bestimmt die Häufigkeit jedoch auch die Chancen, einen externen Spezialisten zu finden, der die Prozesserstellung übernimmt. Die **Prozesshäufigkeit** wird deshalb lediglich als **unterstützende Eigenschaft** eingeordnet, da auch bei *(Häufigkeit)* vielen Wiederholungen nur dann eine Eigenerstellung erfolgen sollte, wenn es sich um einen strategisch bedeutsamen und spezifischen Prozess handelt.

Prozesseigenschaften

Neben den **Prozesseigenschaften** sollten Sie bei der Entscheidung über die Auslagerung bzw. Eingliederung von Prozessen noch weitere **Rahmenbedingungen** berücksichtigen, die Barrieren für die Auslagerung bzw. Eingliederung darstellen könnten. Hierzu zählen die Verfügbarkeit von Kapital und Know-how, die Verfügbarkeit von informations- und kommunikationstechnischen Infrastrukturen, rechtlichen Rahmenbedingungen, beschäftigungspolitische Restriktionen oder das Ausmaß der Standortflexibilität.

Kostenvergleich

Haben Sie eine **Prozessvorauswahl** mit Hilfe der **Prozesseigenschaften** durchgeführt, folgt in einem zweiten Schritt eine detailliertere Analyse der zur Auslagerung bzw. Eingliederung geeigneten Prozesse. Da die Zielgröße in einer Kostenreduzierung besteht, müssen die **Kosten der Eigen- oder Fremddurchführung** eines Prozesses miteinander verglichen werden. Als Entscheidungsregel für einen Kostenvergleich gilt, dass eine Prozessausgliederung zumindest dann in Erwägung gezogen werden sollte, wenn die Kosten der Fremderstellung unter denen der Eigenerstellung des Prozesses liegen.

> **Eine Vorauswahl aus- oder einzugliedernder Prozesse wird durch eine Vorstrukturierung der Prozesse entsprechend ihrer Prozesseigenschaften durchgeführt. Vorrangige Eigenschaften sind Spezifität und strategische Bedeutung. Die Prozesseigenschaften Häufigkeit und Unsicherheiten sind als unterstützende Eigenschaften zu qualifizieren. Das Kriterium der strategischen Bedeutung spielt bei der Entscheidungsfindung der Aus- oder Eingliederung von Prozessen die bedeutungsvollste Rolle. Hat ein Prozess eine geringe strategische Bedeutung und eine niedrige Spezifität, könnte er sich unter der Bedingung, dass eine niedrige Unsicherheit und eine geringe Häufigkeit vorliegen, dazu eignen, ausgelagert zu werden. Erst nach der Prozessvorauswahl ist in einem zweiten Schritt zu prüfen, ob mit der Prozessauslagerung ein Kostenvorteil verbunden ist.**

Prozessausgliederung an Kunden / Prozesseingliederung von Kunden

Ihre Möglichkeiten Prozesse an Gäste auszugliedern, sind auf Prozesse begrenzt, die in der Phase der **Endkombination** der Leistung zu vollziehen sind, da erst hier ein direkter Gästekontakt hergestellt wird.

Vorauswahl von Prozessen

Entsprechend den **Prozesseigenschaften** sollten Sie zunächst eine **Vorauswahl** der zur Auslagerung an Gäste geeigneten Prozesse durchführen. Es sollte sich vor allem um relativ einfache, standardisierte Prozesse handeln, deren Abfolge durch die Gäste leicht durchschaubar und einfach nachzuvollziehen ist. Prozesse, die sich in ihrer Art und Weise häufig wiederholen und unternehmensunspezifisch sind, bieten sich eher zur Auslagerung an.

Um die **Kostenwirkungen** einer **Auslagerung** geeigneter Prozesse zu untersuchen, müssen Sie in einem ersten Schritt eine Prozessbewertung mit den durch den Prozess verursachten Kosten vornehmen. Hierzu kann die **Prozesskostenrechnung** eingesetzt werden.

Kostenwirkungen

Sie sollten beachten, dass eine Auslagerung besonders bei komplexen Prozessen mit einem Verlust des Grades der **Prozessbeherrschung** verbunden ist. Eine eindeutige Verantwortung für den Prozess ist nur noch bedingt herstellbar. Es besteht damit die Gefahr, dass Mängel des Prozessergebnisses Ihrem Unternehmen angelastet werden.

Letztlich führt eine Ausgliederung von Leistungsprozessen an die Gäste immer dann zu Kosteneinsparungen, wenn es gelingt, die dadurch freiwerdenden Kapazitäten abzubauen und die zum Abbau erforderlichen Investitionen bzw. das direkt oder indirekt zu zahlende Entgelt für die Fremdübernahme die Einsparungsmöglichkeiten nicht übersteigt.

Erschwert wird das Vorgehen, wenn Konsequenzen auf der **Leistungsseite** zu erwarten sind, deren Ausmaß lediglich geschätzt werden kann. So kann die Gästezufriedenheit nachhaltig negativ beeinflusst werden, wenn z.B. Personal durch technische Einrichtungen ersetzt wird. Aus Gästesicht kann der „Produktionsfaktor Personal" in einem hohen Maße zur **Gästezufriedenheit** und **Gästebindung** an das Unternehmen beitragen, so dass auch die Ertragsseite des Unternehmens positiv bzw. bei Abbau negativ beeinflusst werden kann.

negative Auswirkungen

Die praktische Umsetzung der Entscheidung in konkrete Maßnahmen erfordert über die genannten Kosten- und Leistungswirkungen hinaus noch eine Reihe von erfüllten **Rahmenbedingungen** (z.B. gesetzliche Bestimmungen), um die Prozessausgrenzung zu ermöglichen. Es können Ausgliederungskosten dadurch entstehen, dass das Unternehmen erhöhte Kosten zumindest in der Umstellungsphase für die Information der Kunden berücksichtigen muss.

Eine entscheidende **Voraussetzung** zur **Prozessauslagerung** an die Gäste ist der Gast selber. Der Gast muss sowohl bereit als auch fähig sein, Prozesse zu übernehmen.

Treten eine hohe **Bereitschaft** der Gäste und eine hohe **Prozessfähigkeit** zu den oben beschriebenen, die Auslagerung fördernden Prozesseigenschaften hinzu, ergeben sich gute Chancen einer erfolgreichen Ausgliederung. Da die Fähigkeit zur Prozessübernahme an die Anforderungen geknüpft ist, die ein Prozess stellt, ist diese Bedingung bei einer Beschränkung auf einfache, standardisierte und wiederholbare Prozesse bereits erfüllt. Darüber hinaus können bisher eher komplexe Prozesse für die Gäste vereinfacht werden, indem z.B. spezielle Technologien zum Einsatz kommen.

positive Einflussfaktoren

Des Weiteren müssen Sie untersuchen, welche Faktoren die **Bereitschaft** der **Gäste** zur Prozessübernahme positiv beeinflussen. Folgende positive Bestimmungsgründe können vermutet werden:

- Freude an der eigenen Leistung und den damit einhergehenden Lerneffekten;

- Erhöhung der Transparenz des Leistungserstellungsprozesses.

negative Einflussfaktoren

Vermutet werden kann, dass die Bereitschaft zur Prozessübernahme durch folgende Faktoren negativ beeinflusst wird:

- Die Anstrengungen durch die Übernahme der Aktivitäten wird als zu hoch empfunden;

- die Reduzierung der sozialen Kontakte zwischen Personal und Gast wird als negativ empfunden;

- die erhöhte Eigenverantwortlichkeit ist mit einer erhöhten Unsicherheit verbunden.

Prozessausgliederung an Dienstleistungsunternehmen / Prozesseingliederung von Dienstleistungsunternehmen

Voraussetzungen

Prozessausgliederungen an **Dienstleistungsunternehmen** bzw. Eingliederungen von Dienstleistern erfordern aus der Sicht des Unternehmens grundsätzlich ähnliche Überlegungen wie die Prozessausgliederung an Gäste. Dieses trifft insbesondere auch auf die Anforderungen an die auszugliedernden Prozesse und das grundsätzliche Vorgehen bei der Entscheidungsfindung zu. Auch hier stehen Sie vor dem **Entscheidungsproblem**, welcher Ausschnitt aus der Wertschöpfungskette durch sie selber vollzogen werden soll und welche Prozesse durch Externe zu übernehmen sind.

Externe

Unter „**Externen**" können sowohl rechtlich und wirtschaftlich selbständige Dienstleistungsunternehmen verstanden werden, mit denen Sie fallweise Dienstleistungsverträge abschließen, als auch Dienstleistungsanbieter innerhalb von Kooperationen.

Für die Prozessaus-/eingliederungsmöglichkeiten an Dienstleister gilt, dass sämtliche in Ihrem Unternehmen durchgeführten Prozesse auch durch Dienstleister ausgeführt werden könnten und umgekehrt. Für ein bereits bestehendes Unternehmen werden sich Aus-/Eingliederungsentscheidungen, die eine Senkung des absoluten Kostenniveaus zum Ziel haben, jedoch auf ausgewählte Bereiche beschränken.

strategische Bedeutung

Die **strategische Bedeutung** eines Prozesses stellt wiederum ein wesentliches Merkmal zur Prozessauswahl dar. Je geringer die strategische Bedeutung des auszugliedernden Prozesses ist und je klarer Inhalte definiert und von anderen

Aufgabenbereichen bzw. Unternehmensprozessen abgegrenzt werden können, desto eher besteht eine Tendenz zur Ausgliederung.

Beispiele für auszugliedernde Prozesse könnten **Reinigungs- und interne Versorgungs- sowie Sicherungsprozesse**, die unter den unterstützenden Prozess „Anlagevermögen verwalten" zusammenzufassen sind, sein. So können Reinigungsleistungen auf spezielle Reinigungsunternehmen verlagert oder die Wäschereinigung an einen externen Dienstleister vergeben werden. Auch Sicherheitsdienste können in vielen Fällen von spezialisierten Dienstleistungsunternehmen durchgeführt werden.

Beispiele Ausgliederung

Die Aufgabenstellungen und die Ressourcenzuweisungen dieser Bereiche sind meist abgegrenzt, so dass kaum direkte Leistungsverflechtungen mit anderen Unternehmensprozessen auftreten. Auch ist eine unternehmensseitige Kostenermittlung relativ leicht möglich, da die anfallenden Kosten innerhalb der Kostenrechnung in einer eigenständigen Kostenstelle erfasst werden können, so dass das Gesamtvolumen potenziell einsparbarer Kosten direkt ermittelt werden kann.

Zielsetzung der Auslagerung ist aber häufig nicht die **absolute Kostensenkung**, sondern die **Gewinnung von Flexibilität** bezüglich der Bindungsfristen der eingesetzten Ressourcen sowie eine **Entlastung** der internen Verwaltung von Verwaltungs- und Kontrollprozessen. Dadurch ist eine Konzentration auf das ausgewählte Kerngeschäft möglich.

Gewinnung von Flexibilität

Das **Auslagerungsrisiko** in Bezug auf entstehende Abhängigkeiten von Dienstleistungsunternehmen ist bei den genannten Prozessen relativ gering, da es nur geringe Markteintrittsbarrieren für das Unternehmen gibt, d.h. Leistungen gegebenenfalls wieder einzugliedern und in eigener Regie durchzuführen.

Auslagerungsrisiko

Die **Entscheidungsfindung** wird deutlich komplexer, wenn es sich um Prozesse handelt, die vermutlich einen wesentlicheren Einfluss auf den Erfolg des Unternehmens und damit eine größere strategische Bedeutung für das Unternehmen besitzen. Je nach der strategischen Ausrichtung können Marketingprozesse oder Informationsverarbeitungs- und Verwaltungsprozesse an Dienstleister vergeben werden. Es ist in der Unternehmenspraxis bereits längere Zeit üblich, Marketingprozesse an darauf spezialisierte Werbe- und PR-Agenturen zu übertragen oder Planungs- oder Kontrollprozesse an Unternehmensberatungen, Wirtschaftsprüfer, Steuerberater oder Rechtsanwälte auszugliedern.

Entscheidungsfindung

Kleinere Unternehmen sind in vielen Bereichen deutlicher auf die Prozessübernahme durch externe Dienstleister angewiesen als große Unternehmen. Aufgrund ihrer Größe ist meist kein wirtschaftlicher Aufbau eigener Kapazitäten in bestimmten Bereichen möglich. Hinzu können **Kapazitätsrestriktionen** kommen, insbesondere durch die Unternehmensleitung, die in bestimmten

Bereichen nicht in der Lage ist, Führungs-, Koordinations- und Kontrollprozesse selbständig zu übernehmen.

Wie auch bei den Möglichkeiten der Eingliederung von Prozessen der Gäste ist eine entsprechende Prozess(rück)eingliederung der Dienstleistungsprozesse in das eigene Unternehmen eine mögliche Maßnahme zur Kostensenkung. Die dazu erforderlichen Überlegungen decken sich wiederum mit denen zur Prozessausgliederung.

Kostenbeeinflussung durch Prozessverbesserungen

Im Mittelpunkt der Betrachtung stehen diejenigen Prozesse, die das Unternehmen selbst erstellen möchte/muss, die aber unter Umständen verbessert, d.h. effizienter erbracht werden können.

Prozesseffizienz

Ein Prozess ist dann gegenüber anderen **effizienter**, wenn bei gegebenem Output der dazu erforderliche Input geringer ist bzw. bei gleichem Input ein größerer Output erzeugt wird. Im ersten Fall sinken die **absoluten Kosten**, im zweiten Fall handelt es sich um eine **relative Kostensenkung**.

Prozessverbesserungen

Prozessverbesserungen können sich auf **innerbetriebliche Prozesse** beschränken, die im direkten Einflussbereich des Unternehmens liegen. Dieses entspricht im Wesentlichen den klassischen Rationalisierungsbemühungen.

Prozessintegration

Ein wesentlich größeres Potenzial an **Prozessverbesserungsmöglichkeiten** eröffnet sich, wenn Sie das Unternehmen konsequent prozessorientiert ausrichten und den gesamten Markt bzw. zumindest vorhergehende und nachfolgende Leistungsersteller mit in die Analyse einbeziehen. Prozessverbesserungen erschließen sich dann durch die Möglichkeit, **externe Leistungsersteller** in die eigene Prozesserstellung zu integrieren, wie:

*   eine Integration mit Lieferanten,

*   eine Integration mit Dienstleistungsunternehmen,

*   eine Integration mit Mitbewerbern sowie

*   eine Integration mit Kunden.

Grundsätze zur Prozessverbesserung

Es werden folgende Empfehlungen zur Prozessgestaltung genannt: Prozessgestaltung

- Innerhalb eines Geschäftsprozesses sind einheitliche Ziel- und Erfolgskriterien zu etablieren.

- Für jeden Prozess ist eine eindeutige Verantwortlichkeit vorzusehen.

- Die Basis für eine eindeutige Zurechenbarkeit der Kosten zu den Geschäftsprozessen ist herzustellen.

- Die Anzahl der an der Prozessdurchführung beteiligten Personen bzw. Funktionsbereiche ist zu minimieren.

- Schnittstellen zwischen den einzelnen Funktionsbereichen sind zu beseitigen oder zumindest zu verbessern.

- Kontrollen sind im geringst möglichen Ausmaße vorzunehmen.

Abbildung 86: Empfehlung zur Prozessgestaltung

Diese Empfehlungen können Ihnen erste Anhaltspunkte bieten, unter welchen Gesichtspunkten bestehende Prozesse des Unternehmens näher zu analysieren sind und wo Umgestaltungsmaßnahmen ansetzen können.

Interne Prozessverbesserungen

Das Potenzial für **Prozessverbesserungen** und damit **Kostensenkungspotenzial** wird mit steigender funktionaler Arbeitsteilung zunehmen. Dadurch entstehen Prozessschnittstellen, die Abstimmungen zwischen den einzelnen funktionalen Bereichen bedingen.   Kostensenkungspotenzial

Wird die (übertriebene) **Spezialisierung** als einer der Haupteinflussfaktoren für die **Kostenentstehung** bzw. das Prozessleistungsergebnis betrachtet, kann ein **Perspektivenwechsel** von der Betriebssicht hin zur Gästesicht Aufschlüsse über **Prozessschwachstellen** geben. Hierbei kann z.B. deutlich werden, dass die vorgenommene Arbeitsteilung für den Gast nicht nachvollziehbar ist und für ihn zu einer umständlichen Abfolge des Vorganges führen kann.   Perspektivenwechsel

Die Dauer der Durchführung eines Prozesses setzt sich zusammen aus **Wartezeiten** und **Aktivitäten**. **Wartezeiten** stellen zunächst **unproduktive Zeiten** dar, die zu minimieren sind. Sie entstehen durch **Kapazitätsengpässe**. Sie sollten im Rahmen einer Ist-Analyse ermitteln, wann, wo, aus welchem Grund, welche Wartezeiten auftreten. Dabei ist zu unterscheiden zwischen dauerhaften und lediglich zeitweilig auftretenden Wartezeiten.   Wartezeiten

Bei **dauerhaften Wartezeiten** sollten Sie entweder weitere Kapazitäten aufbauen oder den Output bereitgestellter Kapazität erhöhen. Der Output
vorhandener Kapazitäten kann jedoch evtl. durch (kostenneutrale) **Prozess-
umgestaltungsmaßnahmen** gesteigert werden.

Kapazitätsplanungen an einzelnen Stellen haben unmittelbare Auswirkungen
auf weitere Prozesse, so dass Sie nur diejenigen Bereiche näher untersuchen
sollten, die tatsächlich innerhalb des gegebenen Zeithorizontes beeinflussbar
sind. **Ausgangspunkt** der Planung muss dann der im Unternehmen isolierte
Engpass sein.

Prozessverbesserungen können Sie durch organisatorische und technische
Maßnahmen erzielen. Zu nennen ist beispielsweise der innerbetriebliche
Transport von Sachmitteln. Entscheidende Möglichkeiten zur Prozessverbesserung sind durch neue Möglichkeiten der Datenerfassung und -weitergabe
eröffnet worden.

Prozessverbesserungen durch externe Integration

externe Integration Während die innerbetriebliche Ökonomisierung nur den eigenen Betrieb und
dessen Verbesserung im Auge hat, zielt die überbetriebliche Ökonomisierung
auf eine gemeinwirtschaftliche Verbesserung des Leistungsaustausches. Geht
man davon aus, dass ein erheblicher Teil der Kosten eines Unternehmens
durch Schnittstellen mit Gästen, Lieferanten und Dienstleistern bedingt ist, ist
das Potenzial von Kostensenkungen durch innerbetriebliche Ökonomisierun-
gen beschränkt. Ein erhebliches Rationalisierungspotenzial kann sich aber
durch die Zusammenarbeit mit den restlichen Teilnehmern der Wertkette erschließen. In erster Linie geht es darum, die **Schnittstellen** zwischen den
einzelnen am Wertschöpfungsprozess beteiligten Institutionen möglichst effi-
zient zu überwinden und eine **Prozessverteilung** zu finden, die für die
Gesamtprozessherstellung kostengünstiger ist.

externe
Integrationspartner Für Unternehmen kommen als Ansprechpartner **externer Integrationsmaß-
nahmen** grundsätzlich alle Institutionen in Frage, mit denen Aus-
tauschbeziehungen bestehen. Eine Gruppe stellen die Lieferanten bzw.
Hersteller von Sachmitteln dar. Da die Anzahl der Austauschprozesse relativ
groß ist, kann ein großes Einsparvolumen vermutet werden. Des Weiteren
spielen Dienstleistungsunternehmen immer dann eine bedeutende Rolle, wenn
die Leistungstiefe des Unternehmens abnimmt, bzw. eine Vielzahl von Leistungen aus dem Unternehmen auf rechtlich selbständige Dienstleister
ausgelagert wird.

Wie auch bei den Entscheidungsalternativen zur Ausgliederung von Prozessen
an Gäste oder Dienstleister setzen Überlegungen zur Integration von Prozessen
zunächst eine aktuelle Analyse der Ist-Prozessverteilung zwischen dem Unternehmen und seinen Lieferanten voraus.

Aufbauend auf dieser aktuellen **Prozessverteilung** wird nun jedoch eine **Prozessabgrenzung** vollzogen, die von bestehenden Zuständigkeitsgrenzen abstrahiert. Abweichend von einer einzelbetrieblichen Betrachtungsebene wird im Rahmen von Integrationsbemühungen versucht, den **Gesamtprozess** zwischen Lieferant und Unternehmen aus einer überbetrieblichen Perspektive zu analysieren, um so **Prozessverbesserungspotenzial** zu identifizieren, das nur in Zusammenarbeit mit den Partnern erreicht werden kann.

überbetriebliche Prozessperspektive

Das zentrale Problemfeld beim Austausch zwischen Lieferant und Abnehmerbetrieb ist der Problemanalyse zufolge ein **fehlender Informationsaustausch** (durch mangelnde Kommunikation), der eine – im Hinblick auf die Gesamtoptimierung erforderliche – Koordination der Aktivitäten verhindert. Dadurch entstehen Doppelarbeiten, Kontrollkosten und Mehrfachzuständigkeiten, die den Gestaltungsanforderungen an Prozesse widersprechen.

fehlender Informationsaustausch

Arbeiten die **Wertkettenpartner** mit gleichen Standards, so ist ein weitgehend papierloser Datenaustausch möglich. Im Lieferanten- wie im Abnehmerbetrieb entfallen manuelle Arbeitsschritte wie das Öffnen, Sortieren und Stempeln der Post oder die laufende Eingabe der Daten in die hauseigene EDV.

Wertschöpfungspartnerschaften verlangen die Verstetigung und Verfestigung der Beziehungen zwischen Lieferanten und den Abnehmerbetrieben. Das gegenseitige Abhängigkeitsverhältnis wird durch die gegenseitige Anpassung an technische Standards und die mit den Rationalisierungen einhergehenden Investitionen verstärkt. Je nach der Höhe der erforderlichen Investitionen kann es zu einer Verringerung der Lieferantenzahl kommen, da evtl. kleinere Lieferanten den Anforderungen der Kooperation nicht gerecht werden können und zwangsweise aus dem Markt ausscheiden. Eine geringere Zahl von Lieferanten führt zu sinkenden Abstimmungsproblemen und geringeren Datenschutzproblemen der verbleibenden Partner.

Wertschöpfungspartnerschaften

Das größte **Rationalisierungspotenzial** liegt vermutlich, wie auch bei den Lieferern, in der **Verbesserung** der **Informations- und Kommunikationsprozesse** zwischen den Partnern. In der Regel besteht ein hoher Austauschbedarf zwischen den am Leistungserstellungsprozess beteiligten Partnern und damit auch die Gefahr von Fehlern bzw. Ineffizienzen.

Verbesserung der Informationsprozesse

Kostensenkungen bzw. Leistungsverbesserungen sind vermutlich insbesondere durch Maßnahmen zu erzielen, die auf einem **gemeinsamen Nachrichtenstand** aufbauen. Damit wird ein papierloser, zeitgleicher Datenaustausch der Integrationspartner möglich. Doppelarbeiten sowie Doppelerfassungen oder Datenumformatierungen entfallen, was zu Möglichkeiten der Personalkosten-, Gerätekosten- und Raumkosteneinsparung führt.

gemeinsamer Nachrichtenstand

Die Möglichkeit der **Prozessintegration mit Wettbewerbern** ist eine sehr problembeladene externe Integrationsmaßnahme. Anders als bei den bisher vorgestellten Integrationspartnern handelt es sich bei den Wettbewerbern meist

Prozessintegration mit Wettbewerbern

nicht um Partner, sondern meist um Konkurrenten. Insbesondere in den Fällen, in denen eine direkte Konkurrenzsituation vorliegt bzw. von den Unternehmen als solche empfunden wird, besteht die Tendenz zur Abschottung, um keine Wettbewerbsvorteile an die Konkurrenz zu verlieren. Prozesse mit strategischer Bedeutung sind demzufolge meist von Integrationsbemühungen ausgeschlossen. Folglich entstehen in dieser Beziehung zunächst keine bzw. kaum Schnittstellenprobleme aus bestehenden Beziehungen, die auf Ineffizienzen hindeuten und durch eine Prozessintegration abgebaut werden könnten. Die große Zahl von Prozessen, die gleichförmig oder zumindest ähnlich in Unternehmen zu vollziehen sind, lassen vermuten, dass eine gemeinschaftliche Erstellung bzw. Integration dieser Prozesse Kostensenkungspotenzial erschließen könnte.

gemeinschaftliche Prozesserstellung

Kosteneinsparungen durch **gemeinschaftliche Prozesserstellung** können auf drei Ebenen erzielt werden:

- Mit Hilfe einer **Faktorfusion**, z.B. durch den gemeinschaftlichen Aufbau und die Nutzung von Informationssystemen oder durch räumliche Zusammenfassung von Einrichtungen.

- Mit Hilfe eines **Faktoraustausches**, z.B. den Austausch von Daten oder Personal.

- Mit Hilfe einer **Faktorkoordination**, z.B. durch die Abstimmung von Informationsprozessen.

Die Integrationsformen unterscheiden sich im Hinblick auf die Intensität ihrer Verknüpfung.

Faktorfusion

Die **Faktorfusion** stellt die stärkste Form der Verbindung zwischen Wettbewerbern dar. Die daraus resultierenden Zusammenführungssynergien vermeiden Doppelarbeiten bzw. ermöglichen eine bessere Auslastung ansonsten einzelbetrieblich aufzubauender Kapazitäten.

Möglichkeiten zu **Faktorfusionen** von Unternehmen ergeben sich insbesondere bei allen Prozessen, bei denen die direkte Konkurrenz um Gäste nicht intensiv ist.

Faktoraustausch

Bei einem **Faktoraustausch** besteht die Prozessverbindung lediglich über „Kanäle"; die Selbständigkeit der Integrationsobjekte bleibt vollständig erhalten. Innerhalb der Kanäle führen ein- oder zweiseitige Austauschprozesse zu **Transfersynergien**.

Zwischen den Unternehmen sind inhaltlich beispielsweise Know-how, Technologien oder Personal austauschbar. Diese Austauschmaßnahmen können immer dann zu (relativen) **Kostenreduzierungen** führen, wenn dadurch eine **höhere Kapazitätsauslastung** erzielt werden kann.

Ein **abgestimmtes Verhalten** der Unternehmen führt immer dann zu Effizienzsteigerungen, wenn dadurch der Faktoreinsatz oder der Preis der eingesetzten Faktoren reduziert wird.

Faktorkoordination

Entscheidendes Prozessverbesserungspotenzial an der Schnittstelle zwischen Unternehmen und Gast ergibt sich bei allen Prozessen, bei denen der Gast in direkten Kontakt zum Unternehmen tritt.

Die Zusammenarbeit mit Gästen ist im Gegensatz zu Kooperationen mit Lieferanten, Wettbewerbern oder Dienstleistern meist deutlich problemloser, da Zielkonflikte zwischen den Gästen, die sich aus Verteilungskämpfen um Macht und Wertschöpfung ergeben, nicht vorhanden oder zumindest weniger ausgeprägt sind.

Gäste-Audits bieten im Rahmen von Qualitätssicherungsmaßnahmen die Möglichkeit, Kundenwissen für eigene unternehmenspolitische Zwecke zu nutzen.

Gäste-Audits

Kostenbeeinflussung durch Prozessinnovationen

Prozessinnovationen sind für Sie am schwierigsten einzuschätzen, da keine oder nur wenige Kostendaten zur Beurteilung der Wirkung zur Verfügung stehen. Hier können Sie nur auf controllingorientierte Instrumente zurückgreifen, deren Bewertung Ihrer subjektiven Sicht unterworfen ist.

Prozessinnovationen

Prozessinnovationen können aus der Sicht des Unternehmens in **Ablösungsinnovationen** und „**Echte Innovationen**" voneinander unterschieden werden:

- **Ablösungsinnovationen** des Unternehmens entstehen durch neuartige Faktorkombinationsprozesse, die auch weiterhin die bestehenden Funktionen des Unternehmens erfüllen. Sie können z.B. veraltete Leistungserstellungssysteme ablösen. Eine Ablösungsinnovation kann z.B. durch Präferenz- oder Einstellungsveränderungen der Gäste notwendig werden. Ansatzpunkte sind beispielsweise neue Servicekonzepte oder neue Formen der Leistungserstellung.

Ablösungsinnovationen

- „**Echte Innovationen**" oder auch **Durchbruchinnovationen** verknüpfen demgegenüber neue Faktorkombinationsprozesse mit neuen, bisher nicht gekannten Leistungsfunktionen. Damit werden Bedürfnisse der Gäste, die zuvor aufgrund der nicht vorhandenen technischen Möglichkeiten nicht befriedigt werden konnten, befriedigt. Aus der Sicht des Unternehmens ist eine Durchbruchinnovation gleichzeitig auch immer eine **Diversifikation**, da damit immer eine Erweiterung oder Vertiefung des Leistungsangebotes verbunden ist.

Echte Innovationen

Beide **Innovationstypen** werden aus dem **Blickwinkel des Gastes** eines Unternehmens betrachtet, so dass Prozessveränderungen innerhalb des Unter-

Perspektive des Gastes

nehmens, die nach außen nicht sichtbar werden, keine Innovationen im oben genannten Sinn darstellen. Hier sind Veränderungen der Kommunikation zwischen Gästen und Unternehmen zu nennen, soweit davon nicht auch die Leistungsseite beeinflusst wird.

Abschließend bleibt festzuhalten, dass häufig nur **Prozessinnovationen** drastische Veränderungen der Kostenstrukturen und des Kostenniveaus ermöglichen, da bei gegebenen Unternehmenskonzepten ein Großteil der entstehenden Kosten bereits vordeterminiert ist. **Prozessinnovationen** erfordern jedoch ein **radikales Infragestellen** bisher erstellter Leistungen und Strukturen sowie die Bereitschaft, vollkommen andere Leistungskonzepte anzubieten. Daneben müssen bestehende Kapazitäten der alten Konzepte abbaubar sein. Insgesamt muss eine Unternehmenskultur vorausgesetzt werden, die zu Innovationen bereit und in der Lage ist.

Aufgaben

1. Unter welchen Bedingungen ist es wirtschaftlich sinnvoll, einen Prozess abzubauen?

2. Welche Instrumente können Sie zur Beurteilung der Anforderungsgerechtigkeit eines Prozesses nutzen?

3. Welche Prozesseigenschaften sind zu prüfen, um eine Vorauswahl hinsichtlich der Auslagerungsfähigkeit treffen zu können?

4. Was verstehen Sie unter Spezifität eines Prozesses?

5. Warum sollten Sie Prozesse mit einer großen strategischen Bedeutung nicht ausgliedern?

6. Welche Bedeutung haben die Prozesseigenschaften „Unsicherheiten" und „Häufigkeit" im Hinblick auf die Auslagerungsfähigkeit eines Prozesses?

7. Was sollten Sie außer den Prozesseigenschaften prüfen, um eine Entscheidung im Hinblick auf die Ausgliederung eines Prozesses treffen zu können?

8. Unter welchen Bedingungen ist es wirtschaftlich sinnvoll, Prozesse an Gäste auszugliedern?

9. Welche Unsicherheiten könnten bei der Ausgliederung von Prozessen an Gäste entstehen?

10. Welche Faktoren können die Bereitschaft der Gäste zur Übernahme von Prozessen positiv beeinflussen?

11. Welche Faktoren können die Bereitschaft der Gäste zur Prozessübernahme negativ beeinflussen?

12. Welche Ziele können mit der Ausgliederung von Prozessen an Dienstleistungsunternehmen verfolgt werden?

13. Unter welchen Bedingungen ist die Ausgliederung von Prozessen an Dienstleister sinnvoll?

14. Welche Grundsätze sollten Sie zur Verbesserung von Prozessen beachten?

15. Durch welche Maßnahmen können interne Prozessverbesserungen erreicht werden?

16. Welche Möglichkeiten der Prozessverbesserungen durch externe Integration kennen Sie?

17. Welche Probleme können bei einer Prozessintegration mit Lieferanten und Dienstleistern auftreten?

18. Welche Maßnahmen zur gemeinschaftlichen Prozesserstellung mit Wettbewerbern können zu Kosteneinsparungen führen?

19. Welche Vorteile können sich aus einer Prozessintegration mit Gästen ergeben?

20. Was verstehen Sie unter Ablösungsinnovationen?

21. Worin unterscheiden sich Durchbruchinnovationen von Ablösungsinnovationen?

22. Welche Voraussetzungen müssen Sie schaffen, damit Prozessinnovationen wirtschaftlich erfolgreich durchgeführt werden können?

9 Zusammenstellung der Formeln

9.1 Formeln zur Kostenaufteilung

FORMEL I

Berechnung der Gesamtkosten

Gesamtkosten (K) = Fixkosten (K_f) + variable Kosten (K_v)

FORMEL II

Berechnung der Stückkosten

$$\text{Stückkosten } (k) = \frac{K}{x} = \frac{K_f + K_v}{x} = \frac{K_f}{x} + \frac{K_v}{x} = k_f + k_v$$

FORMEL III

Berechnung des Beschäftigungsgrades

$$\text{Beschäftigungsgrad} = \frac{\text{erstellteLeistung} \times 100}{\text{Kapazität}} \, [\%]$$

9.2   Formeln zu kalkulatorischen Kosten

FORMEL IV

Berechnung des betriebsnotwendigen Kapitals

Position	€	€
betriebsnotwendiges Anlagevermögen		
nicht abnutzbares Anlagevermögen		
abnutzbares Anlagevermögen		_____
+ **betriebsnotwendiges Umlaufvermögen**		
Vorräte		
Forderungen		
liquide Mittel		_____
./. Abzugskapital		
Anzahlungen von Kunden		
Verbindlichkeiten aus Lieferungen u. Leistungen (soweit zinslos)		
= **betriebnotwendiges Kapital**		

FORMEL V

Berechnung der Lagerumschlagshäufigkeit

$$\text{Lagerumschlagshäufigkeit} = \frac{\text{Wareneinsatz}}{\text{Lagerbestand}}$$

FORMEL VI

Berechnung der durchschnittlichen Lagerdauer

$$\text{Durchschnittliche Lagerdauer} = \frac{360 \text{Tage}}{\text{Lagerumschlagshäufigkeit}}$$

FORMEL VII

Berechnung des Lagerzinssatzes

$$\text{Lagerzinssatz} = \frac{\text{Jahreszinssatz x durchschnittlicheLagerdauer}}{360}$$

FORMEL VIII

Berechnung des kalkulatorischen Beständewagniszuschlagsatzes

$$\text{Kalkulat. Beständewagniszuschlag} = \frac{\text{Verlust an Warenvorräten} \times 100}{\text{Warenaufwendungen}}$$

9.3 Formeln zur Kalkulation

FORMEL IX

Berechnung des erzielten Rohertrages in €

Warenumsatz	U 4	
./. Wareneinsatz (WE)	04	

= **Rohertrag**

FORMEL X

Berechnung des erzielten Rohaufschlages in %

$$\text{Rohaufschlag in \%} = \frac{\text{Warenrohertrag X 100 \%}}{\text{Wareneinsatz}}$$

FORMEL XI

Berechnung des kostendeckenden Rohaufschlages

$$\text{kostendeckender Rohaufschlag} = \frac{(\text{Gesamtkosten ./. Wareneinsatz}) \text{ X 100 \%}}{\text{Wareneinsatz}}$$

FORMEL XII

Berechnung des Soll-Rohaufschlages

Berechnung des Rohertrages		
Gesamtkosten	GK	
./. Wareneinsatz	04	

- = **Kosten**
- + angestrebter Betriebsgewinn
- + Unternehmerinnenlohn
- + Eigenkapitalverzinsung
- + Risikozuschlag
- = notwendiger **Rohertrag**

Rechenweg zur Ermittlung des Soll-Rohaufschlages

$$\text{Soll} - \text{Rohaufschlag} = \frac{\text{notwendiger Rohertrag} \times 100\,\%}{\text{Wareneinsatz}}$$

FORMEL XIII

Ermittlung des Rohaufschlages unter Berücksichtigung von Kostensteigerungen durch einen Pauschalzuschlag zum Rohertrag

$$\text{Rohaufschlag mit Kostensteiger.} = \frac{\text{Notwendiger Rohaufschlag} \times (100\,\% + \ldots\%)}{\text{Wareneinsatz}}$$

FORMEL XIV

Ermittlung des Rohaufschlages unter Berücksichtigung von Kostensteigerungen durch ein verfeinertes Verfahren

prognostizierte Erhöhung der Kostenart	€
Personalkosten	
Energiekosten	
Steuern, Versicherungen, Abgaben	
Betriebs- und Verwaltungskosten	
Miete, Pacht, Leasing	
etc.	
Summe Kostensteigerung	

Neue Berechnung des Rohaufschlages:

ursprünglich notwendiger **Rohertrag**	€
+ voraussichtliche Kostensteigerung	€
= zukünftig notwendiger **Rohertrag**	€

$$\text{zuk. notw. Rohaufschlag in }\% = \frac{\text{zuk. notw. Rohaufschlag} \times 100\,\%}{\text{Wareneinsatz}}$$

FORMEL XV

Ermittlung des Mindest-Rohaufschlages zur Bestimmung der Preisuntergrenze

betriebsbedingte Kosten	BK		€
./. Wareneinsatz (WE)	04		€
= „Restkosten"			€

$$\text{Mindest-Rohaufschlag} = \frac{\text{„Restkosten“} \times 100\,\%}{\text{Wareneinsatz}}$$

FORMEL XVI

Berechnung des realisierten Rohaufschlages für Speisen

Umsatz Speisen	U1	€
./. Wareneinsatz (WE) Speisen	01	€
= **Rohertrag Speisen**		€

$$\text{realisierter Rohaufschlag für Speisen} = \frac{\text{Rohertrag Speisen} \times 100\,\%}{\text{Wareneinsatz}}$$

FORMEL XVII

Berechnung des realisierten Rohaufschlages für Getränke

Umsatz Getränke	U2	€
./. Wareneinsatz (WE) Getränke	02	€
= **Rohertrag Getränke**		€

$$\text{realisierter Rohaufschlag für Getränke} = \frac{\text{Rohertrag Getränke} \times 100\,\%}{\text{Wareneinsatz}}$$

FORMEL XVIII

Ermittlung des bereinigten Soll-Rohaufschlages für den Gesamtbereich Speisen und Getränke

	Gesamt-**Rohertrag**	€
./.	Rohertrag Speisen und Getränke	€
=	Differenz = Rohertrag Sonstige Umsätze	€
	notwendiger **Rohertrag**	€
	(entsprechend Formel IV)	
./.	Differenz = Rohertrag Sonstige Umsätze	€
=	notwendiger **Rohertrag**	€
	Speisen und Getränke	

$$\text{ber. Soll-Rohaufschlag} = \frac{\text{notwendiger Rohertrag} \times 100\,\%}{(\text{Wareneinsatz Speisen} + \text{Wareneinsatz Getränke})}$$

FORMEL XIX

Ermittlung neuer Umsatz, Rohertrag und Rohaufschlagssatz

	Wareneinsatz Speisen und Getränke	€
+	neuer **Rohertrag** Speisen und Getränke	€
=	neuer **Umsatz** Speisen und Getränke	€
	neuer Umsatz	€
./.	Getränkeumsatz (alt)	€
=	neuer **Umsatz** Speisen	€

Berechnung des neuen Rohaufschlages bei Speisen

	neuer Umsatz Speisen	€
./.	Wareneinsatz Speisen	€
=	neuer **Rohertrag** Speisen	€

$$\text{neuer Rohaufschlagssatz} = \frac{\text{neuer Rohertrag Speisen} \times 100\,\%}{\text{Wareneinsatz Speisen}}$$

FORMEL XX

Berechnung des Kalkulationsfaktors

$$\text{Kalkulationsfaktor} = \frac{\text{Verkaufspreis einschließlich Umsatzsteuer}}{\text{Wareneinsatz}}$$

Daraus folgt:

Wareneinsatz X Kalkulationsfaktor = Verkaufspreis

9.4 Formeln zur Deckungsbeitragsrechnung

FORMEL XXI

Grundschema der Deckungsbeitragsrechnung

Deckungsbeitrag = Erlöse – variable Kosten

Betriebsergebnis = Summe Deckungsbeiträge – Restkosten

FORMEL XXII

Grundschema der Deckungsbeitragsrechnung mit mehreren Angebotsbereichen

	Kalkulationsschema	Angebotsbereich I	Angebotsbereich I	Angebotsbereich I	Summe
	Nettoumsatzerlöse	....	....	....	....
–	Wareneinsatz (Einzelk.)	....	....	....	....
=	Rohertrag (Rohgewinn)	....	....	....	....
–	variable Gemeinkosten	....	....	....	....
=	Deckungsbeitrag	....	....	....	....
–	fixe Kosten	—	—	—	....
=	Betriebserfolg				....

FORMEL XXIII

Berechnung des Stückdeckungsbeitrages

p	Preis/Umsatz
– kv	variable Stückkosten
= db	Deckungsbeitrag pro Stück

FORMEL XXIV

Berechnung des Betriebsergebnisses

BE $=$ $(p - kv) x - Kfix$
BE $=$ Betriebsergebnis
p $=$ Preis
kv $=$ Variable Stückkosten
x $=$ Absatzmenge
Kfix $=$ Fixkostenblock

FORMEL XXV

Berechnung des Betriebsergebnisses bei mehreren Angebotsbereichen

> Summe der Deckungsbeiträge der einzelnen Angebotsbereiche
> ./. unaufgeteilter Fixkostenblock
> = Betriebsergebnis (Gewinn / Verlust)

FORMEL XXVI

Berechnung der Mindest-Erhöhung des Absatzes in % bei gleich bleibendem Umsatz

$$\text{Mindest - Erhöhung Absatz} = \frac{(\text{neuer Verkaufspreis} - \text{alter Verkaufspreis}) \times 100}{\text{alter Verkaufspreis}}$$

FORMEL XXVII

Berechnung der minimalen Vervielfachung des Absatzes bei gleich bleibendem Betriebsergebnis

$$\text{Minimale Vervielfachung des Absatzes} = \frac{\text{alter Deckungsbeitrag/Stück}}{\text{neuer Deckungsbeitrag/Stück}}$$

FORMEL XXVIII

Berechnung der minimalen Absatzsteigerung in % bei gleich bleibendem Betriebsergebnis

$$\text{Minim. Absatzsteigerung in \%} = \frac{(\text{alter Deckungsbeitr.} - \text{neuer Deckungsbeitr.}) \times 100}{\text{neuer Deckungsbeitrag}}$$

FORMEL XXIX

Ermittlung des Wareneinsatzes

> Anfangsbestand
> + Wareneinkauf
> ./. Endbestand
> **= Wareneinsatz**

FORMEL XXX

Ermittlung der Schichtdeckungsbeiträge

	Ange-botsb. I €	Ange-botsb II €	Ange-botsb. III €	Ange-botsb. IV €	Ange-botsb. V €	Ange-botsb. VI €	Ge-samt €
Netto- Verkaufs-erlöse							
./. Wareneinsatz							
DB I							
DB I in %							
./. sonstige var. Kosten							
Personalkosten							
Energiekosten							
Steuern / Vers. / Abg.							
Betriebs- und Verw.kosten							
DB II							
DB II in %							
./. fixe Ko. d. Angeb.bereiche							
Pacht							
Instandhaltung / Reparatur							
kalk. Ab.							
kalk. Ab. GWG							
Zinsen							
DB III							
DB III in %							

FORMEL XXXI

Ermittlung des Betriebsergebnisses

	Ange-botsb. I €	Ange-botsb. II €	Ange-botsb. III €	Ange-botsb. IV €	Ange-botsb. V €	Ange-botsb. VI €	Ge-samt €
Netto- Verk.erl.							
./. Wareneinsatz							
DB I							
DB I in %							
./. so. var. Kost.							
Personalkosten							
Energiekosten							
St./Vers./Abg.							
Betr.- u. Verw.k.							
DB II							
DB II in %							
./. fixe Kosten d. Angebotsber.							
Pacht							
Instandh. / Rep.							
kalk. Ab.							
kalk. Ab. GWG							
Zinsen							
DB III							
DB III in %							
./. Fixkostenblock (kalkulatorischer Unternehmerinnenlohn)							
Betriebsergebnis (Gewinn / Verlust)							

FORMEL XXXII

Berechnung des relativen Deckungsbeitrages

$$\text{Relativer Deckungsbeitrag} = \frac{\text{Deckungbeitrag II oder III x 100}}{\text{Umsatz}}$$

9.5 Formeln zu Kennziffern und Vorschläge zur Warenwirtschaft

FORMEL XXXIII

Umsatz je Gast

$$\text{Umsatz je Gast} = \frac{\text{Umsatz Speisen und Getränke/Jahr}}{\text{AnzahlGäste}}$$

FORMEL XXXIV

Umsatz je beschäftigte Person in €

$$\text{Umsatz je beschäftigte Person} = \frac{\text{Umsatz Speisen und Getränke/Jahr}}{\text{Anzahl der Mitarbeiter}}$$

FORMEL XXXV

Umsatz je Sitzplatz

$$\text{Umsatz je Sitzplatz} = \frac{\text{Umsatz Speisen und Getränke/Jahr}}{\text{Anzahl der Sitzplätze}}$$

FORMEL XXXVI

Sitzplatzumschlag

$$\text{Sitzplatzumschlag} = \frac{\text{durchschnittliche Gästezahl/Jahr}}{\text{Anzahl der Sitzplätze}}$$

FORMEL V

Betriebshandelsspanne

$$\text{Betriebshandelsspanne} = \frac{\text{Umsatzerlöse netto - Wareneinsatz}}{\text{Umsatzerlöse netto}}$$

FORMEL XXXVII

Anteil der Gesamtkosten am Umsatz in %

$$\text{Gesamtkosten in \% vom Umsatz} = \frac{\text{Gesamtkosten/Jahr}}{\text{Umsatz/Jahr}}$$

9.6   Formeln zur Gewinnschwellenrechnung

FORMEL XXXVIII

Berechnung der Break-Even-Menge

$$\text{Break} - \text{Even} - \text{Menge} = \frac{\text{gesamte Fixkosten}}{\text{Stückdeckungsbeitrag}}$$

FORMEL XXXIX

Berechnung des Break-Even-Umsatzes (BEU)

$$\text{Break} - \text{Even} - \text{Umsatz} = \frac{\text{gesamte Fixkosten x 100}}{\text{DB in \% des Umsatzes}}$$

FORMEL XXXX

Berechnung des Break-Even-Point in % (BEP)

$$\text{Break} - \text{Even} - \text{Point in \%} = \frac{\text{gesamte Fixkosten x 100 \%}}{\text{DB in €}}$$

Literaturverzeichnis

Busse von Kolbe, W.: Lexikon des Rechnungswesens, Handbuch der Bilanzierung und Prüfung der Erlös-, Finanz-, Investitions- und Kostenrechnung, München: 1994.

Chmielewicz, K./Schweitzer, M. (Hrsg.): Handwörterbuch des Rechnungswesen, 3. Auflage, Stuttgart: 1993.

Cooper, R. (1990): Activity-Based-Costing, in: Kostenrechnungspraxis, Nr. 6, 1990, S. 345–351.

Cooper, R.: The Rise of Activity-Based Costing – Part Three: How many cost drivers do you need, and how do you select them?, in: Journal of Cost Management, Vol. 3, 1989, S. 34–46.

Dettmer/Hausmann (Hrsg.), Dettmer, H., Hausmann, Th., Posluschny, P. et al.: Organisations-/Personalmanagement und Arbeitsrecht im Gastgewerbe, Hamburg, Verlag Handwerk und Technik, 2., überarbeitete und erweiterte Auflage, 2008.

Haunerdinger, Monika ; Probst, Hans-Jürgen: Kosten senken: Checklisten, Rechner, Methoden, München: Haufe, 2005.

Hausmann, Th. (Hrsg.), Dettmer, S, Hausmann, Th., Posluschny, P. et. al.: Betriebswirtschaftslehre für das Gastgewerbe, Hamburg, Verlag Handwerk und Technik, 5. Auflage, 2008.

Horváth, Peter ; Gaiser, Bernd : Implementierungserfahrungen mit der Balanced Scorecard im deutschen Sprachraum: Anstöße zur konzeptionellen Weiterentwicklung, in: BfuP, Heft1, 2000, S. 17–35.

Horváth, Peter ; Kaufmann, Lutz: Balanced Scorecard – ein Werkzeug zur Umsetzung von Strategien, in: Harvard Businessmanager, Heft 5, 1998, S. 39–48.

Kaplan, Robert S., Norton, David P: The Balanced Scorecard – Measures that drive Performance, in: Harvard Business Review, Vol. 70, Nr. 1, 1992, S. 71–79.

Kremin-Buch, Beate: Strategisches Kostenmanagement – Grundlagen und moderne Instrumente, Wiesbaden: Gabler Verlag, 1998.

Kück, Ursula: Schnelleinstieg Controlling, München: 2003.

Kumpf, Aandreas: Balanced Scorecard in der Praxis - In 80 Tagen zur erfolgreichen Umsetzung, Landsberg/Lech: Moderne Industrie, 2001.

Männel, W. (Hrsg.): Handbuch Kostenrechnung, Wiesbaden: Gabler Verlag, 1992.

Nagl, Anna; Rath, Verena: Dienstleistungscontrolling, München: Haufe, 2004.

Posluschny, Peter: Controlling für das Handwerk, München/Wien: Oldenbourg Verlag, 2004.

Posluschny, P./Posluschny, M.: Das Controlling-1 × 1, Heidelberg: Redline Wirtschaft, 2006.

Posluschny, P./Posluschny, M.: Trainingsbuch Controlling, Freiburg, München, Berlin, Würzburg: Haufe Verlag, 2006.

Posluschny, Peter: Prozessorientiertes Kostenmanagement in Krankenhausbetrieben: Mannheim: Medizificon Verlag, 2007.

Posluschny, Peter: Die wichtigsten Kennzahlen: Heidelberg,: Redline Wirtschaft, 2007.

Posluschny, Peter: Kostenrechnen leicht gemacht: Eine praktische Anleitung – von der Deckungsbeitrags- bis zur Prozesskostenrechnung: München: Redline Wirtschaft, 2008.

Posluschny, P., Treuner, F.: Prozesskostenmanagement. Instrumente und Anwendungen. Mit Fallbeispielen und Übungen: München: Oldenbourg Verlag, 2009.

Riebel, Peter.: Einzelerlös-, Einzelkosten- und Deckungsbeitragsrechnung als Kern einer ganzheitlichen Führungsrechnung, in: krp, Nr. 1, 1994, S. 9–31.

Schorlemer, Georg, Posluschny, Peter: Operatives Controlling. Mit Fallstudien und Lösungen aus der Unternehmensberatung, Hamburg: Libri-bod, 2000.

Schorlemer, Georg, Posluschny, Peter, Prange, Christine: Kostenmanagement in der Praxis, Wiesbaden: Gabler Verlag, 1998.

Abbildungsverzeichnis

Stichwortverzeichnis